수제비 2025

수험생 입장에서 제대로 쓴 비법서

#기출문제
#두음법칙
#커뮤니티

WE CAN DO IT!

제4판

정보처리 산업기사 실기 Vol.2

NCS 기반으로 재구성한 합격비법서

윤영빈 · 서용욱 · 김학배 · 박인상 공저

Society커뮤니티: 집필진과 12만 명 회원이 함께하는 커뮤니티!
Special문제: 기출 문제(2017~2024), 예상문제 수록
Study암기 비법: 두음 기법을 통한 효율적 암기
Strategy학습 전략: 수험생들에 의해 입증된 학습 플랜 제공

비전공자를 위한 최고의 수험서!!

도서출판 건기원

★IT 수험서★
Best Seller 1

교보 · 예스24 · 알라딘 · 인터파크

2024 기출문제 수록

학습지원센터 가기
cafe.naver.com/soojebi

2권

IV 데이터 입출력 구현

01 데이터 저장소 — 4-2
1. 데이터 모델 — 4-2
2. 논리 데이터 모델 — 4-4
3. 물리 데이터 모델 — 4-18
NCS 지피지기 기출문제 — 4-25
NCS 천기누설 예상문제 — 4-36

02 데이터베이스 기초 활용 — 4-39
1. 데이터베이스 종류 — 4-39
NCS 지피지기 기출문제 — 4-45
NCS 천기누설 예상문제 — 4-46
NCS 선견지명 단원종합문제 — 4-49

V SQL 응용

01 데이터베이스 기본 — 5-2
1. 트랜잭션 — 5-2
NCS 지피지기 기출문제 — 5-33
NCS 천기누설 예상문제 — 5-42

02 응용 SQL — 5-47
1. 집계성 SQL — 5-47
NCS 지피지기 기출문제 — 5-54
NCS 천기누설 예상문제 — 5-55

03 SQL 활용 및 최적화 — 5-56
1. 절차형 SQL — 5-56
2. SQL 최적화 — 5-56
NCS 천기누설 예상문제 — 5-58
NCS 선견지명 단원종합문제 — 5-59

VI 애플리케이션 테스트 관리

01 애플리케이션 테스트 케이스 설계 — 6-2
1. 애플리케이션 테스트 케이스 작성 — 6-2
2. 애플리케이션 테스트 시나리오 작성 — 6-25
NCS 지피지기 기출문제 — 6-28
NCS 천기누설 예상문제 — 6-33

02 애플리케이션 통합 테스트 — 6-38
1. 애플리케이션 테스트 수행 — 6-38
2. 애플리케이션 테스트 결함 — 6-41
NCS 지피지기 기출문제 — 6-43
NCS 천기누설 예상문제 — 6-45

03 애플리케이션 성능 개선 — 6-46
1. 애플리케이션 성능 분석 — 6-46
2. 애플리케이션 성능 개선 — 6-47
NCS 지피지기 기출문제 — 6-49
NCS 천기누설 예상문제 — 6-50
NCS 선견지명 단원종합문제 — 6-51

VII 제품 소프트웨어 패키징

01 제품 소프트웨어 패키징 7-2
   1. 사용자 중심의 패키징 수행 7-2
   2. 제품 릴리즈 노트 작성 7-3
   3. 패키징 도구를 활용한 설치, 배포 수행 7-4
      NCS 천기누설 예상문제 7-9

02 제품 소프트웨어 매뉴얼 작성 및 버전 등록 7-10
   1. 제품 소프트웨어 매뉴얼 작성 7-10
      NCS 천기누설 예상문제 7-12
      NCS 선견지명 단원종합문제 7-13

VIII 특별문제 및 기출문제

01 유비무환 특별문제 8-2

02 NCS 명견만리 최종모의고사 8-5
   • 최종모의고사 1회 8-5
   • 최종모의고사 2회 8-9
   • 정답 및 해설 1회 8-13
   • 정답 및 해설 2회 8-16

03 백전백승 기출문제 8-19
   • 2023년 1회 8-19
   • 2023년 2회 8-26
   • 2023년 3회 8-30
   • 정답 및 해설 1회 8-35
   • 정답 및 해설 2회 8-39
   • 정답 및 해설 3회 8-43

   찾아보기 8-46

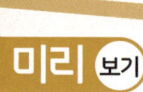

접근 전략

데이터 입출력 구현 단원은 전통적으로 이론이 정립되어 있는 데이터베이스 과목의 한 분야입니다.

개정된 NCS 기반에서는 실제 구현에 초점을 맞추고 있으므로 논리·물리 데이터 모델링, 정규화와 반 정규화 등의 기본개념을 잘 알아두시면 합격점수 획득에 도움이 될 것입니다!

미리 알아두기

★ **논리 데이터 모델링**
데이터베이스 설계 프로세스의 기초 설계 단계로 비즈니스 정보의 구조와 규칙을 명확하게 표현할 수 있는 기법이다.

★ **물리 데이터 모델링**
관계 데이터 모델링으로도 불리며 논리적 데이터 모델을 DBMS의 특성, 기능, 성능 등을 고려하여 데이터베이스의 물리적인 구조(Schema)를 작성해나가는 기법이다.

★ **정규화(Normalization)**
관계형 데이터 모델에서 데이터의 중복성을 제거하여 이상 현상을 방지하고, 데이터의 일관성과 정확성을 유지하기 위해 무손실 분해하는 과정이다.

★ **데이터 마이닝(Data Mining)**
대규모로 저장된 데이터 안에서 체계적이고 자동적으로 통계적 규칙이나 패턴을 찾아내는 기술이다.

NCS 학습모듈의 목표

- 소프트웨어가 다루어야 하는 데이터 간 연관성, 제약 조건을 식별하여 논리적으로 조직화하는 것을 이해해야 한다.
- 소프트웨어 아키텍처에 기술된 데이터 저장소에 조직화된 단위의 데이터가 저장될 최적화된 물리적 공간을 구성하고 데이터 조작언어를 이용하여 데이터 입출력을 구현할 수 있어야 한다.

핵심키워드 베스트 일레븐(Best Eleven)

논리 데이터 모델, 물리 데이터 모델, E-R 다이어그램, 정규화, 반 정규화, 이상 현상, 데이터베이스, DBMS, 빅데이터, NoSQL, 데이터 마이닝

데이터 입출력 구현

Chapter 01 데이터 저장소

Chapter 02 데이터베이스 기초 활용

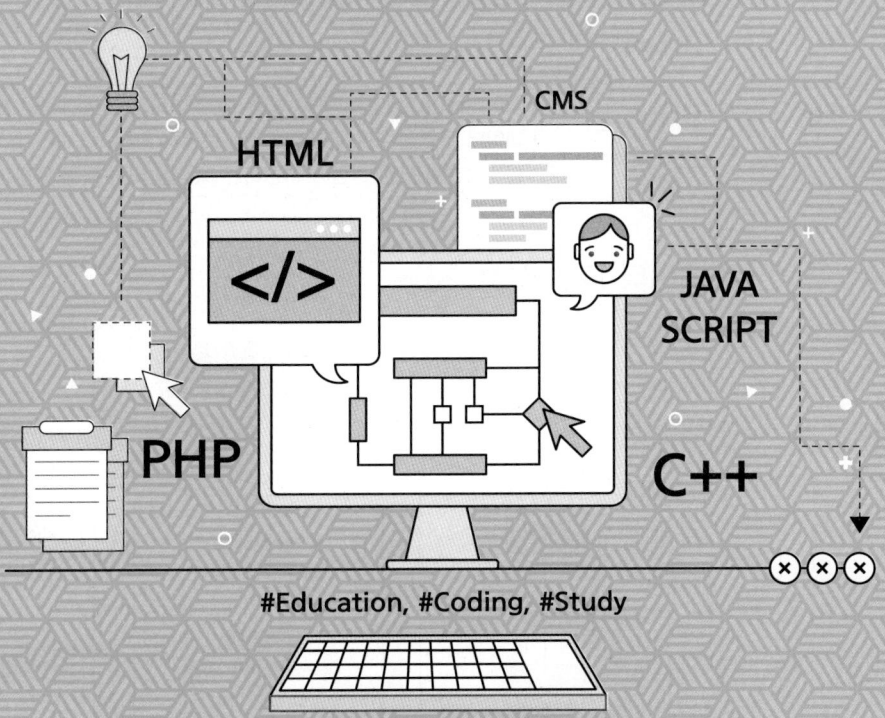

CHAPTER 01 데이터 저장소

학습 Point
논리 데이터 저장소 확인은 모든 항목들이 중요 개념으로 출제 가능성이 높습니다. 잘 보고 가시길 권장합니다.

1 데이터 모델★★★

(1) 데이터 모델(Data Model) 개념

- 데이터 모델은 현실 세계의 정보를 인간과 컴퓨터가 이해할 수 있도록 추상화하여 표현한 모델이다.
- 데이터 모델에 표시해야 할 요소에는 논리적 데이터 구조, 연산, 제약 조건이 있다.

▼ 데이터 모델 표시요소

표시요소	설명
구조 (Structure)	• 데이터베이스에 논리적으로 표현될 대상으로서의 개체 타입과 개체 타입 간의 관계 • 데이터 구조 및 정적 성질을 표현하는 요소
연산 (Operation)	• 데이터베이스에 저장된 실제 데이터를 처리하는 작업에 대한 명세 • 릴레이션을 조작하기 위한 관계 연산을 나타냄(SELECT, PROJECT, JOIN, DIVISION)
제약 조건 (Constraint)	• 데이터베이스에 저장될 수 있는 실제 데이터의 논리적인 제약 조건 • 데이터 무결성 유지를 위한 DB의 보편적 방법 • 릴레이션의 특정 컬럼에 설정하는 제약을 의미(개체 무결성, 참조 무결성 등)

(2) 데이터 모델 절차 [22년 2회]

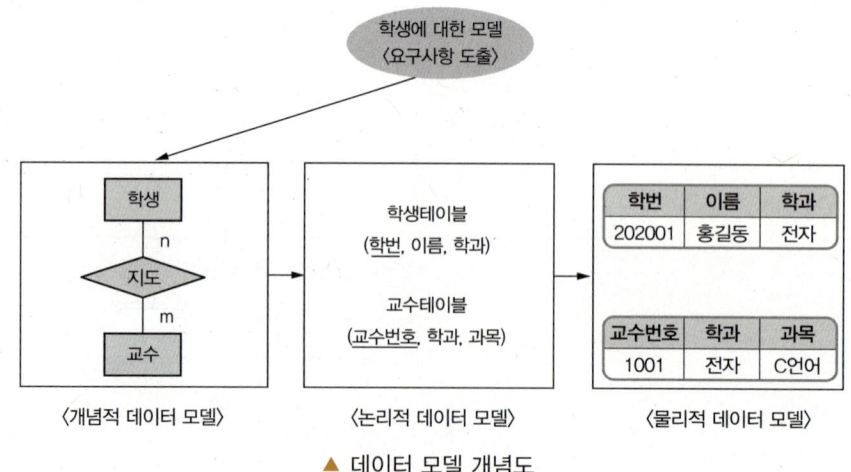

▲ 데이터 모델 개념도

데이터 모델 절차는 요구사항 분석, 개념적 데이터 모델, 논리적 데이터 모델, 물리적 데이터 모델이 있다.

▼ 데이터 모델 절차

단계	모델	설명
요구조건 분석	-	• 도출된 요구사항 간 상충을 해결하고 범위를 파악하여 외부 환경과의 상호 작용을 분석을 통해 데이터에 대한 요구 분석
개념적 설계	개념적 데이터 모델	• 개념적 설계는 사용자의 요구에 대한 트랜잭션을 모델링 하는 단계 • 개념적 데이터 모델은 현실 세계에 대한 인식을 추상적, 개념적으로 표현하여 개념적 구조를 도출하는 데이터 모델 • 트랜잭션 모델링, 뷰(View) 통합방법 및 속성(Attribute) 합성 고려 • 개념적 데이터 모델은 DB 종류와 관계가 없음 • 주요 산출물은 개체-관계 다이어그램이 있음 ▲ 개념적 데이터 모델
논리적 설계	논리적 데이터 모델	• 논리적 설계는 트랜잭션의 인터페이스를 설계하는 단계 • DBMS에 맞는 논리적 스키마를 설계하는 단계 • 논리적 데이터 모델은 업무의 모습을 모델링 표기법으로 형상화하여 사람이 이해하기 쉽게 표현한 데이터 모델 • 논리적 데이터 모델을 통해 '관계 데이터 모델', '계층 데이터 모델', '네트워크 데이터 모델', '객체 지향 데이터 모델', '객체-관계 데이터 모델' 중 하나의 모델에 맞게 설계 • 관계형 데이터베이스에서는 테이블을 설계하는 단계 • 논리적 설계 단계에서 정규화를 수행 • 논리적 데이터베이스 구조로 매핑(Mapping) • 스키마의 평가 및 정제 ▲ 논리적 데이터 모델

두음쌤 한마디

데이터 모델 절차

「요개논물」
요구조건 분석 / 개념적 설계 / 논리적 설계 / 물리적 설계
→ 요괴(개)의 눈(논)물

잠깐! 알고가기

개체관계 다이어그램(ERD; Entity Relationship Diagram)
각 업무 분석에서 도출된 엔터티 간의 관계를 이해하기 쉽게 도식화한 다이어그램이다.

정규화(Normalization)
관계형 데이터 모델에서 데이터의 중복성을 제거하여, 이상 현상을 방지하고, 데이터의 일관성과 정확성을 유지하기 위해 무손실 분해를 하는 과정이다.

> **잠깐! 알고가기**
>
> **반 정규화(De-Normalization)**
> 정규화된 엔터티, 속성, 관계에 대해 성능 향상과 개발 운영의 단순화를 위해 중복, 통합, 분리 등을 수행하는 데이터 모델링의 기법이다.

단계	모델	설명
물리적 설계	물리적 데이터 모델	• 논리 데이터 모델을 사용하고자 하는 각 DBMS의 특성을 고려하여 데이터베이스 저장 구조(물리 데이터 모델)로 변환하는 모델 • 테이블(Table), 인덱스(Index), 뷰(View), 파티션(Partition) 등 객체를 생성 • 응답시간, 저장 공간의 효율화, 트랜잭션 처리를 고려하여 설계 • 성능 측면에서 **반 정규화**를 수행 • 레코드 집중의 분석 및 설계 • 저장 레코드 양식 설계 • 접근 경로(Access Path) 설계

학생(학번, 교수번호(FK), 이름, 주소)
교수(교수번호, 이름, 전공과목)

DDL을 이용해 데이터 모델 정의

```
CREATE TABLE STUDENT
(
  s_id  INT PRIMARY KEY,
  p_id  INT REFERENCES PROFESSOR(p_id),
  name  VARCHAR(20),
  addr  VARCHAR(100)
);
```

```
CREATE TABLE PROFESSOR
(
  p_id  INT PRIMARY KEY,
  name  VARCHAR(20),
  major VARCHAR(50)
);
```

▲ 물리적 데이터 모델

2 논리 데이터 모델 ★★★

(1) 논리 데이터 모델링 개념

- 논리적 데이터 모델링은 업무의 모습을 모델링 표기법으로 형상화하여 사람이 이해하기 쉽게 표현하는 프로세스이다.
- **개념 모델**로부터 업무 영역의 업무 데이터 및 규칙을 구체적으로 표현한 모델이다.

> **잠깐! 알고가기**
>
> **개념 모델**
> • 주제 영역과 핵심 데이터 집합 간의 관계를 정의하는 모델이다.
> • 전체 모델에서 중요한 골격이 되는 개체와 관계(Relation ship) 위주의 모델이다.
>
> **FK(Foreign Key; 외래키)**
> 어느 한 릴레이션 속성의 집합이 다른 릴레이션의 기본키이다.

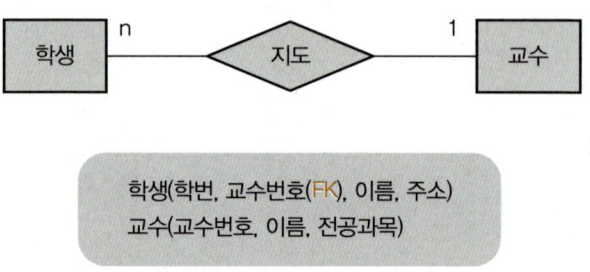

(2) 논리적 데이터 모델링 종류

논리적 데이터 모델링 종류에는 관계 데이터 모델, 계층 데이터 모델, 네트워크 데이터 모델이 있다.

▼ 논리적 데이터 모델링 종류

종류	설명
관계 데이터 모델	• 논리적 구조가 2차원 테이블 형태로 구성된 모델 • 기본 키(PK)와 이를 참조하는 외래 키(FK)로 관계 표현 • 1:1, 1:N, N:M 관계를 자유롭게 표현 | 학번	이름	학과 | |---|---|---| | 202001 | 홍길동 | 컴퓨터공학 | | 202002 | 김영희 | 전기공학 | | 202003 | 이철수 | 건축공학 | ▲ 관계 데이터 모델
계층 데이터 모델	• 논리적 구조가 트리 형태로 구성된 모델 • 상하관계 존재(부모 개체-자식 개체) • 1:N 관계만 허용 ▲ 계층 데이터 모델
네트워크 데이터 모델	• 논리적 구조가 그래프 형태로 구성된 모델 • CODASYL DBTG 모델이라고 불림 • 상위와 하위 레코드 사이에 다대다(N:M) 관계를 만족하는 구조 ▲ 네트워크 데이터 모델

(3) 관계 데이터 모델

1 관계 데이터 모델 [22년 3회, 23년 3회]

① 관계 데이터 모델(Relation Data Model) 개념
- 관계 데이터 모델은 데이터를 행과 열로 구성된 2차원 테이블 형태로 구성한 모델이다.
- 수학자 E.F.Codd 박사가 제안한 모델이다.

② 관계 데이터 모델의 구성

▼ 관계 데이터 모델의 구성요소

구성요소	설명
릴레이션(Relation)	행(Row)와 열(Column)로 구성된 테이블
튜플(Tuple)	릴레이션의 행(Row)에 해당되는 요소
속성(Attribute)	릴레이션의 열(Column)에 해당되는 요소
카디널리티(Cardinality)	튜플(Row)의 수
차수(Degree)	애트리뷰트(Column)의 수
스키마(Schema)	데이터베이스의 구조, 제약 조건 등의 정보를 담고 있는 기본적인 구조
인스턴스(Instance)	정의된 스키마에 따라 생성된 테이블에 실제 저장된 데이터의 집합

> **학습 Point**
> 스키마를 릴레이션 스키마, 인스턴스를 릴레이션 인스턴스라고도 합니다.

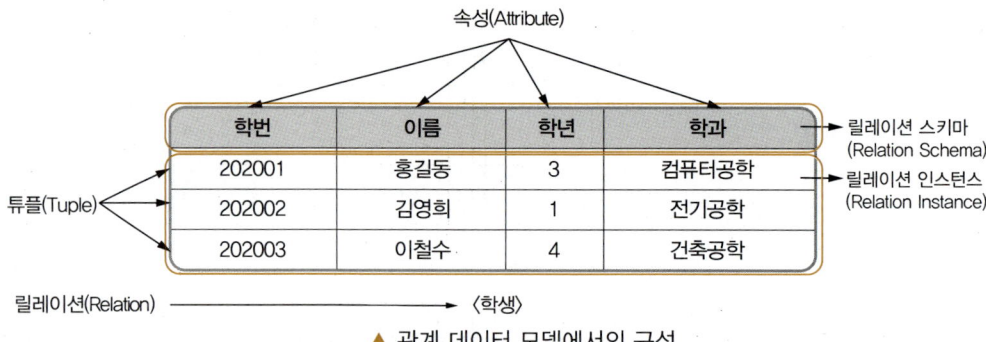

▲ 관계 데이터 모델에서의 구성

2 관계 대수

① 관계 대수(Relational Algebra) 개념
관계형 데이터베이스에서 원하는 정보와 그 정보를 어떻게 유도하는가를 기술하는 절차적 정형 언어이다.

② 관계 대수 연산자의 종류 [23년 1회, 3회]

㉮ 일반 집합 연산자

일반 집합 연산자는 수학의 집합 개념을 릴레이션에 적용한 연산자이다.

>
> **두음쌤 한마디**
> **관계 대수와 관계 해석**
> 「대절해비」
> 관계 **대수**는 **절**차적 언어 / 관계 **해**석은 **비**절차적 언어

> **학습 Point**
> 일반 집합 연산자에는 합집합, 교집합, 차집합, 카티션 프로덕트가 있고, 순수 관계 연산자에는 셀렉트, 프로젝트, 조인, 디비전이라는 사실을 알고 있어야 합니다.

▼ 일반 집합 연산자

연산자	기호	표현	설명
합집합 (Union)	∪	$R \cup S$	합병 가능한 두 릴레이션 R과 S의 합집합
교집합 (Intersection)	∩	$R \cap S$	릴레이션 R과 S에 속하는 모든 튜플로 결과 릴레이션 구성
차집합 (Difference)	−	$R - S$	R에 존재하고 S에 미 존재하는 튜플로 결과 릴레이션 구성
카티션 프로덕트 (CARTESIAN Product)	×	$R \times S$	R과 S에 속한 모든 튜플을 연결해 만들어진 새로운 튜플로 릴레이션 구성

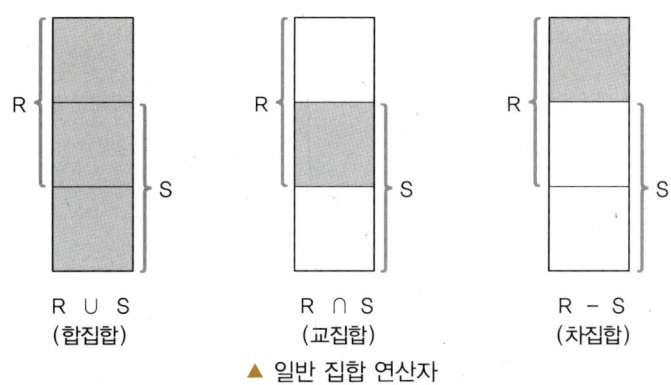

▲ 일반 집합 연산자

 두음쌤 한마디

일반 집합 연산자
「합교차카」
합집합 / 교집합 / 차집합 / 카티션 프로덕트

④ 순수 관계 연산자 [22년 2회]

순수 관계 연산자는 관계 데이터베이스에 적용할 수 있도록 특별히 개발한 관계 연산자이다.

▼ 순수 관계 연산자

연산자	기호	표현	설명
셀렉트 (Select)	σ	$\sigma_{조건}(R)$	릴레이션 R에서 조건을 만족하는 튜플 반환
프로젝트 (Project)	π	$\pi_{속성리스트}(R)$	릴레이션 R에서 주어진 속성들의 값으로만 구성된 튜플 반환
조인 (Join)	⋈	$R \bowtie S$	공통 속성을 이용해 R과 S의 튜플들을 연결해 만들어진 튜플 반환
디비전 (Division)	÷	$R \div S$	릴레이션 S의 모든 튜플과 관련 있는 R의 튜플 반환

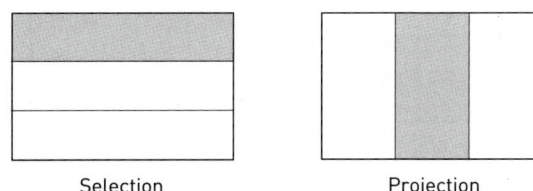

▲ 순수 관계 연산자

 두음쌤 한마디

순수 관계 연산자
「셀프조디」
셀렉트 / 프로젝트 / 조인 / 디비전

3 관계 해석

① 관계 해석(Relational Calculus) 개념
관계 해석은 튜플 관계 해석과 도메인 관계 해석을 하는 비절차적 언어이다.

② 관계 해석 특징
프레디킷 해석(Predicate Calculus)에 기반한 언어이며 비절차적 언어(원하는 정보가 무엇이라는 것만 선언)이다.

4 관계 대수와 관계 해석 비교

▼ 관계 대수와 관계 해석 비교

구분	관계 대수	관계 해석
특징	절차적 언어(순서 명시)	비절차적 언어(계산 수식의 유연적 사용)
목적	어떻게 유도하는가? (How)	무엇을 얻을 것인가? (What)
종류	순수관계 연산자, 일반집합 연산자	튜플 관계 해석, 도메인 관계 해석

(4) 논리 데이터 모델링 속성

논리 데이터 모델링의 속성은 개체, 속성, 관계로 구성된다.

1 개체(Entity)
- 개체는 데이터베이스에 표현하려는 사물 또는 사건이다.
- 피터 챈 모델(Peter Chen Model)에서는 개체를 사각형(□)으로 표시한다.
- 까마귀발 모델(Crow's Foot Model)에서는 개체를 표 형식으로 표시한다.

2 속성(Attribute)
- 속성은 개체가 가지고 있는 요소 또는 성질이다.
- 피터 챈 모델(Peter Chen Model)에서는 속성을 타원형(○)으로 표시한다.
- 까마귀발 모델(Crow's Foot Model)에서는 속성을 표 내부에 표시한다.

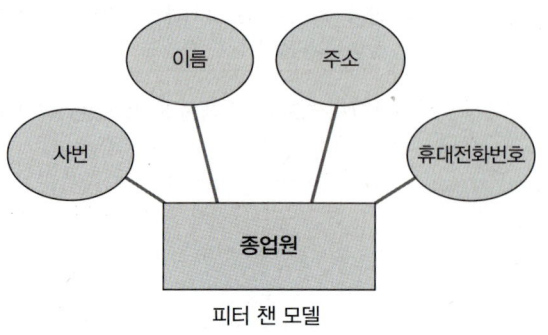
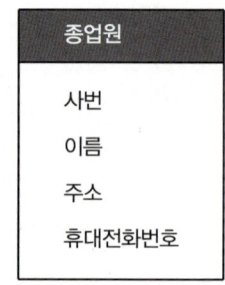

▲ ERD 표기 예제

3 관계(Relationship)

- 두 개체(Entity) 간의 관계를 정의한다.
- 피터 챈 모델(Peter Chen Model)에서 관계는 마름모(◇)로 표시한다.
- 까마귀발 모델(Crow's Foot Model)에서는 속성을 다음 표와 같이 표시한다.

관계 표시	의미
———————	1:1 관계를 표시
———————<	1:n 관계를 표시
>——————<	n:m 관계를 표시

▲ 까마귀발 모델 표기법

(5) 개체-관계(E-R) 모델 [23년 1회]

1 개체-관계(E-R) 모델 개념

- E-R 모델은 현실 세계에 존재하는 데이터와 그들 간의 관계를 사람이 이해할 수 있는 형태로 명확하게 표현하기 위해서 가장 널리 사용되고 있는 모델이다.
- 논리 데이터 모델링에서는 모든 이해당사자와 의사소통의 보조 자료로 E-R 모델을 활용한다.
- 요구사항으로부터 얻어낸 정보들을 개체, 속성, 관계로 기술한 모델이다.

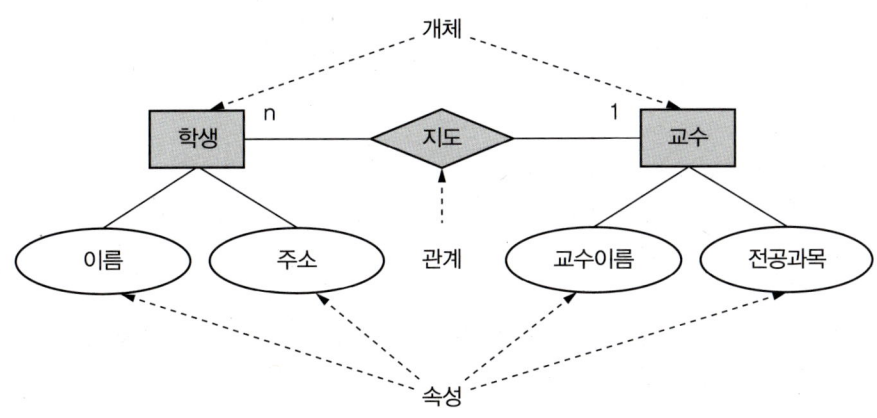

▲ ER 다이어그램 설명도

학습 Point
출제기준에 작성된 ERD 표기법과 의미에 대하여 명확히 이해하라는 것이 명시되어 있습니다. 설명을 잘 보고 넘어가세요!

학습 Point
정규화 과정에서 각 정규화가 진행되는 과정을 이해하는 것을 평가하는 항목이 있습니다. 필기 때보다 더 잘 알고 가셔야 합니다!

학습 Point
이상 현상은 정규화를 하지 않았을 경우에 대한 문제점입니다. 정규화와 이상 현상과의 관계를 이해하면서 학습하시면 좋습니다.

잠깐! 알고가기
릴레이션(Relation)
행(Row)와 열(Column)로 구성된 테이블이다.

두음쌤 한마디
이상 현상
「삽삭갱」
삽입 이상 / 삭제 이상 / 갱신 이상
→ 삽살개(삽삭갱)

2 개체-관계(E-R) 다이어그램 기호

▼ 개체-관계 다이어그램 기호

구성	기호	
개체 집합	□	(사각형)
관계 집합	◇	(마름모)
속성	○	(타원)
다중 값 속성	◎	(이중타원)
개체 집합-관계 집합 연결	─	(실선)
개체 집합-속성 연결	─	(실선)
관계 집합-속성 연결	─ ─ ─	(점선)

(6) 정규화

1 이상 현상(Anomaly)

- 이상 현상은 데이터의 중복성으로 인해 **릴레이션**을 조작할 때 발생하는 비합리적 현상이다.
- 삽입, 삭제, 갱신 이상이 있다.

▼ 데이터베이스 이상 현상

이상 현상	설명
삽입 이상	정보 저장 시 해당 정보의 불필요한 세부정보를 입력해야 하는 경우
삭제 이상	정보 삭제 시 원치 않는 다른 정보가 같이 삭제되는 경우
갱신 이상	중복 데이터 중에서 특정 부분만 수정되어 중복된 값이 모순을 일으키는 경우

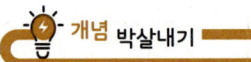
개념 박살내기

■ 이상 현상

[이상 현상 설명 테이블]

학번	이름	교수번호	지도교수
202001	홍길동	1	김 교수
202002	김영희	2	이 교수

1) 삽입 이상

[삽입 이상]

학번	이름	교수번호	지도교수
202001	홍길동	1	김 교수
202002	김영희	2	이 교수
202003	이철수	?	?

- 202003학번을 가진 '이철수'라는 학생을 등록할 경우 지도교수가 정해지지 않으면 삽입할 수 없다.

2) 삭제 이상

[삭제 이상]

학번	이름	교수번호	지도교수
202001	홍길동	1	김 교수
~~202002~~	~~김영희~~	2	~~이 교수~~

- '이 교수'라는 교수가 퇴사할 경우 '김영희' 학생 정보도 같이 삭제된다.

3) 갱신 이상

[갱신 이상]

학번	이름	교수번호	지도교수
202001	홍길동	3	이 교수
202002	김영희	2	이 교수

- '홍길동'이라는 학생이 지도교수를 '이 교수'로 변경할 경우 '이 교수'의 교수번호가 2, 3 모두 있게 되어 중복된 값이 모순을 일으킨다.

2 함수 종속

① 함수 종속(FD; Functional Dependency) 개념

함수 종속은 릴레이션에서 속성의 의미와 속성 간 상호 관계로부터 발생하는 제약조건이다.

② 결정자/종속자

X → Y 관계일 때 X는 결정자(Determinant), Y는 종속자(Dependent)이다.

③ 함수 종속 종류

함수 종속에는 부분 함수 종속, 완전 함수 종속, 이행 함수 종속이 있다.

▼ 함수 종속 종류

종류	설명
부분 함수 종속 (Partial Functional Dependency)	릴레이션에서 기본 키가 복합 키일 경우 기본 키를 구성하는 속성 중 일부에게 종속된 경우
완전 함수 종속 (Full Functional Dependency)	릴레이션에서 X→Y 관계가 있을 때, Y는 X의 전체 속성에 대해 종속하고, 부분 집합 속성에 종속하지 않는 경우
이행 함수 종속 (Transitive Functional Dependency)	릴레이션에서 X→Y, Y→Z 종속 관계가 있을 때, X→Z가 성립되는 경우

> **학습 Point**
> 함수 종속의 종류는 영어표현도 함께 알아두시길 권장합니다!

학습 Point
각 단계가 어떤 조건이 되어야 만족되는지 파악하는 것이 중요합니다.

3 정규화(Normalization)의 개념 [23년 2회, 3회]

정규화는 관계형 데이터 모델에서 데이터의 중복성을 제거하여 이상 현상을 방지하고, 데이터의 일관성과 정확성을 유지하기 위해 무손실 분해하는 과정이다.

▼ 데이터베이스 정규화 단계

단계	조건
1정규형(1NF)	원자값으로 구성
2정규형(2NF)	부분 함수 종속 제거(완전 함수적 종속 관계)
3정규형(3NF)	이행함수 종속 제거
보이스-코드 정규형(BCNF)	결정자 후보 키가 아닌 함수 종속 제거
4정규형(4NF)	다치(다중 값) 종속 제거
5정규형(5NF)	조인 종속 제거

두음쌤 한마디

데이터베이스 정규화 단계

「원부이 결다조」
원자화(1NF) / 부분함수 종속 제거(2NF) / 이행함수 종속 제거(3NF) / 결정자 함수 종속 제거(BCNF) / 다치 종속 제거(4NF) / 조인 종속 제거(5NF)

 개념 박살내기

■ 정규화 상세 단계

① **1차 정규화(1NF; 1 Normal Form)** [22년 1회]
1차 정규화는 원자값으로 구성, 반복 속성/중복 제거가 필요한 정규화 과정이다.

고객 ID	이메일
1	a@domain.com; b@domain.com;
2	c@domain.com; d@domain.com;

▼

고객 ID	이메일
1	a@domain.com
1	b@domain.com
2	c@domain.com
2	d@domain.com

▲ 1차 정규화

- 테이블 내의 속성값은 원자값을 가지고 있어야 한다.
- 이메일 주소가 속성에 2개 이상 가지고 있는 경우 원자값이 아니기 때문에 속성 1개만 가지도록 저장하면 1차 정규화를 만족한다.

② **2차 정규화(2NF; 2 Normal Form)**
2차 정규화는 부분함수 종속 제거(완전 함수적 종속 관계), 주식별자 아닌 속성을 분리하는 정규화 과정이다.

고객명	서비스 이름	서비스 가격	서비스 이용 기간
홍길동	헬스	70000	1달
홍길동	수영	100000	2달
장길산	수영	100000	2달

고객명	서비스 이름	서비스 이용 기간
홍길동	헬스	1달
홍길동	수영	2달
장길산	수영	2달

서비스 이름	서비스 가격
헬스	70000
수영	100000

▲ 2차 정규화

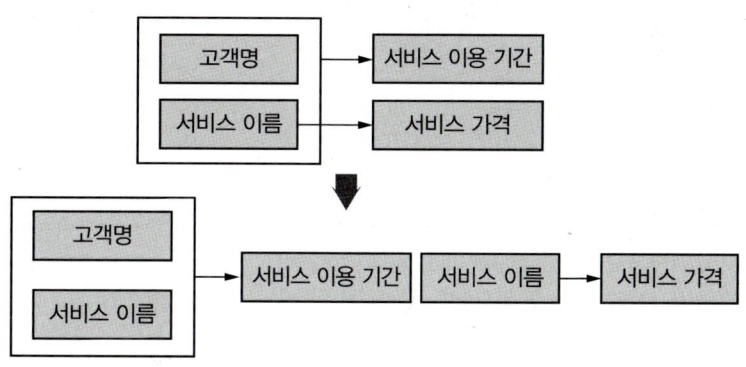

▲ 2차 정규화 함수 종속

- 〈고객명, 서비스 이름〉이 〈서비스 이용 기간〉에 영향을 주고, 〈서비스 이름〉이 〈서비스 가격〉에 영향을 주는 관계를 부분함수 종속 관계라고 한다.
- 〈고객명, 서비스 이름, 서비스 가격, 서비스 이용 기간〉을 한 테이블에 두는 것은 부분함수 종속성으로 인해 2차 정규화를 만족하지 못한다.
- 부분 관계인 〈서비스 이름, 서비스 가격〉 관계를 별도의 테이블로 두면 부분 함수 종속 관계가 제거되어 2차 정규화를 만족한다.

③ 3차 정규화(3NF; 3 Normal Form)
3차 정규화는 이행함수 종속 제거, 속성에 종속적인 속성을 분리하는 정규화 과정이다.

책번호	도서 이름	도서 가격	출판사	홈페이지
1	C언어	30000	A사	www.a.com
2	C++언어	25000	B사	www.b.com
3	JAVA언어	40000	B사	www.b.com

책번호	도서 이름	도서 가격	출판사
1	C언어	30000	A사
2	C++언어	25000	B사
3	JAVA언어	40000	B사

출판사	홈페이지
A사	www.a.com
B사	www.b.com

▲ 3차 정규화

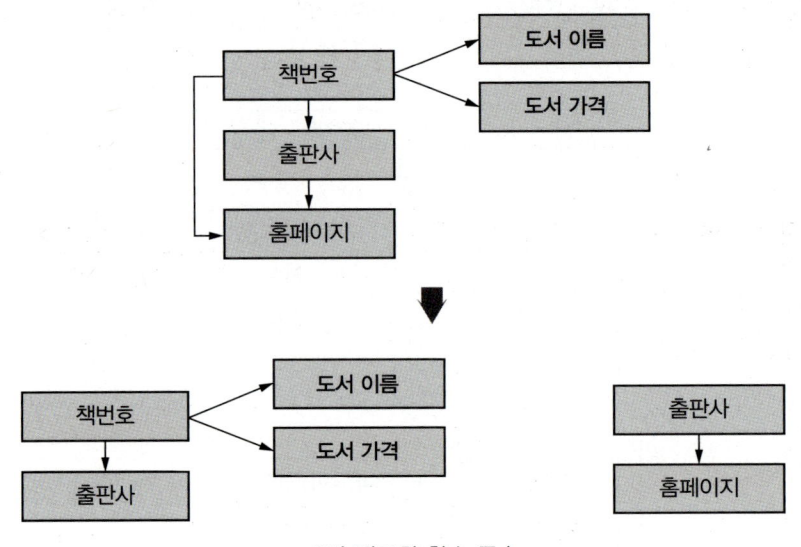

▲ 3차 정규화 함수 종속

- 〈책번호〉가 〈출판사〉에 영향을 주고, 〈출판사〉가 〈홈페이지〉에 영향을 주는 관계인 A→B이고, B→C 이면서 A→C 관계가 같이 있는 경우를 이행함수 종속 관계라고 한다.
- 〈책번호, 출판사, 홈페이지〉를 한 테이블에 두는 것은 이행함수 종속성으로 인해 3차 정규화를 만족하지 못한다.
- 〈책번호〉는 〈홈페이지〉에 직접 영향을 주는 관계가 아니기 때문에(A→C 관계), 〈책번호, 출판사〉 테이블, 〈출판사, 홈페이지〉 테이블로 분리하여 이행 함수 관계를 제거하여 3차 정규화를 만족한다.

④ 보이스-코드 정규화(BCNF; Boyce and Codd Normal Form)
보이스-코드 정규화는 결정자 함수 종속 제거, 모든 결정자가 후보 키인 정규화 과정이다.

학번	과목명	교수명
202001	C언어	장길산
202001	데이터베이스	홍길동
202002	데이터베이스	홍길동

학번	교수명
202001	장길산
202001	홍길동
202002	홍길동

교수명	과목명
장길산	C언어
홍길동	데이터베이스

▲ 보이스-코드 정규화

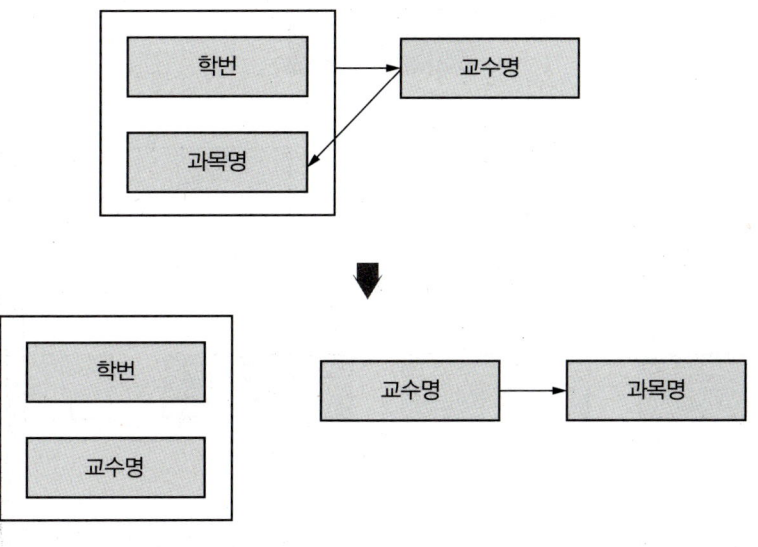

▲ 보이스-코드 정규화 함수 종속

- ⟨학번, 과목명⟩이 ⟨교수명⟩에 영향을 주고, ⟨교수명⟩이 ⟨과목명⟩에 영향을 주는 관계로서, ⟨교수명⟩은 ⟨과목명⟩에 영향을 주지만, 한 테이블에 같이 존재하고 ⟨교수명⟩은 키가 아닌 상황이므로 결정자인 ⟨교수명⟩이 후보 키가 아니다.
- ⟨학번, 과목명, 교수명⟩를 한 테이블에 두는 것은 ⟨교수명⟩이 결정자이지만 후보 키가 아니기 때문에 보이스-코드 정규화를 만족하지 못한다.
- ⟨교수명⟩은 ⟨과목명⟩에 직접 영향을 주기 때문에 ⟨교수명, 과목명⟩ 테이블로 분리하여 교수명이 후보 키 역할을 하도록 하여 보이스-코드 정규화를 만족한다.

⑤ 4차 정규화(4NF; 4 Normal Form)
4차 정규화는 다치(다중 값) 종속 제거, 특정 속성값에 따라 선택적인 속성을 분리하는 정규화 과정이다.

개발자	자격증	언어
홍길동	정보처리기사	C
홍길동	빅데이터분석기사	C++
장길산	정보보안기사	JAVA

개발자	자격증
홍길동	정보처리기사
홍길동	빅데이터분석기사
장길산	정보보안기사

개발자	언어
홍길동	C
홍길동	C++
장길산	JAVA

▲ 4차 정규화

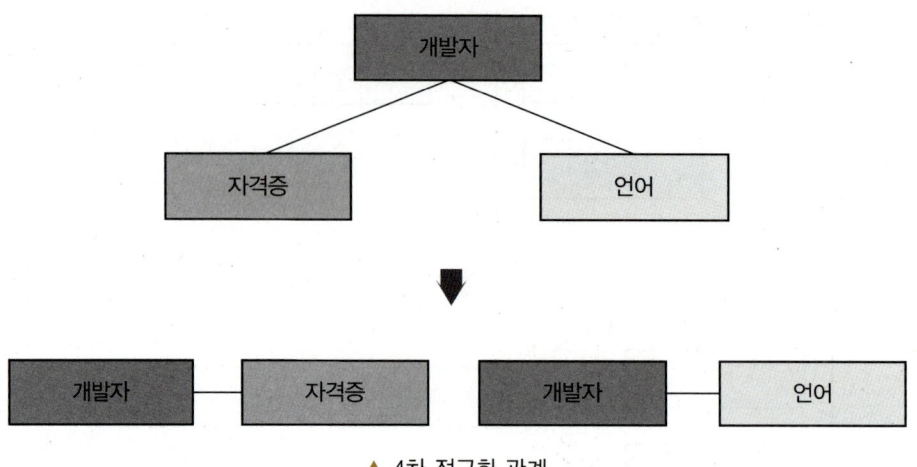

▲ 4차 정규화 관계

- 〈개발자〉마다 〈자격증〉 값들이 여러 개 존재하고, 특정 〈개발자〉마다 〈언어〉 값들이 여러 개 존재하는 경우 다치 종속 관계라고 한다.
- 〈개발자〉별로 여러 〈자격증〉 값을 가지고 있고, 〈개발자〉별로 여러 〈언어〉 값을 가지고 있으므로 〈개발자, 자격증〉, 〈개발자, 언어〉 테이블로 분리하여 관리하면 다치 종속 관계를 제거하기 때문에 4차 정규화를 만족한다.

ⓖ 5차 정규화(5NF; 5 Normal Form)

5차 정규화는 조인 종속을 제거하는 과정이다.

개발자	자격증
홍길동	정보처리기사
홍길동	빅데이터분석기사
장길산	정보보안기사

⋈

개발자	언어
홍길동	C
홍길동	C++
장길산	JAVA

개발자	자격증	언어
홍길동	정보처리기사	C
홍길동	빅데이터분석기사	C
홍길동	정보처리기사	C++
홍길동	빅데이터분석기사	C++
장길산	정보보안기사	JAVA

▲ 4차 정규화에서 조인 연산 후 결과

- 4차 정규화 테이블에 대해 조인 연산을 수행하면 4차 정규화 수행 전 데이터와 다르게 되는 문제인 조인 종속이 발생한다.

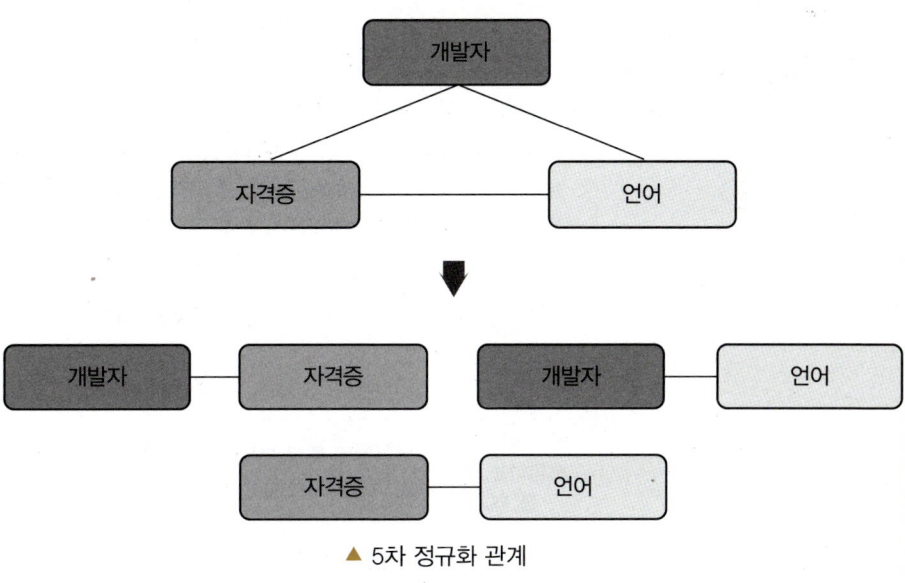

▲ 5차 정규화

▲ 5차 정규화 관계

- 조인 종속 관계를 제거하기 위해서는 모든 속성 관계인 〈개발자, 자격증〉, 〈개발자, 언어〉뿐 아니라 〈자격증, 언어〉 관계에 대한 테이블을 만들어 줌으로써 조인했을 때 정확히 원래의 데이터로 복원할 수 있게 한다.

(7) 반 정규화

1 반 정규화(De-Normalization) 개념

- 반 정규화는 정규화된 엔터티, 속성, 관계에 대해 성능 향상과 개발 운영의 단순화를 위해 중복, 통합, 분리 등을 수행하는 데이터 모델링의 기법이다.
- 비정규화, 역정규화라고도 불린다.

> **학습 Point**
> 반 정규화는 중요한 개념 중 하나입니다. 반 정규화 기법을 두음쌤을 통해 암기하시길 추천합니다.

잠깐! 알고가기

반 정규화 절차
① 대상 조사: 범위 처리 빈도수, 대량 범위 처리, 통계성 프로세스, 테이블 조인 수를 고려한다.
② 다른방법 유도: 뷰 테이블, 클러스터링, 인덱스의 조정, 어플리케이션 변경 등을 유도한다.
③ 반 정규화를 적용한다.

2 반 정규화 특징

▼ 반 정규화 특징

장점	단점
반 정규화된 데이터 구조는 성능 향상과 관리의 효율성이 증가	• 데이터의 일관성 및 정합성 저하 • 유지를 위한 비용이 별도로 발생하여 성능에 나쁜 영향을 미칠 수 있음

반 정규화를 위해서는 데이터의 일관성과 무결성을 우선으로 할지 데이터베이스의 성능과 단순화에 우선순위를 둘 것인지를 비교하여 조정하는 과정이 중요하다.

3 반 정규화 기법

▼ 반 정규화 기법

구분	수행 방법	설명
테이블	테이블 병합	• 1:1 관계, 1:M 관계를 통합하여 조인 횟수를 줄여 성능을 향상
	테이블 분할	• 테이블을 수직 또는 수평으로 분할
	중복 테이블 추가	• 대량의 데이터들에 대한 집계함수(GROUP BY, SUM 등)를 사용하여 실시간 통계정보를 계산하는 경우에 효과적인 수행을 위해 별도의 통계 테이블을 두거나 중복 테이블을 추가

종류	설명
집계 테이블 추가	집계 데이터를 위한 테이블을 생성하는 방법
진행 테이블 추가	이력 관리 등의 목적으로 테이블을 추가하는 방법
특정 부분만을 포함하는 테이블 추가	테이블의 특정 부분만을 사용하는 경우 해당 부분만으로 새로운 테이블을 생성하는 방법

구분	수행 방법	설명
컬럼	컬럼 중복화	• 조인 성능 향상을 위한 중복 허용
관계	중복관계 추가	• 성능 저하를 예방하기 위해 추가적 관계를 맺는 방법

3 물리 데이터 모델 ★★★

학습 Point
물리 데이터 저장소 구성에서는 참조무결성에 대한 내용을 잘 확인하시길 권장합니다!

(1) 데이터베이스 무결성

1 데이터베이스 무결성(Database Integrity) 개념
• 데이터 무결성은 데이터베이스에 저장된 데이터 값과 그것이 표현하는 현실 세계의 실제 값이 일치하는 성질이다.

- 데이터의 무결성을 유지하는 것은 데이터베이스 관리 시스템(DBMS)의 중요한 기능이며, 주로 데이터에 적용되는 연산에 제한을 두어 데이터의 무결성을 유지한다.
- 무결성은 권한이 있는 사용자로부터 데이터베이스를 보호한다.

2 데이터베이스 무결성 종류 [22년 2회, 3회, 23년 3회]

▼ 데이터베이스 무결성 종류

종류	설명	주요 기법
개체 무결성 (Entity Integrity)	한 엔터티에서 같은 기본 키(PK)를 가질 수 없거나, 기본 키(PK)의 속성이 NULL을 허용할 수 없는 제약조건	• 기본 키(Primary Key) • 유니크 인덱스(Unique Index)
참조 무결성 (Referential Integrity)	외래 키가 참조하는 다른 개체의 기본 키에 해당하는 값이 기본 키값이나 NULL이어야 하는 제약 조건	• 외래 키(Foreign Key)
속성 무결성 (Attribute Integrity)	속성의 값은 기본값, NULL 여부, 도메인(데이터 타입, 길이)이 지정된 규칙을 준수해야 하는 제약 조건	• 체크(CHECK) • NULL / NOT NULL • 기본값(DEFAULT)
사용자 정의 무결성 (User-Defined Integrity)	사용자의 의미적 요구사항을 준수해야 하는 제약 조건	• 트리거(Trigger) • 사용자 정의 데이터 타입 (User Defined Data Type)
키 무결성 (Key Integrity)	한 릴레이션에 같은 키값을 가진 튜플들을 허용할 수 없는 제약 조건	• 유니크(Unique)

> **두음쌤 한마디**
>
> **데이터베이스 무결성 종류**
> 「개참속사키」
> 개체 무결성 / 참조 무결성 / 속성 무결성 / 사용자 무결성 / 키 무결성

개념 박살내기

■ 참조 무결성 제약 조건

- 릴레이션과 릴레이션 사이에 대해 참조의 일관성을 보장하기 위한 조건이다.
- 두 개의 릴레이션이 기본키, 외래키를 통해 참조 관계를 형성할 경우, 참조하는 외래키의 값은 항상 참조되는 릴레이션에 기본키로 존재해야 한다.

① 제한(Restricted)
참조무결성 원칙을 위배하는 연산을 거절하는 옵션이다.

[EMPLOYEE] 참조하는 릴레이션

EMPNO	EMPNAME	DEPTNO
1	이순신	1
2	홍길동	3
3	강감찬	2
4	권율	1
5	유성룡	3

[DEPARTMENT] 참조되는 릴레이션

DEPTNO	DEPTNAME	FLOOR
1	영업	8
2	개발	10
3	기획	9
4	홍보	8

① 삭제
② 참조 무결성 위배로 삭제 연산 거절

▲ 참조무결성 유지 위한 DBMS 옵션(제한)

> **예** DEPARTMENT 릴레이션에서 첫 번째 튜플 (1, 영업, 8)을 삭제하면 참조무결성 제약 조건을 위배하게 되므로 삭제 연산을 수행하지 않고 거절

잠깐! 알고가기

튜플(Tuple)
관계형 데이터베이스에서는 행(Row)을 의미한다.

② 연쇄(Cascade)

참조되는 릴레이션에서 튜플을 삭제하고, 참조되는 릴레이션에서 이 튜플을 참조하는 튜플들도 함께 삭제하는 옵션이다.

[EMPLOYEE] 참조하는 릴레이션

EMPNO	EMPNAME	DEPTNO
1	이순신	1
~~2~~	~~홍길동~~	~~3~~
3	강감찬	2
4	권율	1
~~5~~	~~유성룡~~	~~3~~

② 참조 홍길동, 유성룡 튜플 삭제

[DEPARTMENT] 참조되는 릴레이션

DEPTNO	DEPTNAME	FLOOR
1	영업	8
2	개발	10
3	기획	9	① 삭제
4	홍보	8

▲ 참조무결성 유지 위한 DBMS 옵션(연쇄)

> **예** DEPARTMENT 릴레이션에서 (3, 기획, 9)를 삭제하면 EMPLOYEE 릴레이션에서 부서번호 3을 참조하는 홍길동과 유성룡이 함께 삭제됨

③ 널 값(Nullify)

- 참조되는 릴레이션에서 튜플을 삭제하고, 참조하는 릴레이션에서 해당 튜플을 참조하는 튜플들의 외래 키에 NULL 값을 넣는 옵션이다.
- 만일 릴레이션을 정의할 때 참조하는 릴레이션에서 NULL 값이 들어갈 애트리뷰트에 'NOT NULL'이라고 명시되어 있다면 삭제 연산을 거절한다.

잠깐! 알고가기

애트리뷰트(Attribute)
관계형 데이터베이스에서는 테이블 내의 열을 의미한다.

[EMPLOYEE] 참조하는 릴레이션

EMPNO	EMPNAME	DEPTNO
1	이순신	NULL
2	홍길동	3
3	강감찬	2
4	권율	NULL
5	유성룡	3

② 이순신, 권율의 DEPTNO가 NULL이 됨

[DEPARTMENT] 참조되는 릴레이션

DEPTNO	DEPTNAME	FLOOR
1	영업	8	① 삭제
2	개발	10
3	기획	9
4	홍보	8

▲ 참조무결성 유지 위한 DBMS 옵션(널 값)

> **예** DEPARTMENT 릴레이션에서 첫 번째 튜플 (1, 영업, 8)을 삭제하면 EMPLOYEE 릴레이션에서 부서번호 1을 참조하는 이순신과 권율의 부서번호에 NULL 값을 넣음.

④ 참조무결성 제약 조건 SQL 문법(삭제 시)

```
ALTER TABLE 테이블 ADD
FOREIGN KEY (외래키)
REFERENCES 참조테이블(기본키)
ON DELETE [ RESTRICT | CASCADE | SET NULL ];
```

(2) 키

1 키(Key) 개념
키는 데이터베이스에서 조건을 만족하는 튜플을 찾거나 순서대로 정렬할 때 다른 튜플들과 구별할 수 있는 기준이 되는 속성이다.

2 키 특성
키 특성에는 유일성과 최소성이 있다.

▼ 키 특성

특성	설명
유일성 (Uniqueness)	• 식별자에 의해 엔터티 내에 모든 튜플들을 유일하게 구분하는 특성
최소성 (Minimality)	• 최소한의 속성으로 식별자를 구성하는 특성

3 키 종류 [22년 1회]

▼ 키 종류

종류	설명
기본 키 (Primary Key)	• 테이블의 각 튜플들을 고유하게 식별하는 키
대체 키 (Alternate Key)	• 후보 키 중에서 기본 키로 선택되지 않은 키
후보 키 (Candidate Key)	• 테이블에서 각 튜플을 구별하는 데 기준이 되는 키 • 기본 키와 대체 키를 합친 키(기본 키⊂후보 키, 대체 키⊂후보 키)
슈퍼 키 (Super Key)	• 릴레이션을 구성하는 모든 튜플에 대해 유일성은 만족하지만, 최소성은 만족하지 못하는 키
외래 키 (Foreign Key)	• 한 릴레이션의 컬럼이 다른 릴레이션의 기본 키로 이용되는 키 • 테이블 간의 참조 데이터 무결성을 위한 제약 조건

(3) 인덱스(Index)

- 인덱스는 검색 연산의 최적화를 위해 데이터베이스 내 열에 대한 정보를 구성한 데이터 구조이다.
- 인덱스를 통해 전체 데이터의 검색 없이 필요한 정보에 대해 신속한 조회가 가능하다.

(4) 파티셔닝

1 파티셔닝(Partitioning) 개념
파티셔닝은 테이블 또는 인덱스 데이터를 파티션(Partition) 단위로 나누어 저장하는 기법이다.

2 파티션의 유형
파티션의 유형에는 레인지 파티셔닝(=범위 파티셔닝), 해시 파티셔닝, 리스트 파티셔닝(=목록 파티셔닝), 컴포지트 파티셔닝(=조합 파티셔닝), 라운드로빈이 있다.

> **두음쌤 한마디**
> 파티셔닝의 유형
> 「레해리컴라」
> 레인지 파티셔닝 / 해시 파티셔닝 / 리스트 파티셔닝 / 컴포지트 파티셔닝 / 라운드로빈

① 레인지 파티셔닝(Range Partitioning)
- 레인지 파티셔닝은 연속적인 숫자나 날짜를 기준으로 하는 파티셔닝 기법이다.
- 손쉬운 관리 기법을 제공하여 관리 시간의 단축이 가능하다.

> 예) 우편번호, 일별, 월별, 분기별 등의 데이터에 적합

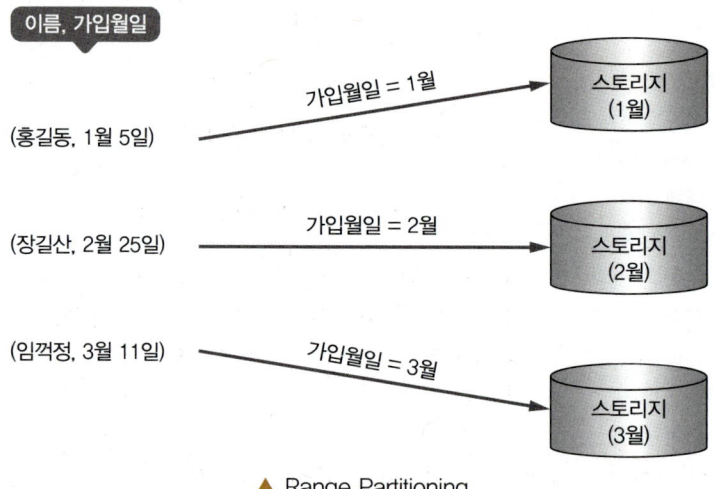

▲ Range Partitioning
(테이블에 포함된 컬럼의 "가입월일" 중 월을 기준으로 파티션에 저장)

② 해시 파티셔닝(Hash Partitioning)
- 해시 파티셔닝은 파티션 키의 해시 함수 값에 의한 파티셔닝 기법이다.
- 균등한 데이터 분할이 가능하고 질의 성능이 향상 가능하다.

> 예) 파티션을 위한 범위가 없는 데이터에 적합

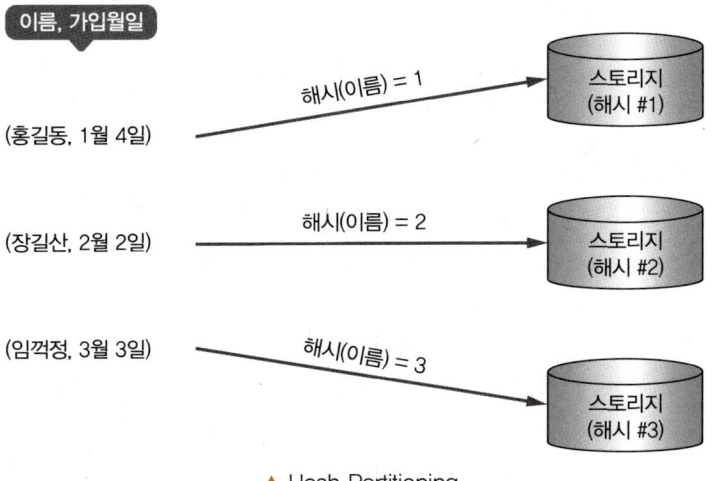

▲ Hash Partitioning

(테이블에 포함된 컬럼의 "이름" 값을 해시 함수에 넣었을 때 결괏값을 기준으로 파티션에 저장)

③ **리스트 파티셔닝(List Partitioning)**
- 리스트 파티셔닝은 특정 파티션에 저장될 데이터에 대한 명시적 제어가 가능한 파티셔닝 기법이다.
- 분포도가 비슷하고 데이터가 많은 SQL에서 컬럼의 조건이 많이 들어오는 경우 유용하다.

예 [한국, 일본, 중국 → 아시아] [노르웨이, 스웨덴, 핀란드 → 북유럽]

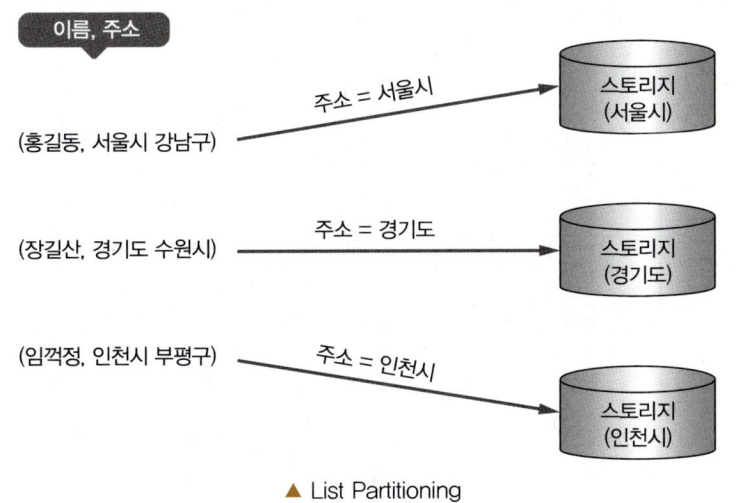

▲ List Partitioning

(테이블에 포함된 컬럼의 "주소" 값 중 도시 이름을 기준으로 파티션에 저장)

④ **컴포지트 파티셔닝(Composite Partitioning)**
- 컴포지트 파티셔닝은 레인지 파티셔닝, 해시 파티셔닝, 리스트 파티셔닝 중 2개 이상의 파티셔닝을 결합하는 파티셔닝 기법이다.

> **학습 Point**
> 파티셔닝은 단답형, 약술형으로 출제되기 좋은 개념입니다. 각 유형을 설명할 수 있을 정도로 학습하시길 권장합니다.

- 큰 파티션에 대한 I/O 요청을 여러 파티션으로 분산할 수 있다.

예) 레인지 파티셔닝할 수 있는 컬럼이나, 파티션이 너무 커서 효과적으로 관리할 수 없을 때 유용

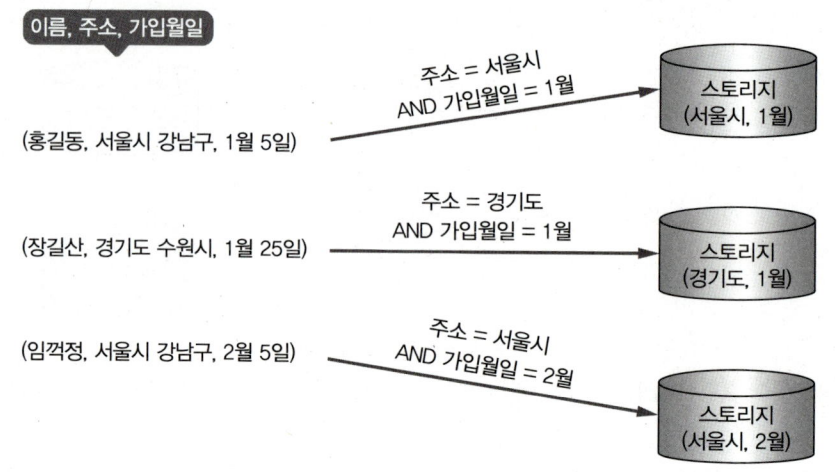

▲ Composite Partitioning

(테이블에 포함된 컬럼의 "가입월일" 중 월(레인지 파티셔닝)과 테이블에 포함된 컬럼의 "주소" 값 중 도시 이름(리스트 파티셔닝)을 동시에 만족하는 파티션에 저장)

⑤ 라운드로빈(Round-Robin)

- 라운드로빈은 라운드로빈으로 회전하면서 새로운 행을 파티션에 할당하는 기법이다.
- 파티션에 행의 고른 분포를 원할 때 사용한다.

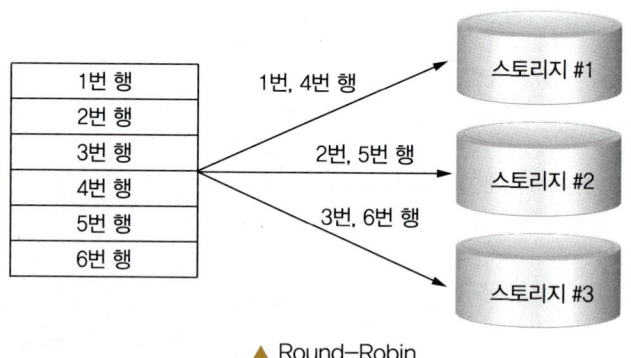

▲ Round-Robin

기출문제

01 다음은 순수 관계 대수식을 쿼리로 작성하시오. ▶ 22년 2회

$$\pi_{FNAME, LNAME, SALARY}(\sigma_{DND=1005}(EMP))$$

해설

| 셀렉트(Select) | $\sigma_{조건}(R)$ | 릴레이션 R에서 조건을 만족하는 튜플 반환 |
| 프로젝트(Project) | $\pi_{속성리스트}(R)$ | 릴레이션 R에서 주어진 속성들의 값으로만 구성된 튜플 반환 |

- π는 속성(컬럼)들을 출력하므로, $\pi_{FNAME, LNAME, SALARY}(A)$의 경우 릴레이션 A로부터 FNAME, LNAME, SALARY라는 속성들의 값으로만 구성된 튜플을 가지고 오므로 SELECT FNAME, LNAME, SALARY가 된다.
- $\sigma_{DNO=1005}(EMP)$의 경우 DNO=1005를 만족하는 튜플을 반환하므로 DNO=1005는 WHERE DNO=1005로 EMP의 경우 릴레이션 R에 해당되므로 FROM EMP가 된다.

02 데이터베이스에서 자료 저장의 형태가 2차원 구조의 표 또는 테이블로 표현되는 관계 데이터 모델의 용어를 쓰시오. ▶ 17년 1회, 2회

해설 • 관계 데이터 모델의 구성요소는 다음과 같다.

릴레이션(Relation)	행(Row)과 열(Column)로 구성된 테이블
튜플(Tuple)	릴레이션의 행(Row)에 해당되는 요소
속성(Attribute)	릴레이션의 열(Column)에 해당되는 요소
카디널리티(Cardinality)	튜플(Tuple)의 수
차수(Degree)	속성(Attribute)의 수
스키마(Schema)	데이터베이스의 구조, 제약 조건 등의 정보를 담고 있는 기본적인 구조
인스턴스(Instance)	정의된 스키마에 따라 생성된 테이블에 실제 저장된 데이터의 집합

03 다음 괄호 ( ) 안에 들어갈 알맞은 용어를 쓰시오. ▶ 18년 2회

관계 데이터 모델의 구성요소 중 (①)은/는 데이터베이스의 구조, 제약 조건 등의 정보를 담고 있는 기본적인 구조이고, (②)은/는 정의된 (①)에 따라 생성된 테이블에 실제 저장된 데이터의 집합이다.

①

②

해설 • 관계 데이터 모델의 구성요소는 다음과 같다.

릴레이션(Relation)	행(Row)과 열(Column)로 구성된 테이블
튜플(Tuple)	릴레이션의 행(Row)에 해당되는 요소
속성(Attribute)	릴레이션의 열(Column)에 해당되는 요소
카디널리티(Cardinality)	튜플(Tuple)의 수
차수(Degree)	속성(Attribute)의 수
스키마(Schema)	데이터베이스의 구조, 제약 조건 등의 정보를 담고 있는 기본적인 구조
인스턴스(Instance)	정의된 스키마에 따라 생성된 테이블에 실제 저장된 데이터의 집합

04 다음 괄호 ( ) 안에 들어갈 알맞은 용어를 쓰시오. ▶ 19년 3회

데이터베이스에서 관계형 데이터 모델은 데이터를 테이블 구조로 표현하는 논리적 데이터 모델이다. 관계형 데이터 모델에서는 데이터를 원자값으로 갖는 이차원 테이블로 표현하는데, 이를 (①)(이)라고 한다. (①)의 구조는 물리적인 저장 구조를 나타내는 것이 아닌 논리적 구조이므로 다양한 정렬 기준을 통하여 표현할 수 있다. (①)의 열을 속성이라 하고, 행을 튜플이라고 하며, 하나의 속성이 취할 수 있는 같은 타입의 원자값들의 집합을 (②)(이)라고 한다.

①

②

기출문제

해설
- 관계 데이터 모델의 구성요소는 다음과 같다.

릴레이션(Relation)	행(Row)과 열(Column)로 구성된 테이블
튜플(Tuple)	릴레이션의 행(Row)에 해당되는 요소
속성(Attribute)	릴레이션의 열(Column)에 해당되는 요소
카디널리티(Cardinality)	튜플(Tuple)의 수
차수(Degree)	속성(Attribute)의 수
스키마(Schema)	데이터베이스의 구조, 제약 조건 등의 정보를 담고 있는 기본적인 구조
인스턴스(Instance)	정의된 스키마에 따라 생성된 테이블에 실제 저장된 데이터의 집합
도메인(Domian)	• 속성에 들어갈 수 있는 값의 범위 • 하나의 속성이 취할 수 있는 같은 타입의 원자값들의 집합

- 관계 대수 연산자의 종류 중 순수 관계 연산자는 다음과 같다.

셀렉트(Select)	σ	$\sigma_{조건}(R)$	릴레이션 R에서 조건을 만족하는 튜플 반환
프로젝트(Project)	π	$\pi_{속성리스트}(R)$	릴레이션 R에서 주어진 속성들의 값으로만 구성된 튜플 반환
조인(Join)	⋈	$R⋈S$	공통 속성을 이용해 R과 S의 튜플들을 연결해 만들어진 튜플 반환
디비전(Division)	÷	$R÷S$	릴레이션 S의 모든 튜플과 관련 있는 R의 튜플 반환

▶ 18년 1회, 20년 3회

05 다음 괄호 ( ) 안에 들어갈 알맞은 용어를 쓰시오.

- (①)은/는 모든 튜플들을 대응시켜 새로운 릴레이션을 만드는 연산으로, 연산의 결과 차수는 두 릴레이션의 차수를 합한 것과 같고 튜플은 두 릴레이션의 튜플 수를 곱한 것과 같다.
- (②)은/는 릴레이션에 존재하는 튜플들 중에서 특정 조건을 만족하는 튜플을 구하는 연산으로 수평 연산이라고도 한다. 기호는 σ를 사용한다.

①
②

▶ 21년 1회

06 다음은 관계 대수 연산자에 대한 설명이다. 괄호 ( ) 안에 들어갈 알맞은 용어를 쓰시오.

순수 관계 연산자 중에서 (①)은/는 릴레이션 R에서 조건을 만족하는 튜플을 반환하는 연산자이고, (②)은/는 릴레이션 R에서 주어진 속성들의 값으로만 구성된 튜플을 반환하는 연산자이다.

①
②

해설
- 관계 대수 연산자 중 일반 집합 연산자는 다음과 같다.

합집합(Union)	∪	$R∪S$	합병 가능한 두 릴레이션 R과 S의 합집합
교집합(Intersection)	∩	$R∩S$	릴레이션 R과 S에 속하는 모든 튜플로 결과 릴레이션 구성
차집합(Difference)	−	$R−S$	R에 존재하고 S에 미 존재하는 튜플로 결과 릴레이션 구성
카티션 프로덕트(CARTESIAN Product)	×	$R×S$	R과 S에 속한 모든 튜플을 연결해 만들어진 새로운 튜플로 릴레이션 구성

해설
- 관계 대수 연산자의 종류 중 순수 관계 연산자는 다음과 같다.

셀렉트(Select)	σ	$\sigma_{조건}(R)$	릴레이션 R에서 조건을 만족하는 튜플 반환
프로젝트(Project)	π	$\pi_{속성리스트}(R)$	릴레이션 R에서 주어진 속성들의 값으로만 구성된 튜플 반환
조인(Join)	⋈	$R⋈S$	공통 속성을 이용해 R과 S의 튜플들을 연결해 만들어진 튜플 반환
디비전(Division)	÷	$R÷S$	릴레이션 S의 모든 튜플과 관련 있는 R의 튜플 반환

07 다음 괄호 ( ) 안에 들어갈 알맞은 용어를 쓰시오.
▶ 21년 2회

( )은/는 기본 연산과 집합 연산을 이용하여 관계형 데이터베이스에서 원하는 정보와 그 정보를 어떻게 유도하는가를 기술하는 절차적 언어이다.

해설
- 관계 대수는 관계형 데이터베이스에서 원하는 정보와 그 정보를 어떻게 유도하는가를 기술하는 절차적 정형 언어이다.
- 관계 해석은 튜플 관계 해석과 도메인 관계 해석을 하는 비절차적 언어이다.

08 다음은 정규화에 대한 설명이다. 괄호 ( ) 안에 들어갈 알맞은 용어를 쓰시오.
▶ 17년 1회

- 제 1 정규형은 테이블 R에 속한 모든 속성의 도메인(Domain)이 원자 값(Atomic Value)만으로 되어 있는 정규형이다. 즉, 테이블의 모든 속성 값이 원자 값으로만 되어 있는 정규형이다. 제 1 정규형에서는 (①)이/가 있는 애트리뷰트가 존재하므로 이상이 발생한다.
- 제 3 정규형은 테이블 R이 제 2 정규형이고, (②)을/를 만족하지 않는 정규형이다.

①
②

해설
- 데이터베이스 정규화 단계는 다음과 같다.

1정규형(1NF)	원자값으로 구성
2정규형(2NF)	부분 함수 종속 제거(완전 함수적 종속 관계)
3정규형(3NF)	이행함수 종속 제거
보이스-코드 정규형(BCNF)	결정자 후보키가 아닌 함수 종속 제거
4정규형(4NF)	다치(다중 값) 종속 제거
5정규형(5NF)	조인 종속 제거

09 다음은 정규화에 대한 설명이다. 괄호 ( ) 안에 들어갈 알맞은 용어를 쓰시오.
▶ 17년 1회

- 제 2 정규형은 테이블 R이 제 1 정규형이고, (①)을/를 만족하는 정규형이다.
- BCNF는 테이블 R에서 모든 결정자가 (②)인 정규형이다. 일반적으로 제 3 정규형에 (②)이/가 여러 개 존재하고, 이러한 (②)들이 서로 중첩되어 나타나는 경우에 적용 가능하다.

①
②

해설
- 데이터베이스 정규화 단계는 다음과 같다.

1정규형(1NF)	원자값으로 구성
2정규형(2NF)	부분 함수 종속 제거(완전 함수적 종속 관계)
3정규형(3NF)	이행함수 종속 제거
보이스-코드 정규형(BCNF)	결정자 후보키가 아닌 함수 종속 제거
4정규형(4NF)	다치(다중 값) 종속 제거
5정규형(5NF)	조인 종속 제거

10 다음은 정규화에 대한 설명이다. 괄호 ( ) 안에 들어갈 알맞은 용어를 쓰시오.
▶ 17년 2회

(①)은/는 완전 함수 종속성을 만족하는 정규형이다.
(②)은/는 이행 함수적 종속 관계를 제거한 정규형이다.

①
②

해설
- 데이터베이스 정규화 단계는 다음과 같다.

1정규형(1NF)	원자값으로 구성
2정규형(2NF)	부분 함수 종속 제거(완전 함수적 종속 관계)
3정규형(3NF)	이행함수 종속 제거
보이스-코드 정규형(BCNF)	결정자 후보키가 아닌 함수 종속 제거
4정규형(4NF)	다치(다중 값) 종속 제거
5정규형(5NF)	조인 종속 제거

기출문제

11 다음은 정규화에 대한 설명이다. 괄호 ( ) 안에 들어갈 알맞은 용어를 쓰시오. ▶ 17년 2회

> 이행 함수 종속성은 A→B이고, B→C일 때 (①)을/를 만족하는 관계이다. BCNF는 테이블에서 모든 결정자가 (②)인 정규형이다.

① _____

② _____

해설 • 데이터베이스 정규화 단계는 다음과 같다.

1정규형(1NF)	원자값으로 구성
2정규형(2NF)	부분 함수 종속 제거(완전 함수적 종속 관계)
3정규형(3NF)	이행함수 종속 제거
보이스-코드 정규형(BCNF)	결정자 후보키가 아닌 함수 종속 제거
4정규형(4NF)	다치(다중 값) 종속 제거
5정규형(5NF)	조인 종속 제거

12 다음은 정규화에 대한 설명이다. 괄호 ( ) 안에 공통으로 들어갈 알맞은 용어를 쓰시오. ▶ 17년 2회

> • 정규화의 목적은 가능한 중복을 제거하여 삽입, 삭제, 갱신 ( )의 발생 가능성을 줄이는 것이다.
> • ( ) 현상은 데이터의 중복성으로 인해 릴레이션을 조작할 때 발생하는 비합리적 현상이다.

해설 이상 현상은 데이터의 중복성으로 인해 릴레이션을 조작할 때 발생하는 비합리적 현상으로 삽입, 삭제, 갱신 이상이 있다.

13 다음 괄호 ( ) 안에 들어갈 알맞은 용어를 쓰시오. ▶ 17년 3회

> • (①)은/는 외래키 값이 NULL이거나 참조 릴레이션의 기본키 값과 동일해야 한다는 규정이다.
> • (②)은/는 기본 릴레이션의 기본키를 구성하는 어떤 속성도 NULL일 수 없다는 규정이다.

① _____

② _____

해설 • 데이터베이스 무결성의 종류는 다음과 같다.

개체 무결성	한 엔티티에서 같은 기본키(PK)를 가질 수 없거나, 기본키(PK)의 속성이 NULL을 허용할 수 없는 제약조건
참조 무결성	외래키가 참조하는 다른 개체의 기본키에 해당하는 값이 기본키 값이나 NULL이어야 하는 제약조건
속성 무결성	속성의 값은 기본값, NULL 여부, 도메인(데이터 타입, 길이)이 지정된 규칙을 준수해야 하는 제약 조건
사용자 무결성	사용자의 의미적 요구사항을 준수해야 하는 제약조건
키 무결성	한 릴레이션에 같은 키 값을 가진 튜플들을 허용할 수 없는 제약조건

14 다음 괄호 ( ) 안에 들어갈 알맞은 용어를 쓰시오. ▶ 18년 3회

> 키의 종류 중에서 (①)은/는 테이블에서 각 튜플들을 구별하는데 기준이 되는 컬럼으로 기본키와 대체키를 합친 키이고, (②)은/는 테이블 간의 참조 데이터 무결성을 위한 제약 조건으로 한 릴레이션의 컬럼이 다른 릴레이션의 기본키로 이용되는 키이다.

① _____

② _____

해설 ▸ • 키의 종류는 다음과 같다.

기본키 (Primary Key)	• 테이블의 각 튜플들을 고유하게 식별하는 컬럼
대체키 (Alternate Key)	• 후보키 중에서 기본키로 선택되지 않은 키
후보키 (Candidate Key)	• 테이블에서 각 튜플들을 구별하는데 기준이 되는 컬럼 • 기본키와 대체키를 합친 키 (기본키⊂후보키, 대체키⊂후보키)
슈퍼키 (Super Key)	• 릴레이션을 구성하는 모든 튜플에 대해 유일성은 만족하지만, 최소성은 만족하지 못하는 키
외래키 (= 참조키) (Foreign Key)	• 테이블 간의 참조 데이터 무결성을 위한 제약 조건 • 한 릴레이션의 컬럼이 다른 릴레이션의 기본키로 이용되는 키

▶ 19년 1회

15 다음 괄호 ( ) 안에 들어갈 알맞은 용어를 쓰시오.

> 정규화는 테이블의 속성들이 상호 종속적인 관계를 갖는 특성을 이용하여 테이블을 무손실 분해하는 과정으로, 정규화의 목적은 가능한 한 중복을 제거하여 삽입, 삭제, 갱신 이상의 발생 가능성을 줄이는 것이다. 기존의 테이블에서 부분 함수적 종속을 제거하여 완전 함수적 종속을 만족하는 정규화 단계는 ( )(이)다.

해설 ▸ • 데이터베이스 정규화 단계는 다음과 같다.

1정규형(1NF)	원자값으로 구성
2정규형(2NF)	부분 함수 종속 제거(완전 함수적 종속 관계)
3정규형(3NF)	이행함수 종속 제거
보이스-코드 정규형(BCNF)	결정자 후보키가 아닌 함수 종속 제거
4정규형(4NF)	다치(다중 값) 종속 제거
5정규형(5NF)	조인 종속 제거
데이터베이스 정규화 단계	
원부이 결다조	원자화(1NF) / 부분함수 종속 제거(2NF) / 이행함수 종속 제거(3NF) / 결정자 함수 종속 제거(BCNF) / 다치 종속 제거(4NF) / 조인 종속 제거(5NF)

▶ 22년 1회

16 다음이 설명하는 키가 무엇인지 보기에서 고르시오.

> • ( )는 테이블 간의 참조 데이터 무결성을 위한 제약 조건이다.
> • ( )은/는 릴레이션의 컬럼이 다른 릴레이션의 기본키로 이용되는 키이다.

| 보기 |
㉠ Primary Key   ㉡ Alternative Key
㉢ Candidate Key   ㉣ Super Key
㉤ Foreign Key   ㉥ Complex Key

해설 ▸ • 키의 종류는 다음과 같다.

기본키 (Primary Key)	• 테이블의 각 튜플들을 고유하게 식별하는 컬럼
대체키 (Alternate Key)	• 후보키 중에서 기본키로 선택되지 않은 키
후보키 (Candidate Key)	• 테이블에서 각 튜플들을 구별하는데 기준이 되는 컬럼 • 기본키와 대체키를 합친 키 (기본키⊂후보키, 대체키⊂후보키)
슈퍼키 (Super Key)	• 릴레이션을 구성하는 모든 튜플에 대해 유일성은 만족하지만, 최소성은 만족하지 못하는 키
외래키 (= 참조키) (Foreign Key)	• 테이블 간의 참조 데이터 무결성을 위한 제약 조건 • 한 릴레이션의 컬럼이 다른 릴레이션의 기본키로 이용되는 키

기출문제

▶ 22년 2회

17 다음 테이블에서 어떤 제약조건을 위반하고 있는지 쓰시오.

이름	소속	나이	성별	주소
chang	IT 개발	20	여	강원도
NULL	시설관리	35	남	전라도
park	정보보호	59	남	경상도
NULL	디지털 혁신	41	여	충청도

(　　　) 무결성 제약조건

해설

개체 무결성	한 엔티티에서 같은 기본키(PK)를 가질 수 없거나, 기본키(PK)의 속성이 NULL을 허용할 수 없는 제약조건
참조 무결성	외래키가 참조하는 다른 개체의 기본키에 해당하는 값이 기본키 값이나 NULL이어야 하는 제약조건

▶ 22년 3회

18 다음 설명에서 어떤 무결성을 적용해야 하는지 쓰시오.

학생 테이블에 정보를 넣으려고 한다. 학생 테이블에서 지도교수(ADVISOR)는 외래키로 교수 테이블의 기본키이다. 다음과 같은 쿼리를 실행하려고 한다.

INSERT INTO 학생(S_CODE, S_NAME, DEPT,
　　　　　　　　YEAR, BIRTHDAY, ADVISOR)
VALUES(1001, '이순신', '정보통신', 1, 601101, 603);

교수 테이블에 603에 해당하는 지도교수(ADVISOR)가 없을 때 데이터가 삽입되면 학생 테이블과 교수 테이블의 값이 일치하지 않는 문제가 발생하기 때문에 제약조건을 둔다.

(　　　) 무결성

해설

개체 무결성	한 엔티티에서 같은 기본키(PK)를 가질 수 없거나, 기본키(PK)의 속성이 NULL을 허용할 수 없는 제약조건
참조 무결성	외래키가 참조하는 다른 개체의 기본키에 해당하는 값이 기본키 값이나 NULL이어야 하는 제약조건

▶ 22년 3회

19 주어진 테이블의 Degree, Cardinality를 구하시오.

학번	이름	학과
1001	이순신	컴퓨터공학
1002	김좌진	전기공학
1003	권율	건축공학
1004	장보고	토목공학

① Degree:

② Cardinality:

해설

릴레이션(Relation)	행(Row)과 열(Column)로 구성된 테이블
튜플(Tuple)	릴레이션의 행(Row)에 해당되는 요소
속성(Attribute)	릴레이션의 열(Column)에 해당되는 요소
카디널리티(Cardinality)	튜플(Row)의 수
차수(Degree)	애트리뷰트(Column)의 수
스키마(Schema)	데이터베이스의 구조, 제약 조건 등의 정보를 담고 있는 기본적인 구조
인스턴스(Instance)	정의된 스키마에 따라 생성된 테이블에 실제 저장된 데이터의 집합

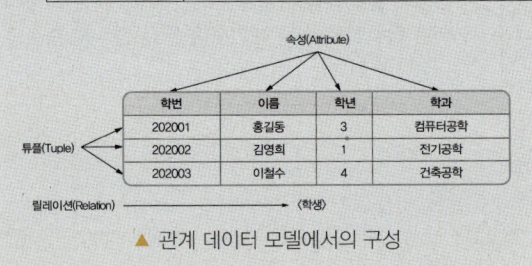

▲ 관계 데이터 모델에서의 구성

20 다음과 같이 릴레이션이 있을 때 몇 정규화를 수행해야 하는지 쓰시오. ▶ 22년 1회

국가	도시
대한민국	서울, 부산
미국	워싱턴, 뉴욕
중국	베이징

(　　　) 정규형

> **해설**
> - 테이블 내의 속성 값은 원자값을 가지고 있어야 하는데, 도시 속성에 서울, 부산과 같이 여러 개의 값을 가지고 있으므로 원자값을 가지지 않기 때문에 1정규화를 수행해야 한다.
> - 데이터베이스 정규화 단계는 다음과 같다.
>
> | 1정규형(1NF) | 원자값으로 구성 |
> |---|---|
> | 2정규형(2NF) | 부분 함수 종속 제거(완전 함수적 종속 관계) |
> | 3정규형(3NF) | 이행함수 종속 제거 |
> | 보이스-코드 정규형(BCNF) | 결정자 후보키가 아닌 함수 종속 제거 |
> | 4정규형(4NF) | 다치(다중 값) 종속 제거 |
> | 5정규형(5NF) | 조인 종속 제거 |

21 다음은 ER 다이어그램이다. 개체와 관계에 해당하는 것을 찾아 쓰시오. ▶ 23년 1회

① 개체:
② 관계:

> **해설**
> - ERD에서 마름모가 관계이므로 주문, 출판이 관계에 해당하는 요소이고, 사각형이 개체이므로 독자, 책, 출판사가 개체에 해당하는 요소이다.
>
> | 개체 | □ | 사각형 |
> |---|---|---|
> | 관계 | ◇ | 마름모 |
> | 속성 | ○ | 원 |
> | 관계-속성 연결 | ― | 선 |

22 다음은 관계 대수 연산자에 대한 설명이다. 괄호 (　) 안에 들어갈 알맞은 용어를 쓰시오. ▶ 23년 1회

- 관계 대수는 관계형 데이터베이스에서 원하는 정보와 그 정보를 어떻게 유도하는가를 기술하는 언어로 릴레이션에서 조건을 만족하는 튜플 반환하는 (　①　) 연산자, 주어진 속성들의 값으로만 구성된 튜플을 반환하는 (　②　) 연산자가 있다.
- 그리고 두 릴레이션이 있을 때 두 릴레이션 모두에 속하는 (　③　) 연산자, 한 릴레이션에는 존재하고, 한 릴레이션에는 존재하지 않는 (　④　) 연산자가 있다.

①
②
③
④

기출문제

해설	• 관계 대수 연산자 중 일반 집합 연산자는 다음과 같다.

합집합(Union)	∪	합병 가능한 두 릴레이션 R과 S의 합집합
교집합(Intersection)	∩	릴레이션 R과 S에 속하는 모든 튜플로 결과 릴레이션 구성
차집합(Difference)	−	R에 존재하고 S에 미 존재하는 튜플로 결과 릴레이션 구성
카티션 프로덕트(CARTESIAN Product)	×	R과 S에 속한 모든 튜플을 연결해 만들어진 새로운 튜플로 릴레이션 구성
셀렉트(Select)	σ	릴레이션 R에서 조건을 만족하는 튜플 반환
프로젝트(Project)	π	릴레이션 R에서 주어진 속성들의 값으로만 구성된 튜플 반환
조인(Join)	⋈	공통 속성을 이용해 R과 S의 튜플들을 연결해 만들어진 튜플 반환
디비전(Division)	÷	릴레이션 S의 모든 튜플과 관련 있는 R의 튜플 반환

해설	• 데이터베이스 정규화 단계는 다음과 같다.

1정규형(1NF)	원자값으로 구성
2정규형(2NF)	부분 함수 종속 제거(완전 함수적 종속 관계)
3정규형(3NF)	이행함수 종속 제거
보이스-코드 정규형(BCNF)	결정자 후보키가 아닌 함수 종속 제거
4정규형(4NF)	다치(다중 값) 종속 제거
5정규형(5NF)	조인 종속 제거

데이터베이스 정규화 단계	
원부이 결다조	원자화(1NF) / 부분함수 종속 제거(2NF) / 이행함수 종속 제거(3NF) / 결정자 함수 종속 제거(BCNF) / 다치 종속 제거(4NF) / 조인 종속 제거(5NF)

▶ 23년 2회

23 다음이 설명하는 정규화 단계를 [보기]에서 찾아 작성하시오.

- (①)은/는 테이블의 모든 결정자(Determinant)가 후보키(Candidate Key)에 속하는 경우를 의미하며, 이행 함수 종속이 제거된 상태를 의미한다.
- (②)은/는 테이블의 모든 비 주요 속성들이 기본 키에 대해 완전히 함수적으로 종속되는 경우를 의미하며, 기본 키를 구성하는 모든 속성 외의 다른 모든 속성이 기본 키에만 종속되어 부분 함수 종속인 상태를 의미한다.
- (③)은/는 테이블의 모든 비주요 속성들이 주요 속성에 완전 함수 종속되어야 하며, 테이블의 모든 비주요 속성들은 기본 키를 구성하는 모든 속성들에만 종속적인 형태이다. 결정자 종속이 제거된 상태를 의미한다.

| 보기 |
㉠ 2NF   ㉡ 3NF   ㉢ BCNF

▶ 23년 3회

24 다음은 데이터베이스의 용어 설명이다. 다음 빈칸에 알맞은 용어를 [보기]에서 골라 쓰시오.

- (①)은/는 데이터베이스의 구조와 제약조건 등의 정보를 담고 있는 기본적인 구조이다.
- (②)은/는 릴레이션의 열(Column)에 해당하는 요소로 개체의 특성이다.

| 보기 |
㉠ 스키마(Schema)   ㉡ 속성(Attribute)
㉢ 도메인(Domain)   ㉣ 뷰(View)
㉤ 인덱스(Index)   ㉥ 테이블(Table)

①

②

스키마(Schema)	데이터베이스의 구조와 제약조건 등의 정보를 담고 있는 기본적인 구조
속성(Attribute)	릴레이션의 열(Column)에 해당하는 요소로 개체의 특성
도메인(Domain)	하나의 속성이 가질 수 있는 원잣값들의 집합
뷰(View)	하나 이상의 물리 테이블에서 유도되는 가상의 테이블
인덱스(Index)	검색을 빠르게 하기 위한 데이터 구조
테이블(Table)	데이터의 저장공간

▶ 23년 3회

26 다음과 같은 릴레이션이 있을 때 차수, 카디널리티를 구하시오.

이름	소속	주소	직책	나이
한국인	서울	서울 동대문구	과장	35
김미국	경인	경기도 수원시 권선구	차장	45
이일본	본부	울산광역시 중구	과장	40

① 차수(Degree) :

② 카디널리티(Cardinality) :

> 해설 • 차수는 열의 개수로 5, 카디널리티는 행의 개수로 3이다.

차수(Degree)	애트리뷰트(Attribute)의 개수, 열의 개수
카디널리(Cardinality)	튜플(Tuple)의 개수, 행의 개수

▶ 23년 3회

25 데이터베이스 무결성의 종류와 무결성 제약 조건을 옳게 짝지으시오.

| 보기 |
① Unique Integrity   ㉠ 도메인
② Domain Integrity   ㉡ 특정 속성값
③ Referential Integrity ㉢ 기본키
④ Entity Integrity   ㉣ 외래키

① Unique Integrity :

② Domain Integrity :

③ Referential Integrity :

④ Entity Integrity :

▶ 23년 3회

27 정규화에서 다치 종속성을 제거했을 때 몇 정규형을 만족하는지 쓰시오.

(   ) 정규형

> 해설 • 데이터베이스 정규화 단계는 다음과 같다.

1정규형(1NF)	원자값으로 구성
2정규형(2NF)	부분 함수 종속 제거(완전 함수적 종속 관계)
3정규형(3NF)	이행함수 종속 제거
보이스-코드 정규형(BCNF)	결정자 후보키가 아닌 함수 종속 제거
4정규형(4NF)	다치(다중 값) 종속 제거
5정규형(5NF)	조인 종속 제거
데이터베이스 정규화 단계	
원부이 결다조	원자화(1NF) / 부분함수 종속 제거(2NF) / 이행함수 종속 제거(3NF) / 결정자 함수 종속 제거(BCNF) / 다치 종속 제거(4NF) / 조인 종속 제거(5NF)

> 해설 • 데이터베이스 무결성의 종류는 다음과 같다.

개체 무결성 (Entity Integrity)	한 엔터티에서 같은 기본 키(PK)를 가질 수 없거나, 기본 키(PK)의 속성이 NULL을 허용할 수 없는 제약조건
참조 무결성 (Referential Integrity)	외래키가 참조하는 다른 개체의 기본 키에 해당하는 값이 기본 키값 NULL이어야 하는 제약조건

• Unique Integrity는 릴레이션의 특정 속성에 대해 각 튜플이 갖는 속성값들이 서로 달라야 한다는 제약조건이다.
• Domain Integrity는 특정 속성의 값이 그 속성이 정의된 도메인에 속한 값이어야 한다는 제약조건이다.

기출문제

▶ 24년 1회

28 다음은 데이터베이스에 대한 설명이다. 빈칸에 알맞은 용어를 쓰시오.

- 관계형 데이터 모델에서 (②)은/는 데이터의 중복성으로 인해 릴레이션을 조작할 때 발생하는 비합리적 현상이다.
- (②)을/를 방지하고, 데이터의 일관성과 정확성을 유지하기 위해 무손실 분해하는 과정을 (①)(이)라고 한다.
- (②)의 종류로는 삽입 이상, 삭제 이상, (③) 이상 등이 있다.
- 또한, 릴레이션에서 속성의 의미와 속성 간 상호 관계로부터 발생하는 제약조건을 함수 종속(FD; Functional Dependency)이라 한다.
- 릴레이션에서 기본 키가 복합 키일 경우 기본 키를 구성하는 속성 중 일부에게 종속된 경우를 부분 함수 종속이라고 하며, 릴레이션에서 X→Y 관계가 있을 때 Y는 X의 전체 속성에 대해 종속하고, 부분 집합 속성에 종속하지 않는 경우를 완전 함수 종속이라 한다.
- 릴레이션에서 A→B, B→C 종속 관계가 있을 때, A→(④)이/가 성립되는 경우를 이행 함수 종속이라 한다.
- 또한, 다음과 같이 [학생수강] 테이블이 있다.

학번	과목	강사
101	수학	홍길동
102	역사	이순신
103	물리	권율
104	화학	김시민
105	수학	홍길동

- 이 테이블은 학생의 정보와 강사 정보를 같이 가지고 있다. 이러한 형태는 문제가 발생하는데, 새로운 과목이 생성됐으나, 수강 학생이 없다면 강사를 삽입할 수 없다. 수강생이 1명 있는 과목이 수강취소 될 경우, 강사 정보가 사라지는 문제가 발생한다. 또한, 강사는 과목명에 영향을 주는 결정자이지만, 후보 키가 아닌 상황이다. 이를 극복하기 위해 (⑤) 정규화를 사용한다.
- 정규화 이후에는 다음과 같이 두 개의 릴레이션으로 무손실 분해가 가능하다.

[학생지도] 테이블

학번	강사
101	홍길동
102	이순신
103	권율
104	김시민
105	홍길동

[강사] 테이블

강사	담당과목
홍길동	수학
이순신	역사
권율	물리
김시민	화학

①

②

③

④

⑤

해설
- 이상 현상은 데이터의 중복성으로 인해 릴레이션을 조작할 때 발생하는 비합리적 현상이며, 이상 현상의 종류로는 삽입, 삭제, 갱신 이상이 있다.

삽입 이상	정보 저장 시 해당 정보의 불필요한 세부 정보를 입력해야 하는 경우
삭제 이상	정보 삭제 시 원하지 않는 다른 정보가 같이 삭제되는 경우
갱신 이상	중복 데이터 중에서 특정 부분만 수정되어 중복된 값이 모순을 일으키는 경우

- 정규화는 데이터의 일관성과 정확성을 유지하기 위해 무손실 분해하는 과정이다.
- 함수 종속(FD; Functional Dependency)은 릴레이션에서 속성의 의미와 속성 간 상호 관계로부터 발생하는 제약조건이다.
- 함수 종속의 종류는 다음과 같다.

부분 함수 종속 (Partial Functional Dependency)	릴레이션에서 기본 키가 복합 키일 경우 기본 키를 구성하는 속성 중 일부에게 종속된 경우
완전 함수 종속 (Full Functional Dependency)	릴레이션에서 X→Y 관계가 있을 때, Y는 X의 전체 속성에 대해 종속하고, 부분 집합 속성에 종속하지 않는 경우
이행 함수 종속 (Transitive Functional Dependency)	릴레이션에서 X→Y, Y→Z 종속 관계가 있을 때, X→Z가 성립되는 경우

- 정규화 중 BCNF 정규화는 결정자이면서 후보 키가 아닌 함수 종속을 제거한다.

정답

01. SELECT FNAME, LNAME, SALARY FROM EMP WHERE DNO=1005; 02. 릴레이션(Relation) 03. ① 스키마, ② 인스턴스 04. ① 릴레이션, ② 도메인 05. ① 카티션 프로덕트(CARTESIAN Product), ② 셀렉트(Select) 06. ① 셀렉트(Select), ② 프로젝트(Project) 07. 관계 대수 08. ① 부분 함수 종속성, ② 이행 함수 종속성 09. ① 완전 함수 종속성, ② 후보키 10. ① 2정규형, ② 3정규형 11. ① A→C, ② 후보키 12. 이상 13. ① 참조 무결성, ② 개체 무결성 14. ① 후보키, ② 외래키(= 참조키) 15. 2NF 또는 2정규형 16. ⓒ Foreign Key 17. 개체 18. 참조 19. ① 3, ② 4 20. 1 21. ① 독자, 책, 출판사, ② 주문, 출판 22. ① 셀렉트(Select), ② 프로젝트(Project), ③ 교집합(Intersection), ④ 차집합(Difference) 23. ① ⓒ, ② ⓒ, ③ ⓒ 24. ① ㉠ 스키마(Schema), ② ㉡ 속성(Attribute) 25. ① Unique Integrity: ㉡ 특정 속성값, ② Domain Integrity: ㉠ 도메인, ③ Referential Integrity: ㉢ 외래키, ④ Entity Integrity: ㉣ 기본 키 26. ① 5, ② 3 27. 4 28. ① 정규화, ② 이상 현상, ③ 갱신, ④ C, ⑤ BCNF

예상문제

01 다음 괄호 ( ) 안에 들어갈 가장 적합한 용어를 쓰시오.

> 논리 데이터 모델링의 속성은 (①), 속성, (②)로 구성된다.

①
②

해설 논리 데이터 모델링

| 개속관 | 개체 / 속성 / 관계 |

02 다음에서 설명하는 데이터 모델을 쓰시오.

> • 현실 세계에 존재하는 데이터와 그들 간의 관계를 사람이 이해할 수 있는 형태로 명확하게 표현하기 위해서 가장 널리 사용되고 있는 모델이다.
> • 요구사항으로부터 얻어낸 정보들을 개체, 속성, 관계로 기술한 모델이다.

해설 개체–관계(E-R) 모델은 요구사항으로부터 얻어낸 정보들을 개체(Entity), 애트리뷰트(Attribute), 관계(Relationship)로 기술하는 데이터 모델을 말한다.

03 다음은 개체–관계(E-R) 다이어그램 기호이다. 괄호 ( ) 안에 들어갈 용어를 쓰시오.

구성	기호	
개체	□	(사각형)
(①)	◇	(마름모)
(②)	○	(타원)
다중 값 속성	◎	(이중타원)
관계–속성 연결	—	(선)

①
②

해설 • 관계는 행과 열로 구성된 테이블을 말하고 표기법은 ◇(마름모)이다.
• 속성은 개체의 특성이나 상태를 기술한 것으로 관계의 열을 말한다. 표기법은 ○(타원)이다.

04 다음에서 설명하는 데이터베이스 기법을 쓰시오.

> 관계형 데이터 모델에서 데이터의 중복성을 제거하여 이상 현상을 방지하고, 데이터의 일관성과 정확성을 유지하기 위해 무손실 분해하는 과정이다.

해설 • 정규화는 관계형 데이터 모델에서 데이터의 중복성을 제거하여 이상 현상을 방지하고, 데이터의 일관성과 정확성을 유지하기 위해 무손실 분해하는 과정이다.
• 정규화는 함수적 종속성을 이용해서 연관성 있는 속성들을 분류하고, 각 릴레이션의 이상 현상이 생기지 않도록 하는 과정이다.

05 다음 그림이 가리키는 데이터베이스 정규화 단계를 쓰시오.

고객명	서비스 이름	서비스 가격	서비스 이용 기간
홍길동	헬스	70000	1달
홍길동	수영	100000	2달
장길산	수영	100000	2달

▼

고객명	서비스 이름	서비스 이용 기간
홍길동	헬스	1달
홍길동	수영	2달
장길산	수영	2달

서비스 이름	서비스 가격
헬스	70000
수영	100000

해설 부분 관계인 〈서비스 이름, 서비스 가격〉 관계를 별도의 테이블로 나누면 부분함수 종속 관계가 제거되어 2차 정규화를 만족한다.

06 다음과 같이 릴레이션이 있을 때 몇 정규화를 수행해야 하는지 쓰시오.

국가	도시
대한민국	서울, 부산
미국	워싱턴, 뉴욕
중국	베이징

제 (　　　　　) 정규화

해설
- 테이블 내의 속성값은 원자값을 가지고 있어야 하는데, 도시 속성에 서울, 부산과 같이 여러 개의 값을 가지고 있으므로 원자값을 가지지 않기 때문에 제1 정규화를 수행해야 한다.
- 데이터베이스 정규화 단계는 다음과 같다.

제1 정규형(1NF)	원자값으로 구성
제2 정규형(2NF)	부분 함수 종속 제거(완전 함수적 종속 관계)
제3 정규형(3NF)	이행 함수 종속 제거
보이스-코드 정규형 (BCNF)	결정자가 후보 키가 아닌 함수 종속 제거
제4 정규형(4NF)	다치(다중 값) 종속성 제거
제5 정규형(5NF)	조인 종속성 제거

07 다음은 모델링 기법에 대한 설명이다. 괄호 (　　) 안에 들어갈 개념을 쓰시오.

(　　　)은/는 논리모델을 적용하고자 하는 기술에 맞도록 상세화해 가는 과정이다.

08 다음이 설명하는 키가 무엇인지 보기에서 고르시오.

- (　　)는 테이블 간의 참조 데이터 무결성을 위한 제약 조건이다.
- (　　)는 릴레이션의 컬럼이 다른 릴레이션의 기본 키로 이용되는 키이다.

| 보기 |
㉠ Primary Key　㉡ Alternative Key　㉢ Candidate Key
㉣ Super Key　㉤ Foreign Key　㉥ Complex Key

해설 키의 종류는 다음과 같다.

기본 키 (Primary Key)	테이블의 각 튜플들을 고유하게 식별하는 컬럼
대체 키 (Alternate Key)	후보 키 중에서 기본 키로 선택되지 않은 키
후보 키 (Candidate Key)	테이블에서 각 튜플들을 구별하는데 기준이 되는 컬럼 • 기본 키와 대체 키를 합친 키(기본 키 드 후보 키, 대체 키드후보 키)
슈퍼 키 (Super Key)	릴레이션을 구성하는 모든 튜플에 대해 유일성은 만족하지만, 최소성은 만족하지 못하는 키
외래 키 (Foreign Key)	• 테이블 간의 참조 데이터 무결성을 위한 제약 조건 • 한 릴레이션의 컬럼이 다른 릴레이션의 기본 키로 이용되는 키

NCS 천/기/누/설 예상문제

09 다음이 설명하는 파티셔닝 기법은 무엇인지 쓰시오.

- 연속적인 숫자나 날짜를 기준으로 하는 파티셔닝 기법이다.
- 손쉬운 관리 기법을 제공하여 관리 시간의 단축이 가능하다.

해설

레인지 파티셔닝	• 연속적인 숫자나 날짜를 기준으로 하는 파티셔닝 기법 • 손쉬운 관리 기법을 제공하여 관리 시간의 단축이 가능
해시 파티셔닝	• 파티션 키의 해시 함수 값에 의한 파티셔닝 기법 • 균등한 데이터 분할이 가능하고 질의 성능이 향상 가능
리스트 파티셔닝	• 특정 파티션에 저장 될 데이터에 대한 명시적 제어가 가능한 파티셔닝 기법 • 분포도가 비슷하고 데이터가 많은 SQL에서 컬럼의 조건이 많이 들어오는 경우 유용
컴포지트 파티셔닝	• 범위분할에 이후 해시 함수를 적용하여 재분할 하는 파티셔닝 기법 • 큰 파티션에 대한 I/O 요청을 여러 파티션으로 분산할 수 있음
라운드로빈 파티셔닝	• 라운드로빈 분할로 회전하면서 새로운 행이 파티션에 할당하는 방식

정답
01. ① 개체, ② 관계 02. 개체-관계(E-R) 모델 03. ① 관계(Relation), ② 속성(Attribute) 04. 정규화(Normalization) 05. 2차 정규화 06. 1
07. 물리 데이터 모델링 08. ⓒ Foreign Key 09. 레인지 파티셔닝(범위 파티셔닝)

CHAPTER 02 데이터베이스 기초 활용

1 데이터베이스 종류 ★★★

(1) 데이터베이스

1 데이터베이스(DB; Database) 개념 [22년 2회]
- 데이터베이스는 다수의 인원, 시스템 또는 프로그램이 사용할 목적으로 통합하여 관리되는 데이터의 집합이다.
- 데이터에 대한 효과적인 관리를 위해 자료의 중복성 제거, 무결성 확보, 일관성 유지, 유용성 보장이 중요하다.
- 데이터베이스는 통합된 데이터, 저장된 데이터, 운영 데이터, 공용 데이터이다.

▼ 데이터베이스 정의

정의	설명
통합된 데이터 (Integrated Data)	자료의 중복을 배제한 데이터의 모임
저장된 데이터 (Stored Data)	저장 매체에 저장된 데이터
운영 데이터 (Operational Data)	조직의 업무를 수행하는 데 필요한 데이터
공용 데이터 (Shared Data)	여러 애플리케이션, 시스템들이 공동으로 사용하는 데이터

2 데이터베이스 특성
- 데이터베이스 특성에는 실시간 접근성, 계속적인 변화, 동시공용, 내용 참조가 있다.

학습 Point
데이터베이스 역시 기본적인 개념을 단답형, 약술형 형태로 나올 수 있습니다. 학습편차에 따라 어려울수도 쉬울 수도 있는 부분입니다.
큰 관점에서 계층화하여 정리해 나가시길 권장합니다.

▼ 데이터베이스 특성

특성	설명
실시간 접근성 (Real-Time Accessibility)	쿼리에 대하여 실시간 응답이 가능해야 한다는 특성
계속적인 변화 (Continuous Evolution)	새로운 데이터의 삽입(Insert), 삭제(Delete), 갱신(Update)으로 항상 최신의 데이터를 유지한다는 특성
동시 공용 (Concurrent Sharing)	다수의 사용자가 동시에 같은 내용의 데이터를 이용할 수 있어야 한다는 특성
내용 참조 (Content Reference)	데이터베이스에 있는 데이터를 참조할 때 데이터 레코드의 주소나 위치에 의해서가 아니라, 사용자가 요구하는 데이터 내용으로 데이터를 찾아야 한다는 특성

3 DBMS(Database Management System) 개념

- DBMS는 데이터 관리의 복잡성을 해결하는 동시에 데이터 추가, 변경, 검색, 삭제 및 백업, 복구, 보안 등의 기능을 지원하는 소프트웨어이다.
- 저장되는 정보는 텍스트, 이미지, 음악 파일, 지도 데이터 등 매우 다양하며, SNS의 발달과 빅데이터의 폭넓은 활용으로 인해 데이터의 종류와 양은 급격히 증가 중이다.

> **학습 Point**
> DBMS에 나오는 모든 내용들이 중요합니다. 여기서부터는 나오는 모든 내용이 출제된다 생각하고 각잡고 보셔야 합니다!

(2) 데이터베이스 저장 기술

1 데이터 웨어하우스

① 데이터 웨어하우스(DW; Data Warehouse) 개념
- 데이터 웨어하우스는 사용자의 의사결정에 도움을 주기 위하여, 기간 시스템의 데이터베이스에 축적된 데이터를 공통 형식으로 변환해서 관리하는 데이터베이스이다.

② 데이터 웨어하우스 특징
- 데이터 웨어하우스는 주제 지향적, 통합적, 시계열적, 비휘발적 특징이 있다.

▼ 데이터 웨어하우스 특징

특성	설명
주제 지향적 (Subject Oriented)	• 기능이나 업무가 아닌 주제 중심적으로 구성되는 특징
통합적 (Integrated)	• 데이터의 일관성을 유지하면서 전사적 관점에서 하나로 통합되는 특징
시 계열적 (Timevariant)	• 시간에 따른 변경을 항상 반영하고 있다는 특징

특성	설명
비휘발적 (Non-Volatile)	• 적재가 완료되면 읽기 전용 형태의 스냅 샷 형태로 존재한다는 특징

2 데이터 마트

① 데이터 마트(DM; Data Mart) 개념
- 데이터 마트는 전사적으로 구축된 데이터 속의 특정 주제, 부서 중심으로 구축된 소규모 단위 주제의 데이터 웨어하우스이다.

② 데이터 마트 특징
- 데이터 웨어하우스(DW) 환경에서 정의된 접근계층으로, 데이터 웨어하우스에서 데이터를 꺼내 사용자에게 제공하는 역할을 한다.
- 데이터 웨어하우스의 부분이며, 대개 특정한 조직 혹은 팀에서 사용하는 것을 목적으로 한다.

③ 빅데이터 특성

▼ 빅데이터 특성

특성	설명
데이터의 양 (Volume)	• 페타바이트 수준의 대규모 데이터 • 빅데이터 분석 규모에 관련된 특성 • 디지털 정보량이 기하급수적으로 폭증하는 것을 의미
데이터의 다양성 (Variety)	• 정형, 비정형, 반정형의 다양한 데이터 • 빅데이터 자원 유형에 관련된 특성 • 로그, 소셜, 위치 등 데이터 유형이 다양해지는 것을 의미
데이터의 속도 (Velocity)	• 빠르게 증가하고 수집되며, 처리되는 데이터 • 빅데이터 수집, 분석, 활용 속도와 관련된 특성 • 가치 있는 정보 활용을 위해 실시간 분석이 중요해지는 것을 의미

(3) 하둡

1 하둡(Hadoop) 개념
- 하둡은 오픈 소스를 기반으로 한 분산 컴퓨팅 플랫폼이다.
- 일반 PC 급 컴퓨터들로 가상화된 대형 스토리지를 형성하고 그 안에 보관된 거대한 데이터 세트를 병렬로 처리할 수 있도록 개발된 자바 소프트웨어 프레임워크이다.

2 하둡 주요 기술

▼ 하둡 주요 기술

구분	기술	설명
데이터 수집	ETL (Extract Transform Load)	데이터 분석을 위한 데이터를 데이터 저장소인 DW(Data Warehouse) 및 DM(Data Mart)으로 이동시키기 위해 다양한 소스 시스템으로부터 필요한 원본 데이터를 추출(Extract)하고 변환(Transform)하여 적재(Load)하는 작업 및 기술
	플럼 (Flume)	많은 양의 로그 데이터를 효율적으로 수집, 집계, 이동하기 위해 이벤트(Event)와 에이전트(Agent)를 활용하는 기술
	스쿱 (Sqoop)	커넥터(Connector)를 사용하여 관계형 데이터베이스 시스템(RDBMS)에서 하둡 파일 시스템(HDFS)으로 데이터를 수집하거나, 하둡 파일 시스템에서 관계형 데이터베이스로 데이터를 보내는 기술
	스크래파이 (Scrapy)	파이썬 언어 기반의 비정형 데이터 수집 기술
분산 데이터 저장	HDFS (Hadoop Distributed File System)	대용량 데이터의 집합을 처리하는 응용 프로그램에 적합하도록 설계된 하둡 분산 파일 시스템
분산 데이터 처리	맵 리듀스 (Map Reduce)	구글에서 대용량 데이터 처리를 분산 병렬 컴퓨팅에서 처리하기 위한 목적으로 제작하여 2004년에 발표한 소프트웨어 프레임워크

잠깐! 알고가기

HDFS(Hadoop Distributed File System)
대용량 데이터의 집합을 처리하는 응용 프로그램에 적합하도록 설계된 하둡 분산 파일 시스템이다.

맵 리듀스(Map Reduce)
구글에서 대용량 데이터 처리를 분산 병렬 컴퓨팅에서 처리하기 위한 목적으로 제작하여 2004년에 발표한 소프트웨어 프레임워크이다.

3 NoSQL

① NoSQL(Not Only SQL)의 개념

NoSQL은 전통적인 RDBMS와 다른 DBMS를 지칭하기 위한 용어로 데이터 저장에 고정된 테이블 스키마가 필요하지 않고 조인(Join) 연산을 사용할 수 없으며, 수평적으로 확장이 가능한 DBMS이다.

② NoSQL의 특성(BASE)

▼ NoSQL의 특성(BASE)

특성	설명
Basically Available	• 언제든지 데이터는 접근할 수 있어야 하는 속성 • 분산 시스템이기 때문에 항상 가용성 중시
Soft-State	• 노드의 상태는 내부에 포함된 정보에 의해 결정되는 것이 아니라 외부에서 전송된 정보를 통해 결정되는 속성 • 특정 시점에서는 데이터의 일관성이 보장되지 않음
Eventually Consistency	• 일정 시간이 지나면 데이터의 일관성이 유지되는 속성 • 일관성을 중시하고 지향

학습 Point

NoSQL은 최근 빅데이터 활성화와 함께 부각되고 있기 때문에 출제 확률이 있습니다. 핵심 개념을 알고가세요!

③ NoSQL의 유형

▼ NoSQL의 유형

유형	설명
Key-Value Store	• Unique한 Key에 하나의 Value를 가지고 있는 형태 • 키 기반 Get / Put / Delete 제공하는 빅데이터 처리 가능 DB 예) Redis, DynamoDB
Column Family Data Store	• Key 안에 (Column, Value) 조합으로 된 여러 개의 필드를 갖는 DB • 테이블 기반, 조인 미지원, 컬럼 기반, 구글의 Bigtable 기반으로 구현 예) HBase, Cassandra
Document Store	• Value의 데이터 타입이 Document라는 타입을 사용하는 DB • Document 타입은 XML, JSON, YAML과 같이 구조화된 데이터 타입으로, 복잡한 계층 구조를 표현할 수 있음 예) MongoDB, Couchbase
Graph Store	• 시맨틱 웹과 온톨로지 분야에서 활용되는 그래프로 데이터를 표현하는 DB 예) Neo4j, AllegroGraph

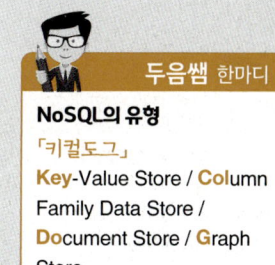

두음쌤 한마디

NoSQL의 유형
「키컬도그」
Key-Value Store / **Col**umn Family Data Store / **Do**cument Store / **G**raph Store
→ Key Color Dog

잠깐! 알고가기

시맨틱 웹(Semantic Web)
온톨로지를 활용하여 서비스를 기술하고, 온톨로지의 의미적 상호 운용성을 이용해서 서비스 검색, 조합, 중재 기능을 자동화하는 웹이다.

온톨로지(Ontology)
실세계에 존재하는 모든 개념들과 개념들의 속성, 그리고 개념들 간의 관계 정보를 컴퓨터가 이해할 수 있도록 서술해 놓은 지식베이스이다.

(4) 데이터 마이닝

1 데이터 마이닝(Data Minnig) 개념

- 데이터 마이닝은 대규모로 저장된 데이터 안에서 체계적이고 자동적으로 통계적 규칙이나 패턴을 찾아내는 기술이다.
- 데이터 마이닝은 대규모 데이터에서 의미 있는 패턴을 파악하거나 예측하여 의사결정에 활용하는 기법이다.

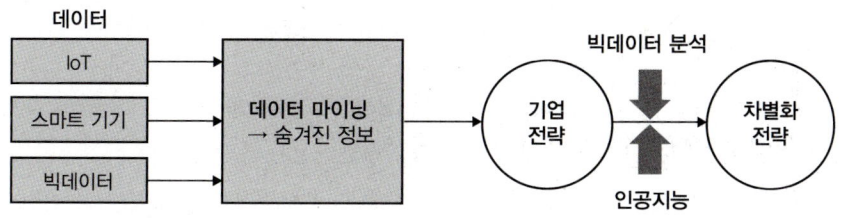

▲ 데이터 마이닝 개념도

- 데이터 마이닝은 데이터의 숨겨진 정보를 찾아내어 이를 기반으로 서비스와 제품에 도입하는 과정이다.
- 통계분석은 가설이나 가정에 따른 분석, 검증을 하지만 데이터 마이닝은 수리 알고리즘을 활용하여 대규모 데이터에서 의미 있는 정보를 찾아낸다.

두음쌤 한마디

데이터 마이닝 주요 기법

「분연 연데」
분류 규칙 / 연관 규칙 / 연속 규칙 / 데이터 군집화

2 데이터 마이닝 주요 기법

데이터 마이닝은 분류 규칙, 연관 규칙, 연속 규칙, 데이터 군집화가 있다.

▼ 데이터 마이닝 주요 기법

주요 기법	설명
분류 규칙 (Classification)	• 과거 데이터로부터 특성을 찾아내어 분류모형을 만들어 이를 토대로 새로운 레코드의 결과 값을 예측하는 기법 • 마케팅, 고객 신용평가 모형에 활용 예) 우수 고객의 분류 모형 구축으로 마케팅 활용
연관 규칙 (Association)	• 데이터 안에 존재하는 항목들 간의 종속관계를 찾아내는 기법 • 제품이나 서비스의 교차판매, 매장 진열, 사기 적발 등 다양한 분야에서 활용 예) 넥타이 구매고객의 50% 이상이 셔츠를 구매한다는 정보 분석을 통해 매장의 상품 진열
연속 규칙 (Sequence)	• 연관 규칙에 시간 관련 정보가 포함된 형태의 기법 • 개인별 트랜잭션 이력 데이터를 시계열적으로 분석하여 트랜잭션의 향후 발생 가능성 예측 예) A 품목을 구매한 회원이 B 품목을 구매할 확률은 75%
데이터 군집화 (Clustering)	• 대상 레코드들을 유사한 특성을 지닌 몇 개의 소그룹으로 분할하는 작업으로 작업의 특성이 분류규칙(Classification)과 유사 • 정보가 없는 상태에서 데이터를 분류하는 기법 • 분석대상에 결괏값이 없으며, 판촉활동이나 이벤트 대상을 선정하는 데 활용 예) 고객의 지역/연령/성별에 따른 차별화 홍보전략

(5) 데이터 관련 용어

▼ 데이터 관련 용어

용어	설명
텍스트 마이닝 (Text Mining)	• 대량의 텍스트 데이터로부터 패턴 또는 관계를 추출하여 의미 있는 정보를 찾아내는 기법
웹 마이닝 (Web Mining)	• 웹으로부터 얻어지는 방대한 양의 정보로부터 유용한 정보를 찾아내기 위하여 분석하는 기법
다크 데이터 (Dark Data)	• 수집된 후 저장은 되어있지만, 분석에 활용되지는 않는 다량의 데이터
메타 데이터 (Meta Data)	• 데이터에 대한 구조적인 데이터로서, 일련의 데이터를 정의하고 설명해주는 데이터이고, 구축할 정보 자원을 기술하는 데이터
디지털 아카이빙 (Digital Archiving)	• 지속적으로 보존할 가치를 가진 디지털 객체를 장기간 관리하여 이후의 이용을 보장할 수 있도록 변환, 압축 저장하여 DB화하는 작업
마이 데이터 (MyData)	• 정보 주체가 기관으로부터 자기 정보를 직접 내려받아 이용하거나 제3자 제공을 허용하는 방식으로 정보 주체 중심의 데이터 활용 체계 • 개인이 정보 관리의 주체가 되어 능동적으로 본인의 정보를 관리하고, 본인의 의지에 따라 신용 및 자산관리 등에 정보를 활용하는 일련의 과정

기출문제

▶ 22년 2회

01 다음 데이터베이스 정의와 설명을 연결하시오.

① Operational Data •   • ㉠ 자료의 중복을 배제한 데이터의 모임

② Integrated Data •   • ㉡ 저장 매체에 저장된 데이터

③ Shared Data •   • ㉢ 조직의 업무를 수행하는 데 필요한 데이터

④ Stored Data •   • ㉣ 여러 애플리케이션, 시스템들이 공동으로 사용하는 데이터

해설 • 데이터베이스 정의는 다음과 같다.

통합된 데이터 (Integrated Data)	자료의 중복을 배제한 데이터의 모임
저장된 데이터 (Stored Data)	저장 매체에 저장된 데이터
운영 데이터 (Operational Data)	조직의 업무를 수행하는 데 필요한 데이터
공용 데이터 (Shared Data)	여러 애플리케이션, 시스템들이 공동으로 사용하는 데이터

정답

01. ① - ㉢, ② - ㉠, ③ - ㉣, ④ - ㉡

NCS 예상문제
천/기/누/설

01 다음은 데이터베이스 종류에 대한 설명이다. 괄호 ( ) 안에 공통으로 들어갈 가장 적합한 용어를 쓰시오.

- ( )은/는 데이터를 상하 종속적인 관계로 관리하는 데이터베이스이다.
- ( )은/는 데이터에 대한 접근 속도가 빠르지만, 종속적인 구조로 인하여 변화하는 데이터 구조에 유연하게 대응이 어렵다.

해설 계층형 데이터베이스 관리시스템(HDBMS)은 데이터를 상하 종속적인 관계로 계층화하여 관리하는 데이터베이스이다.

02 다음은 NoSQL의 유형에 대한 설명이다. 다음 설명에 해당하는 것을 보기에서 골라서 쓰시오.

① Key 안에 (Column, Value) 조합으로 된 여러 개의 필드를 갖는 DB로 테이블 기반, 조인 미지원, 컬럼 기반, 구글의 Bigtable 기반으로 구현하는 DB이다.
② Value는 XML, JSON, YAML과 같이 구조화된 데이터 타입을 사용하는 DB이다.
③ Unique한 Key에 하나의 Value를 가지고 있는 형태의 DB이다.

| 보기 |
㉠ Key-Value Store   ㉡ Column Family Data Store
㉢ Document Store   ㉣ Graph Store

①
②
③

해설

Key-Value Store	Unique한 Key에 하나의 Value를 가지고 있는 형태의 DB
Column Family Data Store	Key 안에 (Column, Value) 조합으로 된 여러 개의 필드를 갖는 DB
Document Store	Value의 데이터 타입이 Document라는 타입을 사용하는 DB
Graph Store	시맨틱 웹과 온톨로지 분야에서 활용되는 그래프로 데이터를 표현하는 DB

03 ER 모델 요소에 대한 설명이다. 다음 괄호 ( ) 안에 들어갈 가장 적합한 용어를 쓰시오.

모델 요소	설명
(①)	• 사물 또는 사건으로 정의 • ERD에서 사각형(□)으로 표시
(②)	• (①)이/가 가지고 있는 요소 또는 성질 • ERD에서 타원형(○)으로 표시

①
②

해설
• 개체는 사물 또는 사건으로 정의되며, 엔티티라고도 한다.
• 속성은 개체가 가지고 있는 요소 또는 성질이다.

04 괄호 ( ) 안에 들어갈 용어를 쓰시오.

• 빅데이터 기술 중에 (①)은/는 대용량 데이터의 집합을 처리하는 응용 프로그램에 적합하도록 설계된 분산 파일 시스템이다.
• 구글에서 대용량 데이터 처리를 분산 병렬 컴퓨팅에서 처리하기 위한 목적으로 제작하여 2004년에 발표한 소프트웨어 프레임워크는 (②)이다.

①
②

05 다음은 빅데이터의 특성에 대한 설명이다. 괄호 ( ) 안에 공통으로 들어갈 빅데이터 특성에 대해 쓰시오.

> 빅데이터의 특성에는 Volume, (   ), Velocity가 있다. Volume은 페타바이트 수준의 대규모 데이터로 디지털 정보량이 기하급수적으로 폭증하는 것을 의미한다. (   )은/는 정형, 비정형, 반정형의 다양한 데이터로 로그, 소셜, 위치 등 데이터 유형이 다양해지는 것을 의미한다. Velocity는 빠르게 증가하고 수집되며, 처리되는 데이터로 가치 있는 정보 활용을 위해 실시간 분석이 중요해지는 것을 의미한다.

해설
- 로그, 소셜, 위치 등 데이터 유형이 다양해지는 것을 의미하는 빅데이터의 특성은 다양성(Variety)이다.

06 전통적인 RDBMS와 다른 DBMS를 지칭하기 위한 용어로 데이터 저장에 고정된 테이블 스키마가 필요하지 않고 조인(Join) 연산을 사용할 수 없으며, 수평적으로 확장이 가능한 DBMS는 무엇인지 쓰시오.

해설
- NoSQL은 전통적인 RDBMS와 다른 DBMS를 지칭하기 위한 용어로 데이터 저장에 고정된 테이블 스키마가 필요하지 않고 조인(Join) 연산을 사용할 수 없으며, 수평적으로 확장이 가능한 DBMS이다.

07 다음은 NoSQL의 특성인 BASE에 대한 설명이다. 다음 설명에 해당하는 것을 보기에서 골라서 쓰시오.

> ① 노드의 상태는 내부에 포함된 정보에 의해 결정되는 것이 아니라 외부에서 전송된 정보를 통해 결정되는 속성
> ② 일정 시간이 지나면 데이터의 일관성이 유지되는 속성
> ③ 언제든지 데이터는 접근할 수 있어야 하는 속성

①
②
③

해설
- NoSQL의 특성인 BASE는 다음과 같다.

Basically Available	언제든지 데이터는 접근할 수 있어야 하는 속성
Soft-State	노드의 상태는 내부에 포함된 정보에 의해 결정되는 것이 아니라 외부에서 전송된 정보를 통해 결정되는 속성
Eventually Consistency	일정 시간이 지나면 데이터의 일관성이 유지되는 속성

08 Key 안에 (Column, Value) 조합으로 된 여러 개의 필드를 갖는 NoSQL의 유형에 대해 쓰시오.

해설
- Column Family Data Store는 Key 안에 (Column, Value) 조합으로 된 여러 개의 필드를 갖는 DB이다.
- Column Family Data Store의 제품으로는 HBase, Cassandra가 있다.

예상문제

09 대량의 텍스트 데이터로부터 패턴 또는 관계를 추출하여 의미 있는 정보를 찾아내는 기법은 무엇인지 쓰시오.

_____

> **해설** 텍스트 마이닝은 비정형/반정형 데이터에 대하여 자연어/문서 처리기술을 적용하여 의미 있는 정보를 추출한다.

10 다음은 데이터 마이닝 주요 기법이다. 괄호 ( ) 안에 들어갈 용어를 쓰시오.

분류 규칙 (Classification)	• 과거 데이터로부터 특성을 찾아내어 분류모형을 만들어 이를 토대로 새로운 레코드의 결과 값을 예측하는 기법 • 마케팅, 고객 신용평가 모형에 활용 →예) 우수 고객의 분류 모형 구축으로 마케팅 활용
(①) 규칙	• 데이터 안에 존재하는 항목들 간의 종속관계를 찾아내는 기법 • 제품이나 서비스의 교차판매, 매장 진열, 사기 적발 등 다양한 분야에서 활용 →예) 넥타이 구매고객의 50% 이상이 셔츠를 구매한다는 정보 분석을 통해 매장의 상품 진열
(②) 규칙	• (①) 규칙에 시간 관련 정보가 포함된 형태의 기법 • 개인별 트랜잭션 이력 데이터를 시계열적으로 분석하여 트랜잭션의 향후 발생 가능성 예측 →예) A 품목을 구매한 회원이 B 품목을 구매할 확률은 75%

① _____
② _____

> **해설**
> • 연관 규칙은 데이터 안에 존재하는 항목들 간의 종속관계를 찾아내는 기법이다.
> • 연속 규칙은 연관 규칙에 시간 관련 정보가 포함된 형태의 기법이다.

정답
01. 계층형 데이터베이스 관리시스템(HDBMS) **02.** ① ⓒ Column Family Data Store, ② ⓔ Document Store, ③ ⓖ Key-Value Store **03.** ① 개체, ② 속성 **04.** ① HDFS(Hadoop Distributed File System), ② 맵 리듀스(Map Reduce) **05.** Variety(다양성) **06.** NoSQL(Not Only SQL) **07.** ① Soft-State, ② Eventually Consistency, ③ Basically Available **08.** Column Family Data Store **09.** 텍스트 마이닝(Text Mining) **10.** ① 연관(Association), ② 연속(Sequence)

단원종합문제

01 다음은 논리 데이터 모델링 속성이다. 괄호 ( ) 안에 들어갈 용어를 쓰시오.

구조	설명
(①)	관리할 대상이 되는 실체
(②)	관리할 정보의 구체적 항목
관계	개체 간의 대응 관계

①
②

해설

논리 데이터 모델링	
개속관	개체 / 속성 / 관계

02 다음 내용이 설명하는 데이터베이스 정규화 단계에 대해서 쓰시오.

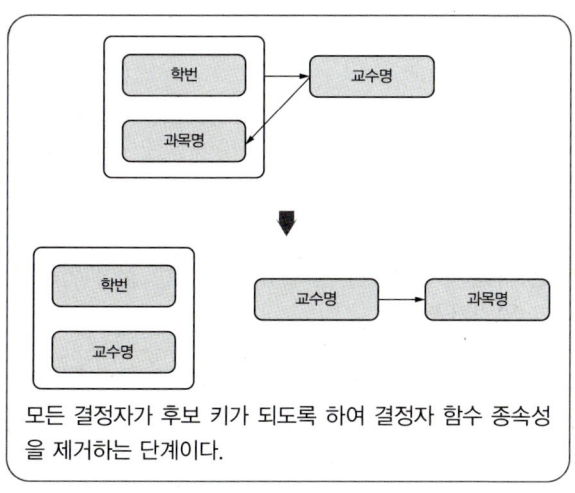

모든 결정자가 후보 키가 되도록 하여 결정자 함수 종속성을 제거하는 단계이다.

해설 보이스-코드 정규형(BCNF)은 결정자 함수이면서 후보 키가 아닌 것 제거하는 단계이다.

03 다음 내용이 설명하는 데이터베이스 정규화 단계에 대해서 쓰시오.

고객 ID	이메일
1	customer@domain.com; newcustomer@domain.com;

↓

고객 ID	이메일
1	customer@domain.com;
1	newcustomer@domain.com;

- 테이블 내의 속성값은 원자값으로 구성하는 단계이다.
- 이메일 주소가 속성에 2개 이상 가지고 있는 경우 원자값이 아니기 때문에 속성 1개만 가지도록 구성한다.

해설 1정규형(1NF)은 원자값으로 구성하는 데이터베이스 정규화 단계이다.

04 다음 그림이 가리키는 파티션(파티셔닝)의 유형을 쓰시오.

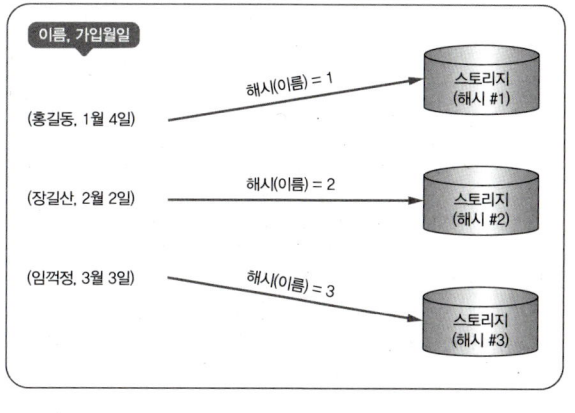

해설 파티션 키의 해시값에 의한 균등한 데이터 분할이 가능한 파티셔닝 기법은 해시 파티셔닝이다.

단원종합문제

05 다음은 데이터베이스 정의이다. 빈칸에 알맞은 용어를 쓰시오.

> 데이터베이스는 (①), 저장된 데이터, (②), 공용 데이터이다.

① _____
② _____

해설 • 데이터베이스는 통합된 데이터, 저장된 데이터, 운영 데이터, 공용 데이터이다.

통합된 데이터 (Integrated Data)	자료의 중복을 배제한 데이터의 모임
저장된 데이터 (Stored Data)	저장 매체에 저장된 데이터
운영 데이터 (Operational Data)	조직의 업무를 수행하는 데 필요한 데이터
공용 데이터 (Shared Data)	여러 애플리케이션, 시스템들이 공동으로 사용하는 데이터

06 다음이 설명하는 무결성의 종류는 무엇인가?

> 한 엔터티에서 같은 기본 키(PK)를 가질 수 없거나, 기본 키(PK)의 속성이 NULL을 허용할 수 없는 제약조건

해설 한 엔터티에서 같은 기본 키(PK)를 가질 수 없거나, 기본 키(PK)의 속성이 NULL을 허용할 수 없는 제약 조건은 개체 무결성에 대한 설명이다.

07 다음은 데이터베이스 특성이다. 빈칸에 알맞은 용어를 쓰시오.

> 데이터베이스 특성에는 실시간 접근성, (①), 동시공용, (②)이/가 있다.

① _____
② _____

해설 • 데이터베이스 특성에는 실시간 접근성, 계속적인 변화, 동시공용, 내용 참조가 있다.

실시간 접근성 (Real-Time Accessibility)	쿼리에 대하여 실시간 응답이 가능해야 함
계속적인 변화 (Continuous Evolution)	새로운 데이터의 삽입(Insert), 삭제(Delete), 갱신(Update)으로 항상 최신의 데이터를 유지함
동시 공용 (Concurrent Sharing)	다수의 사용자가 동시에 같은 내용의 데이터를 이용할 수 있어야 함
내용 참조 (Content Reference)	데이터베이스에 있는 데이터를 참조할 때 데이터 레코드의 주소나 위치에 의해서가 아니라, 사용자가 요구하는 데이터 내용으로 데이터를 찾는다.

08 다음이 설명하는 관계 대수의 일반 집합 연산자는 무엇인가?

> • R×S로 표현되며, R과 S에 속한 모든 튜플을 연결해 만들어진 새로운 튜플로 릴레이션 구성
> • 기호는 '×'로 표기

해설 카티션 프로덕트는 두 릴레이션의 조합 가능한 모든 릴레이션을 구하기 위한 집합 연산을 의미한다.

09 다음은 빅데이터의 특성에 대한 설명이다. 괄호 (   ) 안에 들어갈 용어를 쓰시오.

(①)	• 페타바이트 수준의 대규모 데이터 • 빅데이터 분석 규모에 관련된 특성 • 디지털 정보량이 기하급수적으로 폭증하는 것을 의미
(②)	• 정형, 비정형, 반정형의 다양한 데이터 • 빅데이터 자원 유형에 관련된 특성 • 로그, 소셜, 위치 등 데이터 유형이 다양해지는 것을 의미
속도 (Velocity)	• 빠르게 증가하고 수집되며, 처리되는 데이터 • 빅데이터 수집, 분석, 활용 속도와 관련된 특성 • 가치 있는 정보 활용을 위해 실시간 분석이 중요해지는 것을 의미

①
②

해설 • 데이터의 양이 많아야 훨씬 유의미한 정보를 이끌고 추출해낼 수 있다.
• 데이터들의 형태는 매우 다양하며 비정형적이다. 문자, 영상, 이미지, 바코드, 위치, 숫자 등 매우 다양한 형태로 구성된다.

10 다음 내용이 설명하는 NoSQL의 유형에 대해서 쓰시오.

• Key 안에 (Column, Value) 조합으로 된 여러 개의 필드를 갖는 DB
• 테이블 기반, 조인 미 지원, 컬럼 기반, 구글의 Bigtable 기반으로 구현
• 대표적으로 HBase, Cassandra 등이 있음

해설 Column Family Data Store는 Key 안에 (Column, Value) 조합으로 된 여러 개의 필드를 갖는 DB를 의미한다.

11 다음은 NoSQL의 특성인 BASE에 대한 설명이다. 괄호 (   ) 안에 들어갈 특성를 쓰시오.

(①)	• 언제든지 데이터는 접근할 수 있어야 하는 속성 • 분산 시스템이기 때문에 항상 가용성 중시
Soft-State	• 노드의 상태는 내부에 포함된 정보에 의해 결정되는 것이 아니라 외부에서 전송된 정보를 통해 결정되는 속성 • 특정 시점에서는 데이터의 일관성이 보장되지 않음
(②)	• 일정 시간이 지나면 데이터의 일관성이 유지되는 속성 • 일관성을 중시하고 지향

①
②

해설 BASE는 Basically Available, Soft state, Eventually Consistence의 약자로, 가용성과 성능을 중시하는 분산 시스템인 NoSQL 특성이다.

12 다음 내용이 설명하는 데이터 마이닝의 주요 기법은 무엇인가?

• 대량의 텍스트 데이터로부터 패턴 또는 관계를 추출하여 의미 있는 정보를 찾아내는 기법
• 비정형 및 반정형 데이터에 대하여 자연어 처리기술을 적용하여 의미 있는 정보를 추출

해설 텍스트 마이닝은 텍스트에 나타나는 단어를 정제(분해)하고, 특정 단어의 출현빈도, 동시출현 빈도를 파악하여 단어들 간의 관계를 분석하는 방법이다.

정답
01. ① 개체, ② 속성 02. 보이스-코드 정규형(BCNF) 03. 1정규형(1NF) 04. 해시 파티셔닝 05. ① 통합된 데이터, ② 운영 데이터 06. 개체 무결성(Entity Integrity) 07. ① 계속적인 변화, ② 내용 참조 08. 카티션 프로덕트(CARTESIAN Product) 09. ① 양(Volume), ② 다양성(Variety) 10. Column Family Data Store 11. ① Basically Available, ② Eventually Consistency 12. 텍스트 마이닝(Text Mining)

접근 전략

SQL 응용 단원은 데이터베이스 기본, SQL 활용 및 최적화, 절차형 SQL 활용하기로 구성됩니다. 개정 전 과목인 데이터베이스와 겹치는 항목이 많아 상대적으로 접근하기 쉽습니다.

비전공자도 SQL 문법을 잘 익혀두시면 가장 큰 점수를 획득 할 수 있습니다. 문제를 많이 풀어보시길 권장합니다.

미리 알아두기

★ **프로시저(Procedure)**
프로시저는 절차형 SQL을 활용하여 특정 기능을 수행할 수 있는 트랜잭션 언어이다.

★ **데이터 분석 함수**
총합, 평균 등의 데이터 분석을 위해서는 복수 행 기준의 데이터를 모아서 처리하는 것을 목적으로 하는 다중 행 함수이다.

★ **집계 함수(Aggregate Function)**
여러 행 또는 테이블 전체 행으로부터 하나의 결괏값을 반환하는 함수이다.

★ **그룹 함수(Group Function)**
테이블의 전체 행을 하나 이상의 컬럼을 기준으로 컬럼 값에 따라 그룹화하여 그룹별로 결과를 출력하는 함수이다.

★ **윈도 함수**
윈도 함수는 데이터베이스를 사용한 온라인 분석 처리 용도로 사용하기 위해서 표준 SQL에 추가된 함수이다.

규칙 이해하기!

- 구문에서 [ ] 안에 있는 키워드는 있거나 없거나 상관없음
- {A | B}의 경우 A와 B 중 하나만 사용이 가능
- [A | B]의 경우 A와 B 중 하나를 선택할 수도 있고 없어도 상관없음
- 진한 글씨는 DBMS에서 지원하는 키워드

NCS 학습 모듈의 목표

관계형 데이터베이스에서 SQL을 사용하여 응용시스템의 요구 기능에 적합한 데이터를 정의하고 조작하며 제어할 수 있어야 한다.

핵심키워드 베스트 일레븐(Best Eleven)

데이터 질의어(DQL: Data Query Language), 데이터 조작어(DML: Data Manipulate Language), 데이터 제어어(DCL: Data Control Language), 트랜잭션(Transaction), 프로시저(Procedure), 사용자 정의 함수, 트리거(Trigger), 데이터 분석 함수, 집계 함수(Aggregate Function), 그룹 함수(Group Function), 윈도 함수

SQL 응용

Chapter 01 데이터베이스 기본
Chapter 02 응용 SQL
Chapter 03 SQL 활용 및 최적화

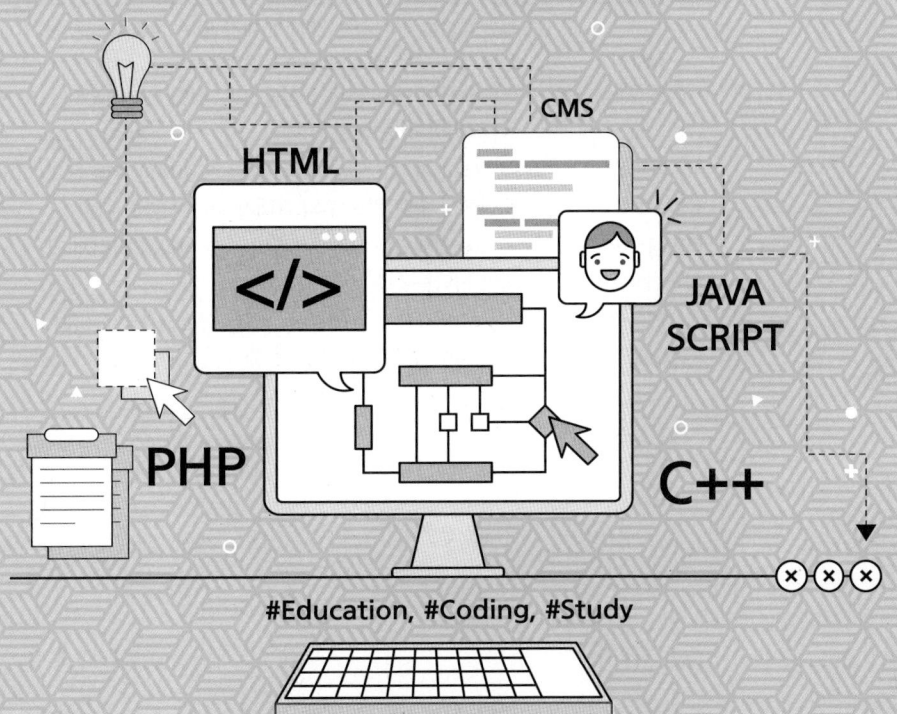

#Education, #Coding, #Study

CHAPTER 01 데이터베이스 기본

1 트랜잭션 ★★★

(1) 트랜잭션

1 트랜잭션(Transaction)의 개념
트랜잭션은 인가받지 않은 사용자로부터 데이터를 보장하기 위해 DBMS가 가져야 하는 특성이자, 데이터베이스 시스템에서 하나의 논리적 기능을 정상적으로 수행하기 위한 작업의 기본 단위이다.

2 트랜잭션의 특성 [22년 3회, 23년 2회]

▼ 트랜잭션의 특성

특성	설명	주요기법
원자성 (Atomicity)	• 트랜잭션을 구성하는 연산 전체가 모두 정상적으로 실행되거나 모두 취소되어야 하는 성질 • 트랜잭션의 연산 전체가 성공 또는 실패(All or Nothing)되어야 하는 성질	• Commit/Rollback • 회복성 보장
일관성 (Consistency)	• 시스템이 가지고 있는 고정요소는 트랜잭션 수행 전과 트랜잭션 수행 완료 후의 상태가 같아야 하는 성질	• 무결성 제약조건 • 동시성 제어
격리성=고립성 (Isolation)	• 동시에 실행되는 트랜잭션들이 서로 영향을 미치지 않아야 한다는 성질	• 고립화 수준 (레벨 0, 1, 2, 3)
영속성 (Durability)	• 성공이 완료된 트랜잭션의 결과는 영속적으로 데이터베이스에 저장되어야 하는 성질	• 회복기법

> **두음쌤** 한마디
> 트랜잭션의 특성
> 「ACID」
> **A**tomicity / **C**onsistency / **I**solation / **D**urability

3 트랜잭션의 상태 변화

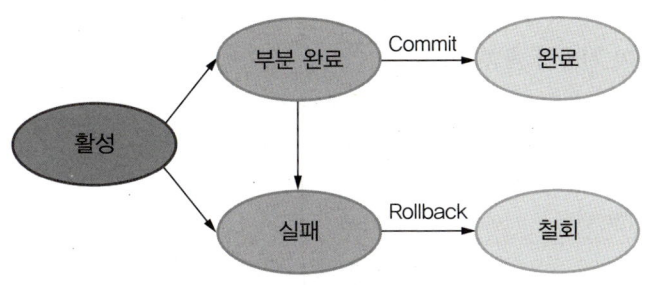

▲ 트랜잭션의 상태전이도

학습 Point

트랜잭션 상태의 변화에 관련된 문제는 빈번하게 나오므로 유의해서 암기가 필요합니다.

▼ 트랜잭션의 상태 설명

상태	설명
활동 상태(Active)	초기 상태, 트랜잭션이 실행 중일 때 가지는 상태
부분 완료 상태(Partially Committed)	마지막 명령문이 실행된 후에 가지는 상태
완료 상태(Committed)	트랜잭션이 성공적으로 완료된 후 가지는 상태
실패 상태(Failed)	정상적인 실행이 더 이상 진행될 수 없을 때 가지는 상태
철회 상태(Aborted)	트랜잭션이 취소되고 데이터베이스가 트랜잭션 시작 전 상태로 환원된 상태

두음쌤 한마디

트랜잭션의 상태
「활부완실철」
활동 / 부분완료 / 완료 / 실패 / 철회 상태
→ 이번달 할부(활부)금 완전 싫죠~(완실철)

4 트랜잭션 제어 [23년 1회]

트랜잭션 제어언어는 TCL(Transaction Control Language)이라고 하며, 트랜잭션의 결과를 허용하거나 취소하는 목적으로 사용되는 언어를 지칭한다.

▼ TCL 명령어

명령어	핵심	설명
커밋(COMMIT)	트랜잭션 확정	트랜잭션을 메모리에 영구적으로 저장하는 명령어
롤백(ROLLBACK)	트랜잭션 취소	트랜잭션 내역을 저장 무효화시키는 명령어
체크포인트(CHECKPOINT)	저장 시기 설정	ROLLBACK을 위한 시점을 지정하는 명령어

두음쌤 한마디

TCL 명령어
「커롤체」
커밋 / 롤백 / 체크 포인트

5 병행 제어(일관성 주요 기법)

① 병행 제어(Concurrency Control) 개념

병행 제어는 다수 사용자 환경에서 여러 트랜잭션을 수행할 때, 데이터베이스 일관성 유지를 위해 상호 작용을 제어하는 기법이다.

② 병행 제어의 목적

- 데이터베이스의 공유를 최대화한다.
- 시스템의 활용도를 최대화한다.

- 데이터베이스의 일관성을 유지한다.
- 사용자에 대한 응답시간을 최소화한다.

③ 병행 제어 기법의 종류
- 병행 제어 기법에는 로킹, 타임 스탬프 순서 등이 있다.

▼ 병행 제어 기법의 종류

기법	설명
로킹 (Locking)	• 하나의 트랜잭션을 실행하는 동안 특정 데이터 항목에 대해서 다른 트랜잭션이 동시에 접근하지 못하도록 상호배제(Mutual Exclusion) 기능을 제공하는 기법 • 로킹의 특징은 다음과 같음 　• 데이터베이스, 파일, 레코드 등은 로킹 단위가 될 수 있음 　• 로킹 단위가 작아지면 데이터베이스 공유도가 증가 　• 로킹 단위가 작아지면 로킹 오버헤드가 증가 　• 한꺼번에 로킹할 수 있는 객체의 크기를 로킹 단위라고 함
낙관적 검증 (Optimistic Validation)	• 트랜잭션이 어떠한 검증도 수행하지 않고 일단 트랜잭션을 수행하고, 트랜잭션 종료 시 검증을 수행하여 데이터베이스에 반영하는 기법
타임 스탬프 순서 (Time Stamp Ordering)	• 트랜잭션과 트랜잭션이 읽거나 갱신한 데이터에 대해 트랜잭션이 실행을 시작하기 전에 타임 스탬프(Time Stamp)를 부여하여 부여된 시간에 따라 트랜잭션 작업을 수행하는 기법
다중버전 동시성 제어 (MVCC; Multi Version Concurrency Control)	• 트랜잭션의 타임스탬프와 접근하려는 데이터의 타임스탬프를 비교하여 직렬가능성이 보장되는 적절한 버전을 선택하여 접근하도록 하는 기법
2PC (2 Phase Commit)	• 데이터베이스 동시성 제어 기술 중 하나로, 여러 개의 분산 데이터베이스 시스템에서 트랜잭션의 일관성을 유지하기 위한 기법 • 트랜잭션을 두 단계로 분리하여 제어 **1단계 (준비 단계)**: • 트랜잭션 수행 결과를 다른 분산 시스템에 알리는 과정 **2단계 (커밋 단계)**: • 모든 분산 시스템에서 트랜잭션 수행 결과가 일치하는지 확인하는 과정 • 모든 분산 시스템이 트랜잭션을 성공적으로 수행했다면, 커밋을 수행하고, 그렇지 않다면 롤백을 수행

두음쌤 한마디

병행 제어 기법
「로 낙타다2」
로킹 / **낙**관적 검증 / **타**임 스탬프 순서 / **다**중버전 동시성 / **2**PC

6 데이터베이스 고립화 수준(격리성 주요 기법)

① 고립화 수준(Isolation Level) 개념
- 고립화 수준은 다른 트랜잭션이 현재의 데이터에 대한 무결성을 해치지 않기 위해 잠금을 설정하는 정도이다.

② 고립화 수준 종류

- 고립화 수준 종류는 Read Uncommitted, Read Committed, Repeatable Read, Serializable Read가 있다.

▼ 고립화 수준 종류

수준	설명
Read Uncommitted	• 한 트랜잭션에서 연산(갱신) 중인(아직 커밋되지 않은) 데이터를 다른 트랜잭션이 읽는 것을 허용하는 수준 • 연산(갱신) 중인 데이터에 대한 연산은 불허
Read Committed	• 한 트랜잭션에서 연산(갱신)을 수행할 때, 연산이 완료될 때까지 연산 대상 데이터에 대한 읽기를 제한하는 수준 • 연산이 완료되어 커밋된 데이터는 다른 트랜잭션이 읽는 것을 허용
Repeatable Read	• 선행 트랜잭션이 특정 데이터를 읽을 때, 트랜잭션 종료 시까지 해당 데이터에 대한 갱신·삭제를 제한하는 수준
Serializable Read	• 선행 트랜잭션이 특정 데이터 영역을 순차적으로 읽을 때, 해당 데이터 영역 전체에 대한 접근 제한하는 수준

7 회복 기법(영속성 주요 기법)

① 회복 기법(Recovery) 개념

- 회복 기법은 트랜잭션을 수행하는 도중 장애로 인해 손상된 데이터베이스를 손상되기 이전의 정상적인 상태로 복구시키는 작업이다.

② 회복 기법 종류

- 데이터베이스 회복을 위한 주요 요소에는 REDO, UNDO가 있다.

▼ REDO, UNDO

구분	설명
REDO	• 데이터베이스가 비정상적으로 종료되었을 때 디스크에 저장된 로그를 분석하여 트랜잭션의 시작(Start)과 완료(Commit)에 대한 기록이 있는 트랜잭션들의 작업을 재작업하는 기법 • 데이터베이스 내용 자체가 손상된 경우, 가장 최근의 복제본을 적재한 후 이후 일어난 변경만을 로그를 이용하여 재실행함으로써 데이터베이스를 복원하는 기법
UNDO	• 데이터베이스가 비정상적으로 종료되었을 때 디스크에 저장된 로그를 분석하여 트랜잭션의 시작(Start)은 있지만, 완료(Commit) 기록이 없는 트랜잭션들이 작업한 변경 내용들을 모두 취소하는 기법 • 데이터베이스 내용 자체는 손상되지 않았지만, 변경 중이거나 변경된 내용에 대한 신뢰성을 잃어버린 경우, 모든 변경 내용을 취소하여 복원하는 기법

- 회복 기법 종류에는 로그 기반 회복 기법(지연 갱신 회복 기법 및 즉각(즉시) 갱신 회복 기법), 체크 포인트 회복 기법, 그림자 페이징 회복 기법이 있다.

▼ 회복 기법 종류

기법	설명	
로그 기반 회복 기법	지연 갱신 회복 기법과 즉각 갱신 회복 기법이 있음	
	지연 갱신 회복 기법 (Deferred Update)	트랜잭션이 완료되기 전까지 데이터베이스에 기록하지 않는 기법
	즉각 갱신 회복 기법 (Immediate Update)	트랜잭션 수행 중 갱신 결과를 바로 DB에 반영하는 기법
체크 포인트 회복 기법(Checkpoint Recovery)	장애 발생 시 검사점 이후에 처리된 트랜잭션에 대해서만 장애 발생 이전의 상태로 복원시키는 회복 기법	
그림자 페이징 회복 기법(Shadow Paging Recovery)	데이터베이스 트랜잭션 수행 시 복제본을 생성하여 데이터베이스 장애 시 이를 이용해 복구하는 기법	

(2) DDL

1 데이터 정의어(DDL; Data Definition Language)의 개념

- 데이터 정의어는 데이터를 정의하는 언어로서 '데이터를 담는 그릇을 정의하는 언어'이다.
- 테이블과 같은 데이터 구조를 정의하는 데 사용되는 명령어들로 특정 구조를 생성, 변경, 삭제, 이름을 바꾸는 데이터 구조와 관련된 명령어들을 데이터 정의어라고 부른다.

2 DDL의 대상

① 스키마(Schema)

㉮ 스키마의 개념

- 스키마는 데이터베이스의 구조, 제약조건 등의 정보를 담고 있는 기본적인 구조이다.
- 스키마는 외부/개념/내부 3계층으로 구성되어 있다.

㉯ 스키마의 구성

▼ 스키마의 구성

구성	설명
외부 스키마 (External Schema)	• 사용자나 개발자의 관점에서 필요로 하는 데이터베이스의 논리적 구조 • 사용자 뷰를 나타냄 • 서브 스키마로 불림

두음쌤 한마디

회복 기법 종류
「회로체그」
회복 기법(로그 기반 회복 기법 / 체크 포인트 회복 기법 / 그림자 페이징 회복 기법)
→ 무전기의 회로를 체크 해 봐라!

학습 Point
스키마는 시험문제에 나왔기 때문에 개념을 익혀두시기 바랍니다. 그리고 테이블, 뷰, 인덱스는 문법에 맞게 SQL 문을 작성하실 수 있어야 합니다.

구성	설명
개념 스키마 (Conceptual Schema)	• 데이터베이스의 전체적인 논리적 구조 • 전체적인 뷰를 나타냄 • 개체 간의 관계, 제약조건, 접근 권한, 무결성, 보안에 대해 정의
내부 스키마 (Internal Schema)	• 물리적 저장 장치의 관점에서 보는 데이터베이스 구조 • 실제로 데이터베이스에 저장될 레코드의 형식을 정의하고 저장 데이터 항목의 표현 방법, 내부 레코드의 물리적 순서 등을 표현

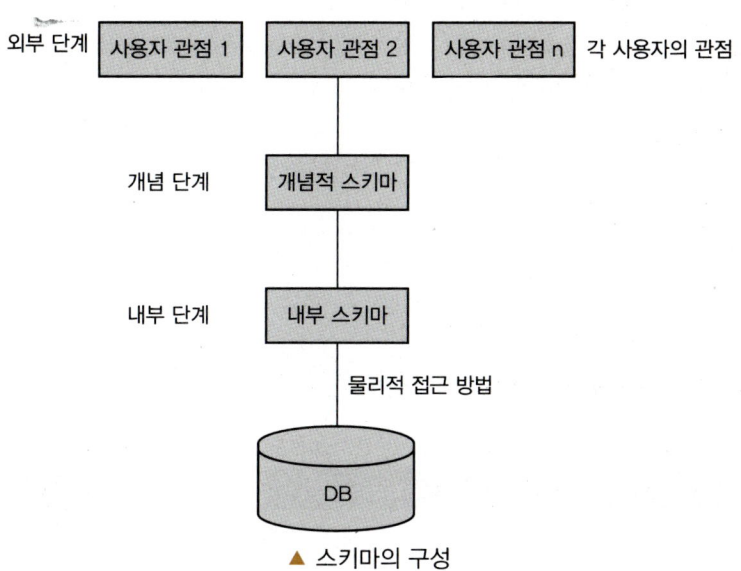

▲ 스키마의 구성

② **테이블(Table)**

㉮ 테이블의 개념

- 테이블은 데이터를 저장하는 항목인 필드(Field)들로 구성된 데이터의 집합체이다.
- 하나의 DB 내에 여러 개의 테이블로 구성될 수 있고, 릴레이션(Relation) 혹은 엔터티(Entity)라고도 불린다.

㉯ 테이블의 용어

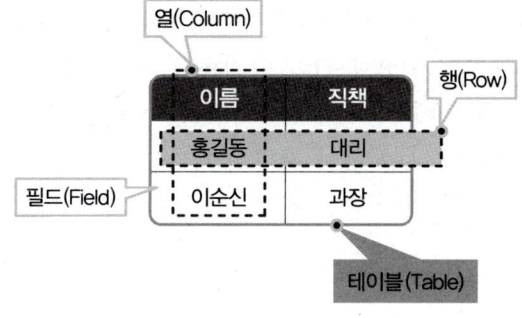

▲ 테이블의 용어

▼ 테이블 관련 용어

용어	설명
튜플(Tuple) / 행(Row)	• 테이블 내의 행을 의미하며 레코드(Record)라고도 함 • 튜플은 테이블에서 같은 값을 가질 수 없음
속성(Attribute) / 열(Column)	• 테이블 내의 열을 의미 • 열의 개수를 차수(Degree)라고 함
카디널리티(Cardinality)	• 튜플(Tuple)의 개수
차수(Degree)	• 속성(Attribute)의 개수
도메인(Domain)	• 하나의 속성이 취할 수 있는 같은 타입의 원자값 들의 집합

③ 뷰(View)

㉮ 뷰의 개념 [22년 3회]

- 뷰는 논리 테이블로서 사용자에게(생성 관점 아닌 사용 관점에서) 테이블과 동일하다.
- 아래 그림에서 '테이블 A'와 '테이블 B'는 물리 테이블을 의미하고, '뷰 C'는 두 개의 테이블을 이용하여 생성한 뷰를 의미한다.

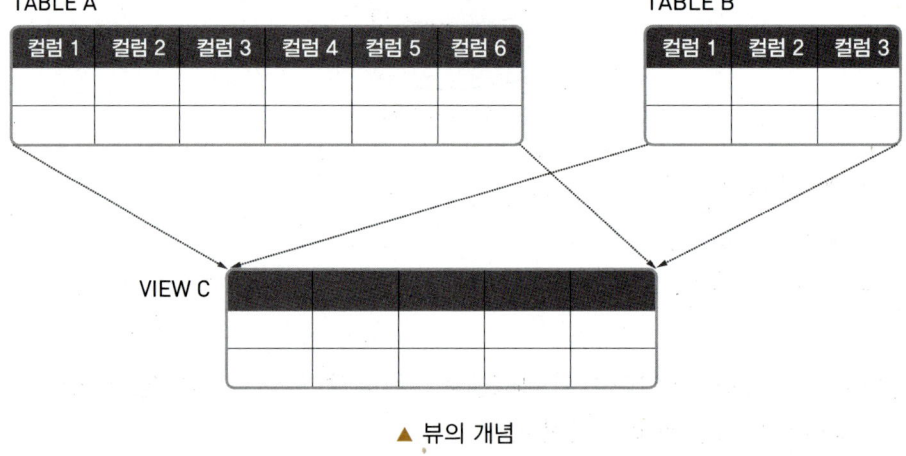

▲ 뷰의 개념

- 뷰는 '테이블 A'와 같은 하나의 물리 테이블로부터 생성 가능하며, 다수의 테이블 또는 다른 뷰를 이용해 만들 수 있다.
- 뷰와 같은 결과를 만들기 위해 조인 기능을 활용할 수 있으나, 뷰가 만들어져 있다면 사용자는 조인 없이 하나의 테이블을 대상으로 하는 단순한 질의어를 사용할 수 있다.

> **잠깐! 알고가기**
>
> **조인(Join)**
> 결합을 의미하며, 관계형 데이터베이스에서의 조인은 교집합 결과를 가지는 결합 방법을 의미한다.

⑭ 뷰의 장단점

▼ 뷰의 장단점

구분	장/단점	설명
장점	논리적 독립성 제공	• 데이터베이스에 영향을 주지 않고 애플리케이션이 원하는 형태로 데이터에 접근 가능
	데이터 조작 연산 간소화	• 애플리케이션이 원하는 형태의 논리적 구조를 형성하여 데이터 조작 연산을 간소화 • 복수 테이블에 존재하는 여러 종류의 데이터에 대해 단순한 질의어 사용이 가능 `SELECT * FROM 뷰이름;`
	보안 기능 (접근제어) 제공	• 특정 필드만을 선택해 뷰를 생성할 경우 애플리케이션은 선택되지 않은 필드의 조회 및 접근 불가 • 중요 보안 데이터를 저장 중인 테이블이나 컬럼에는 접근 불허
단점	뷰 자체 인덱스 불가	• 인덱스는 물리적으로 저장된 데이터를 대상으로 하기에 논리적 구성인 뷰 자체는 인덱스를 가지지 못함
	뷰 변경 불가	• 뷰의 정의를 변경하려면 뷰를 삭제하고 재생성 • 뷰 정의는 ALTER 문을 이용하여 변경할 수 없음(뷰는 CREATE 문을 사용하여 정의, 뷰를 제거할 때에는 DROP 문을 사용)
	데이터 변경 제약 존재	• 뷰의 내용에 대한 삽입, 삭제, 변경 제약이 있음

④ 인덱스(Index)

㉮ 인덱스의 개념

- 인덱스는 검색 연산의 최적화를 위해 데이터베이스 내 값에 대한 주소 정보로 구성된 데이터 구조이다.
- 인덱스는 데이터를 빠르게 찾을 수 있는 수단으로서, 테이블에 대한 조회 속도를 높여 주는 자료 구조이다.
- 인덱스는 테이블의 특정 레코드 위치를 알려 주는 용도로 사용한다.

INDEX_NAME

인덱스 값(이름)	주소
김구	5
이육사	4
이순신	6
을지문덕	3
장보고	1
홍길동	2

TABLE_AVENGERS

주소	인덱스 값(이름)	생년월일	출생
1	장보고	19850111	완도
2	홍길동	19131130	장성
3	을지문덕	20001201	서울
4	이육사	19930105	평택
5	김구	19870712	해주
6	이순신	19500322	거제

▲ 인덱스 개념

학습 Point

• 데이터베이스 파일 구조는 순차 방법, 인덱스 방법, 해싱 방법이 있습니다.

파일 구조	설명
순차 방법	레코드들의 물리적 순서가 레코드들의 논리적 순서와 같게 순차적으로 저장하는 방법
인덱스 방법	인덱스가 가리키는 주소를 따라 원하는 레코드에 접근할 수 있도록 하는 방법 〈키값, 주소〉의 쌍으로 구성
해싱 방법	키값을 해시 함수(Hash Function)에 대입시켜 계산한 결과를 주소로 사용하여 레코드에 접근할 수 있게 하는 방법

• 인덱스는 파일 구조 중 인덱스 방법에 해당합니다.

④ 인덱스의 특징
- 기본 키(PK; Primary Key) 컬럼은 자동으로 인덱스가 생성된다.
- 연월일이나 이름을 기준으로 하는 인덱스는 자동으로 생성되지 않는다.
- 테이블의 컬럼에 인덱스가 없는 경우, 테이블의 전체 내용을 검색한다(테이블 전체 스캔; Table Full Scan).
- 인덱스가 생성되어 있을 때 데이터를 빠르게 찾을 수 있다(인덱스 범위 스캔; Index Range Scan).
- 조건절에 '='로 비교되는 컬럼을 대상으로 인덱스를 생성하면 검색 속도를 높일 수 있다.

3 DDL 명령어 [22년 3회]

- DDL 명령어는 CREATE, ALTER, DROP, TRUNCATE가 있다.

▼ DDL 명령어

구분	DDL 명령어	설명
생성	CREATE	데이터베이스 오브젝트 생성하는 명령어
수정	ALTER	데이터베이스 오브젝트 변경하는 명령어
삭제	DROP	데이터베이스 오브젝트 삭제하는 명령어
	TRUNCATE	데이터베이스 오브젝트 내용 삭제하는 명령어

두음쌤 한마디

DDL 명령어
「크알드트」
CREATE / ALTER / DROP / TRUNCATE
→ 크리스마스를 위한 계란 알 두 트럭

4 TABLE 관련 DDL [23년 1회, 2회]

① CREATE TABLE
- CREATE TABLE은 테이블을 생성하는 명령이다.
- CREATE TABLE에서 하나의 컬럼(속성)에 대해 '컬럼명 데이터타입 제약조건'으로 구성된다.

▼ CREATE TABLE 기본문법

```
CREATE TABLE 테이블명
(
컬럼명 데이터타입 [DEFAULT 값][NOT NULL]
[, PRIMARY KEY(기본키, …)]
[, UNIQUE(컬럼명, …)]
[, FOREIGN KEY(외래키, …) REFERENCES 참조테이블(기본키)
[, CONSTRAINT 제약조건명 CHECK(조건식)]
);
```

학습 Point

책에 수록된 문법은 국제 표준인 ISO/IEC 9075을 기준으로 하고 있습니다.

▸예
```sql
CREATE TABLE 사원
(
    사번 VARCHAR(10) NOT NULL,
    부서번호 VARCHAR(20),
    생년월일 DATE NOT NULL,
    성별 CHAR(1),
    PRIMARY KEY(사번),
    FOREIGN KEY(부서번호) REFERENCES 부서(부서코드),
    CONSTRAINT 성별제약 CHECK 성별 IN('M', 'F')
);
```

> **학습 Point**
> 예제에서 사원 테이블은 VARCHAR(10) 타입인 사번 컬럼은 NULL이 아니어야 하고, VARCHAR(20) 타입인 부서번호 컬럼이 있고, DATE 타입인 생년월일은 NULL이 아니어야 합니다. 그중에서 사번 컬럼은 기본 키이고, 부서번호 컬럼은 부서 테이블의 부서코드 컬럼을 참조하고, 성별 컬럼은 M과 F 값만 허용합니다.

- CREATE TABLE에 들어갈 수 있는 제약조건으로는 기본 키(PRIMARY KEY), 외래 키(FOREIGN KEY), UNIQUE, NOT NULL, CHECK, DEFAULT가 있다.

▼ CREATE TABLE 제약조건

제약조건	설명
PRIMARY KEY	• 테이블의 기본 키를 정의 • 유일하게 테이블의 각 행을 식별
FOREIGN KEY	• 외래 키를 정의 • 참조 대상을 테이블(컬럼명)로 명시 • 열과 참조된 테이블의 열 사이의 외래 키 관계를 적용하고 설정
UNIQUE	• 테이블 내에서 얻은 유일한 값을 갖도록 하는 제약조건
NOT NULL	• 해당 컬럼은 NULL 값을 포함하지 않도록 하는 제약조건
CHECK	• 개발자가 정의하는 제약조건 • 참(TRUE)이어야 하는 조건을 지정
DEFAULT	• 데이터를 INSERT 할 때 해당 컬럼의 값을 넣지 않는 경우 기본값으로 설정해 주는 제약조건

> **학습 Point**
> DDL 하나에 모든 제약조건을 써야 하는 것은 아니고, 속성의 특징에 따라 필요한 제약조건을 골라서 쓰면 됩니다.

② ALTER TABLE

- ALTER TABLE은 테이블을 수정하는 명령이다.

㉮ ALTER TABLE 컬럼 추가

- 테이블에 필요한 컬럼을 추가하는 문법이다.
- CREATE TABLE의 컬럼에 사용되는 제약조건인 PRIMARY KEY, FOREIGN KEY, UNIQUE, NOT NULL, CHECK, DEFAULT를 ALTER TABLE에서도 사용할 수 있다.

▼ ALTER TABLE 컬럼 추가 문법

`ALTER TABLE 테이블명 ADD 컬럼명 데이터타입 [제약조건];`

예 `ALTER TABLE 사원 ADD 전화번호 VARCHAR(11) UNIQUE;`
→ 사원 테이블의 전화번호라는 컬럼에 대해 타입이 VARCHAR(11)이면서 UNIQUE 제약조건을 걸도록 추가

㉯ ALTER TABLE 컬럼 수정
- 테이블에 필요한 컬럼을 수정하는 문법이다.
- 테이블 생성을 위한 CREATE 문에 제약조건을 명시 후에 ALTER를 통해 테이블 제약조건의 변경이 가능하다.

▼ ALTER TABLE 컬럼 수정 문법

`ALTER TABLE 테이블명 ALTER 컬럼명 데이터타입 [제약조건];`

예 `ALTER TABLE 사원 ALTER 이름 VARCHAR(30) NOT NULL;`
→ 사원 테이블의 이름이라는 컬럼에 대해 타입이 VARCHAR(30)이면서 NOT NULL 제약조건을 걸도록 수정

㉰ ALTER TABLE 컬럼 삭제
- 테이블에 필요한 컬럼을 삭제하는 문법이다.

▼ ALTER TABLE 컬럼 삭제 문법

`ALTER TABLE 테이블명 DROP COLUMN 컬럼명;`

예 `ALTER TABLE 사원 DROP COLUMN 생년월일;`
→ 사원 테이블에 생년월일이라는 컬럼을 삭제

③ DROP TABLE
- DROP TABLE은 테이블을 삭제하는 명령이다.

▼ DROP TABLE 문법

`DROP TABLE 테이블명 [CASCADE | RESTRICT];`

예 `DROP TABLE 사원;`
→ 사원 테이블 삭제

- DROP TABLE 명령어의 옵션에는 CASCADE와 RESTRICT가 있다.
- CASCADE와 RESTRICT의 경우 외래 키(FOREIGN KEY)가 걸려 있을 때 해당한다.

▼ DROP TABLE 명령어 옵션

옵션	설명
CASCADE	참조하는 테이블까지 연쇄적으로 제거하는 옵션
RESTRICT	다른 테이블이 삭제할 테이블을 참조 중이면 제거하지 않는 옵션

④ TRUNCATE TABLE

- TRUNCATE TABLE은 테이블 내의 데이터들을 삭제하는 명령이다.

▼ TRUNCATE TABLE 문법

```
TRUNCATE TABLE 테이블명;
```

◀예▶ TRUNCATE TABLE 사원;
→ 사원 테이블 내의 모든 데이터를 삭제

5 VIEW 관련 DDL

① CREATE VIEW

- CREATE VIEW는 뷰를 생성하는 명령이다.

▼ CREATE VIEW 문법

```
CREATE VIEW 뷰이름 AS
조회쿼리;
```

◀예▶ 사원 테이블에 사번, 업무, 이름, 생년월일, 성별, 입사일이라는 컬럼이 있을 때 뷰 테이블 작성

CREATE VIEW 사원뷰 AS SELECT 사번, 이름 FROM 사원 WHERE 성별 = 'M';	사원 테이블에서 성별 값이 'M'을 가진 사번, 이름으로 생성된 사원뷰라는 이름의 뷰 생성

- VIEW 테이블의 SELECT 문에는 UNION이나 ORDER BY 절을 사용할 수 없다.
- 컬럼명을 기술하지 않으면 SELECT 문의 컬럼명이 자동으로 사용된다.

② CREATE OR REPLACE VIEW

- CREATE OR REPLACE VIEW는 뷰를 교체하는 명령이다.
- OR REPLACE라는 키워드를 추가하는 것을 제외하고는 CREATE VIEW와 사용 방법이 동일하다.

▼ CREATE OR REPLACE VIEW 기본문법

```
CREATE OR REPLACE VIEW 뷰이름 AS
조회쿼리;
```

> **학습 Point**
> CREATE VIEW를 만들 때 AS 뒤에 조회쿼리의 결과가 뷰로 만들어지기 때문에 SELECT 문을 익힌 후에 다시 보시면 이해가 더 쉽습니다.

> **잠깐! 알고가기**
> **UNION**
> 집합연산자로 중복 행이 제거된 쿼리 결과 집합이다.
>
> **ORDER BY 절**
> 속성값을 정렬하고자 할 때 사용한다(ASC: 오름차순, DESC: 내림차순, ASC, DESC 키워드 생략 시 오름차순 정렬).

> **학습 Point**
> VIEW는 수정(ALTER)할 수 없습니다. 삭제(DROP) 후에 다시 생성(CREATE)하거나, CREATE OR REPLACE VIEW 명령을 통해 기존의 뷰를 교체해야 합니다.

③ DROP VIEW
- DROP VIEW는 뷰를 삭제하는 명령이다.

▼ DROP VIEW 기본문법

```
DROP VIEW 뷰이름;
```

6 INDEX 관련 DDL

① CREATE INDEX
- CREATE INDEX는 인덱스를 생성하는 명령이다.
- UNIQUE는 생략 가능하고, 인덱스 걸린 컬럼에 중복 값을 허용하지 않는다.
- 복수 컬럼을 인덱스로 걸 수 있다.

▼ CREATE INDEX 문법

```
CREATE [UNIQUE] INDEX 인덱스명 ON 테이블명(컬럼명1, 컬럼명2, …);
```

예) CREATE INDEX 사번인덱스 ON 사원(사번);
→ 사원 테이블의 사번 컬럼에 대해 사번인덱스라는 인덱스 명으로 인덱스 생성

② ALTER INDEX
- ALTER INDEX는 인덱스를 수정하는 명령어이다.
- 일부 DBMS는 ALTER INDEX를 제공하지 않는다.
- 기존 인덱스를 삭제하고 신규 인덱스를 생성하는 방식으로 사용을 권고한다.

▼ ALTER INDEX 문법

```
ALTER [UNIQUE] INDEX 인덱스명 ON 테이블명(컬럼명1, 컬럼명2, …);
```

예) ALTER INDEX 사번인덱스 ON 사원(사번);
→ 사원 테이블의 사번 컬럼에 대해 사번인덱스라는 인덱스 명으로 인덱스 수정

③ DROP INDEX
- DROP INDEX는 인덱스를 삭제하는 명령어이다.

▼ DROP INDEX 문법

```
DROP INDEX 인덱스명;
```

예) DROP INDEX 사번인덱스;
→ 사번인덱스라는 인덱스 명을 가지고 있는 인덱스를 삭제

(3) DML [23년 1회]

1 데이터 조작어(DML; Data Manipulation Language)의 개념
- 데이터 조작어는 데이터베이스에 저장된 자료들을 입력, 수정, 삭제, 조회하는 언어이다.

> **학습 Point**
> Create, Read, Update, Delete 의 앞글자를 따서 CRUD라고 부르고, CRUD는 데이터베이스 기본 연산입니다.

2 DML 명령어
- 데이터 조작어(DML)의 유형에는 SELECT, INSERT, UPDATE, DELETE 가 있다.

▼ DML의 유형

유형	동작	설명
SELECT	조회	테이블 내 칼럼에 저장된 데이터를 조회
INSERT	삽입	테이블 내 칼럼에 데이터를 추가
UPDATE	갱신	테이블 내 칼럼에 저장된 데이터를 수정
DELETE	삭제	테이블 내 칼럼에 저장된 데이터를 삭제

> **두음쌤 한마디**
> 데이터베이스 DML
> 「세인업데」
> **SE**LECT / **IN**SERT /
> **UP**DATE / **DE**LETE
> → 내 친구 세인이 집에 업데

3 SELECT(데이터 조회) 명령어 [23년 2회, 3회]

① SELECT 명령어 개념
- SELECT 명령어는 데이터의 내용을 조회할 때 사용하는 명령어이다.
- SELECT 명령어는 SELECT 절, FROM 절, WHERE 절, GROUP BY 절, HAVING 절, ORDER BY 절로 구성된다.

```
SELECT [ALL | DISTINCT] 속성명1, 속성명2…
   FROM 테이블명1, …
[WHERE 조건]
[GROUP BY 속성명1, …]
[HAVING 그룹조건]
[ORDER BY 속성 [ASC | DESC] ];
```

> **두음쌤 한마디**
> SELECT 명령문
> 「셀프 웨 구해오」
> **SEL**ECT / **F**ROM /
> **WHE**RE / **G**ROUP BY /
> **HA**VING / **OR**DER BY
> → 셀프 웨이터를 구해오라

▼ SELECT 명령어

구분	설명		
SELECT 절	• 검색하고자 하는 속성명, 계산식을 기술 • 속성명 별칭은 AS를 사용하며 생략 가능함 • 2개 이상의 테이블을 대상으로 검색할 때는 '테이블명.속성명'으로 표현 • 술어 부분은 ALL이 기본값		
	ALL	• 모든 튜플을 검색할 때 사용 • SELECT 뒤에 명시하지 않은 경우 ALL로 인식	
	DISTINCT	• 중복된 속성이 조회될 경우 그중 한 개만 검색(SELECT 뒤에 명시된 속성이 중복될 경우 한 개만 검색)	

> **잠깐! 알고가기**
> SELECT 명령문에서 "DISTINCT"는 중복된 튜플이 있으면 그 중 첫 번째 한 개만 검색한다.
>
> **학습 Point**
> 2020년 제1회 기사 실기시험에서 DISTINCT를 이용한 계산이 나왔습니다. 눈여겨 봐두길 바랍니다.

구분	설명
FROM 절	• 질의에 의해 검색될 데이터들을 포함하는 테이블명을 기술
WHERE 절	• 검색할 조건을 기술
GROUP BY 절	• 속성값을 그룹으로 분류하고자 할 때 사용
HAVING 절	• GROUP BY에 의해 분류한 후 그룹에 대한 조건 지정
ORDER BY 절	• 속성값을 정렬하고자 할 때(ASC: 오름차순, DESC: 내림차순, ASC, DESC 키워드 생략 시 오름차순 정렬) 사용

㉮ SELECT 절

- SELECT 절은 테이블에서 출력할 컬럼을 명시하기 위해 사용한다.

■ SELECT 절 예제

- 아래 테이블은 성적 테이블이라고 했을 때 쿼리 및 결과는 다음과 같다.

[성적 테이블]

이름	과목	학점
김철수	C언어	A
한유리	자료구조	A
신짱구	자료구조	A
이훈이	알고리즘	B

- 성적 테이블에 대해 쿼리와 쿼리 결과는 다음과 같다.

쿼리	결과
SELECT 과목 　FROM 성적;	성적 테이블에서 과목을 모두 출력 | 과목 | | --- | | C언어 | | 자료구조 | | 자료구조 | | 알고리즘 |
SELECT DISTINCT 과목 　FROM 성적;	성적 테이블에서 과목 중에 중복된 값을 제거하여 출력 | 과목 | | --- | | C언어 | | 자료구조 | | 알고리즘 |
SELECT 과목 　FROM 성적 　WHERE 학점 = 'A'	성적 테이블에서 학점이 'A'인 과목을 모두 출력 | 과목 | | --- | | C언어 | | 자료구조 | | 자료구조 |

SELECT DISTINCT 과목 FROM 성적 WHERE 학점 = 'A'	성적 테이블에서 과목 중에 중복된 값을 제거하여 출력 | 과목 | |---| | C언어 | | 자료구조 |
SELECT COUNT(DISTINCT 과목) FROM 성적;	성적 테이블에서 과목 중에 중복된 값을 제거한 튜플의 갯수를 출력 | COUNT(DISTINCT 과목) | |---| | 3 |
SELECT DISTINCT 과목, 학점 FROM 성적;	성적 테이블에서 과목, 학점 두 컬럼이 모두 같은 값이면 제거 | 과목 | 학점 | |---|---| | C언어 | A | | 자료구조 | A | | 알고리즘 | B |

④ WHERE 절 [22년 1회]

- WHERE 절 조건에서는 비교, 범위, 집합, 패턴, NULL, 복합조건이 있다.

▼ WHERE 절 문법

구분	연산자	설명
비교	=	값이 같은 경우 조회
	〈〉, !=	값이 다른 경우 조회
	〈, 〈=, 〉, 〉=	비교 연산에 해당하는 데이터 조회
범위	BETWEEN	컬럼 BETWEEN 값1 AND 값2 • 값1보다 크거나 같고, 값2보다 작거나 같은 데이터 조회 • 다음과 동일한 결과 컬럼 〉= 값1 AND 컬럼 〈= 값2
집합	IN	컬럼 IN (값1, 값2, …) 컬럼이 IN 안에 포함된 경우의 데이터 조회
	NOT IN	컬럼 NOT IN (값1, 값2, …) 컬럼이 IN 안에 포함되어 있지 않은 경우의 데이터 조회
패턴	LIKE	컬럼 LIKE 패턴 컬럼이 패턴에 포함된 경우의 데이터 조회 | % | 0개 이상의 문자열과 일치 | |---|---| | [ ] | 1개의 문자와 일치 | | [^] | 1개의 문자와 불일치 | | _ | 특정 위치의 1개의 문자와 일치 |

구분	연산자	설명
NULL	IS NULL	컬럼 IS NULL
		컬럼이 NULL인 데이터 조회
	IS NOT NULL	컬럼 IS NOT NULL
		컬럼이 NULL이 아닌 데이터 조회
복합조건	AND	조건1 AND 조건2
		조건1과 조건2 모두를 만족하는 데이터 조회
	OR	조건1 OR 조건2
		조건1과 조건2 둘 중 하나를 만족하는 데이터 조회
	NOT	NOT 조건
		조건에 해당하지 않는 데이터 조회

> **학습 Point**
> WHERE 조건과 BETWEEN 모두 기존 필기에서 기출되었던 부분입니다. 실기에도 나올 수 있으니 학습하시길 권장합니다.

💡 개념 박살내기

■ WHERE 절 예제

BETWEEN	```SELECT * FROM PRODUCT WHERE PRICE BETWEEN 50000 AND 80000;```
	→ 상품(PRODUCT) 테이블에서 가격(PRICE)이 50000보다 크거나 같고 80000보다 작거나 같은 튜플을 조회
IN	```SELECT * FROM PRODUCT WHERE PRICE IN (40000, 50000, 60000);```
	→ 상품(PRODUCT) 테이블에서 가격(PRICE)이 40000 또는 50000 또는 60000인 튜플을 조회
LIKE	```SELECT * FROM PRODUCT WHERE NAME LIKE '정보%';```
	→ 상품(PRODUCT) 테이블에서 이름(NAME)이 '정보'로 시작되는 문자열
LIKE	```SELECT * FROM PRODUCT WHERE NAME LIKE '[ABCD]%';```
	→ 첫 번째 문자가 'A' 또는 'B' 또는 'C' 또는 'D'인 문자열과 일치하는 문자열 검색
IS NULL	```SELECT * FROM PRODUCT WHERE PRICE IS NULL;```
	→ 상품(PRODUCT) 테이블에서 가격(PRICE)이 NULL 값인 경우의 튜플을 조회

㉲ GROUP BY 절

- GROUP BY 절은 속성값을 그룹으로 분류하고자 할 때 사용한다.

■ GROUP BY 절 예제

- 아래 테이블은 급여 테이블이라고 했을 때 쿼리 및 결과는 다음과 같다.

[급여 테이블]

이름	직책	부서	급여
김철수	차장	마케팅	5000
한유리	차장	전산	4800
신짱구	사원	마케팅	2500
이훈이	사원	마케팅	2700

쿼리	결과
SELECT 직책, 　　　 COUNT(직책), 　　　 SUM(급여) FROM 급여 GROUP BY 직책;	GROUP BY 절에 명시된 직책을 기준으로 그룹을 묶었을 때 직책별 건수(COUNT)와 급여의 합계(SUM) | 직책 | COUNT(직책) | SUM(급여) | |---|---|---| | 차장 | 2 | 9800 | | 사원 | 2 | 5200 |
SELECT 부서, 　　　 SUM(급여) AS 급여합계 FROM 급여 GROUP BY 부서;	GROUP BY 절에 명시된 부서를 기준으로 그룹을 묶었을 때, 부서별 급여의 합계(SUM) | 부서 | 급여합계 | |---|---| | 마케팅 | 10200 | | 전산 | 4800 |
SELECT 직책, 　　　 부서, 　　　 SUM(급여) AS 급여합계 FROM 급여 GROUP BY 직책, 부서;	GROUP BY 절에 명시된 직책, 부서를 기준으로 그룹을 묶었을 때 각 직책, 부서에 대한 급여 합계(SUM) | 직책 | 부서 | 급여합계 | |---|---|---| | 차장 | 마케팅 | 5000 | | 차장 | 전산 | 4800 | | 사원 | 마케팅 | 5200 |
SELECT COUNT(*) FROM 급여;	GROUP BY 절이 없을 경우 전체 테이블이 하나의 그룹이 되고, 그룹에 해당하는 총 튜플의 수(COUNT)를 출력 | COUNT(*) | |---| | 4 |

학습 Point

SELECT 절에서 「컬럼명 AS 명칭」 형태로 쓰면 결과 출력 시 컬럼명이 별칭으로 표기됩니다. 추가로 AS는 생략 가능합니다.

㉔ HAVING 절

HAVING 절은 GROUP BY에 의해 분류한 후 그룹에 대한 조건을 지정할 때 사용한다.

■ HAVING 절 예제

• 아래 테이블은 급여 테이블이라고 했을 때 쿼리 및 결과는 다음과 같다.

[급여 테이블]

이름	직책	부서	급여
김철수	차장	마케팅	5000
한유리	차장	전산	4800
신짱구	사원	마케팅	2500
이훈이	사원	마케팅	2700

```
SELECT 직책,
       부서,
       SUM(급여) AS 급여합계
  FROM 급여
 GROUP BY 직책, 부서
HAVING SUM(급여) >= 5000;
```

GROUP BY 절에 명시된 직책, 부서를 기준으로 그룹을 묶었을 때 각 직책, 부서에 대한 급여합계가 5000 이상인 급여합계

직책	부서	급여합계
차장	마케팅	5000
사원	마케팅	5200

㉕ ORDER BY 절

• ORDER BY 절은 속성값을 정렬하고자 할 때 사용한다.

■ ORDER BY 절 예제

• 아래 테이블은 성적 테이블이라고 했을 때 쿼리 및 결과는 다음과 같다.

[성적 테이블]

이름	과목	학점
김철수	C언어	A
한유리	자료구조	A
신짱구	자료구조	A
이훈이	알고리즘	B

SELECT * 　FROM 성적 ORDER BY 이름;	• ORDER BY 절에 ASC와 DESC가 명시되어 있지 않은 경우 ASC가 기본값 • 이름에 대해 오름차순 정렬 • 문자열일 경우 가나다순으로 정렬 | 이름	과목	학점 | |---|---|---| | 김철수 | C언어 | A | | 신짱구 | 자료구조 | A | | 이훈이 | 알고리즘 | B | | 한유리 | 자료구조 | A |
SELECT * 　FROM 성적 ORDER BY 과목, 이름;	• ORDER BY 절에 2개 이상의 속성이 있는 경우 먼저 선언된 속성으로 정렬 후, 같은 값일 때 다음 속성으로 정렬 | 이름	과목	학점 | |---|---|---| | 김철수 | C언어 | A | | 이훈이 | 알고리즘 | B | | 신짱구 | 자료구조 | A | | 한유리 | 자료구조 | A |
SELECT * 　FROM 성적 ORDER BY 학점 DESC, 이름 ASC;	• ORDER BY 절에 2개 이상의 속성에 대해서 오름차순과 내림차순을 섞어서 사용할 수 있음 • 학점은 내림차순으로 정렬한 후 같은 값일 때 이름을 오름차순으로 정렬 | 이름	과목	학점 | |---|---|---| | 이훈이 | 알고리즘 | B | | 김철수 | C언어 | A | | 신짱구 | 자료구조 | A | | 한유리 | 자료구조 | A |

② **조인(Join)**

㉮ 조인 개념

- 조인은 두 개 이상의 테이블을 연결하여 데이터를 검색하는 방법이다.
- 두 릴레이션으로부터 관련된 튜플들을 결합하여 하나의 튜플로 만드는 가장 대표적인 데이터 연결 방법이다.

▼ 논리적 조인 유형(상세)

유형	설명
내부 조인 (Inner Join)	공통 존재 컬럼의 값이 같은 경우를 추출하는 기법

유형		설명
외부 조인 (Outer Join)		외부 조인의 종류로는 왼쪽 외부 조인, 오른쪽 외부 조인, 완전 외부 조인이 있음
	왼쪽 외부 조인 (Left Outer Join)	왼쪽 테이블의 모든 데이터와 오른쪽 테이블의 동일 데이터를 추출하는 기법
	오른쪽 외부 조인 (Right Outer Join)	오른쪽 테이블의 모든 데이터와 왼쪽 테이블의 동일 데이터를 추출하는 기법
	완전 외부 조인 (Full Outer Join)	양쪽의 모든 데이터를 추출하는 기법
교차 조인 (Cross Join)		조인 조건이 없는 모든 데이터 조합을 추출하는 기법
셀프 조인 (Self Join)		자기 자신에게 별칭을 지정한 후 다시 조인하는 기법

④ 내부 조인

SELECT A.컬럼1, A.컬럼2, …,
       B.컬럼1, B.컬럼2, …
FROM 테이블1 A [INNER] JOIN 테이블2 B
  ON 조인조건
[WHERE 검색조건];
	• 같은 이름의 컬럼이 여러 테이블에 있을 경우 '별칭.컬럼명' 형태로 명시
	• INNER라는 키워드는 생략해도 내부 조인이 됨
	• 검색조건을 추가할 경우 조인된 값에서 해당 조건에 맞는 결과만 출력되도록 설정

㉰ 왼쪽 외부 조인

SELECT A.컬럼1, A.컬럼2, …,
       B.컬럼1, B.컬럼2, …
FROM 테이블1 A LEFT [OUTER] JOIN
    테이블2 B
  ON 조인조건
[WHERE 검색조건];
	• OUTER라는 키워드는 생략해도 왼쪽 외부 조인이 됨
	• 검색조건을 추가할 경우 조인된 값에서 해당 조건에 맞는 결과만 출력되도록 설정

㉯ 오른쪽 외부 조인

SELECT A.컬럼1, A.컬럼2, …,
       B.컬럼1, B.컬럼2, …
FROM 테이블1 A RIGHT [OUTER] JOIN 테이블2 B
  ON 조인조건
[WHERE 검색조건];
	• OUTER라는 키워드는 생략해도 오른쪽 외부 조인이 됨
	• 검색조건을 추가할 경우 조인된 값에서 해당 조건에 맞는 결과만 출력되도록 설정

㉤ 완전 외부 조인

SELECT A.컬럼1, A.컬럼2, …, 　　　 B.컬럼1, B.컬럼2, … 　FROM 테이블1 A FULL [OUTER] JOIN 　　　 테이블2 B 　　ON 조인조건 [WHERE 검색조건];	• OUTER라는 키워드는 생략해도 완전 외부 조인이 됨 • 검색조건을 추가할 경우 조인된 값에서 해당 조건에 맞는 결과만 출력되도록 설정

㉥ 교차 조인

SELECT A.컬럼1, A.컬럼2, …… 　　　 B.컬럼1, B.컬럼2, …… 　FROM 테이블1 A CROSS JOIN 테이블2 B;	• 조인 조건이 없는 모든 데이터 조합을 추출하기 때문에 ON 절이 없음

㉦ 셀프 조인

SELECT A.컬럼1, A.컬럼2, …, 　　　 B.컬럼1, B.컬럼2, … 　FROM 테이블1 A [INNER] JOIN 테이블1 B 　　ON 조인조건 [WHERE 검색조건];	• 같은 테이블명을 쓰고 별칭만 A, B와 같이 다르게 함 • 검색조건을 추가할 경우 조인된 값에서 해당 조건에 맞는 결과만 출력되도록 설정

 개념 박살내기

■ 조인 예시

• 도서와 도서가격이라는 테이블이 있을 때 조인 쿼리와 결과를 보여준다.

[도서]

책번호	책명
111	운영체제
222	자료구조
555	컴퓨터구조

[도서가격]

책번호	가격
111	20000
222	25000
333	10000
444	15000

① 내부 조인

SELECT A.책번호, A.책명, B.가격 　FROM 도서 A JOIN 도서가격 B 　　ON A.책번호 = B.책번호;	• '도서' 테이블은 A라는 별칭으로, '도서가격' 테이블은 B라는 명칭으로 설정 후 책번호가 같은 것끼리 조인

[결과]

A.책번호	A.책명	B.가격
111	운영체제	20000
222	자료구조	25000

② 왼쪽 외부 조인

SELECT A.책번호, A.책명, B.책번호, B.가격 FROM 도서 A LEFT JOIN 도서가격 B ON A.책번호 = B.책번호;	• '도서' 테이블은 A라는 별칭으로, '도서가격' 테이블은 B라는 명칭으로 설정 후 왼쪽에 위치한 '도서' 테이블 기준으로 왼쪽 외부 조인

[결과]

A.책번호	A.책명	B.책번호	B.가격
111	운영체제	111	20000
222	자료구조	222	25000
555	컴퓨터구조	NULL	NULL

③ 오른쪽 외부 조인

SELECT A.책번호, A.책명, B.책번호, B.가격 FROM 도서 A RIGHT JOIN 도서가격 B ON A.책번호 = B.책번호;	• '도서' 테이블은 A라는 별칭으로, '도서가격' 테이블은 B라는 명칭으로 설정 후 오른쪽에 위치한 '도서가격' 테이블 기준으로 오른쪽 외부 조인

[결과]

A.책번호	A.책명	B.책번호	B.가격
111	운영체제	111	20000
222	자료구조	222	25000
NULL	NULL	333	10000
NULL	NULL	444	15000

④ 완전 외부 조인

SELECT A.책번호, A.책명, B.책번호, B.가격 FROM 도서 A FULL JOIN 도서가격 B ON A.책번호 = B.책번호;	• '도서' 테이블은 A라는 별칭으로, '도서가격' 테이블은 B라는 명칭으로 설정 후 완전 외부 조인

[결과]

A.책번호	A.책명	B.책번호	B.가격
111	운영체제	111	20000
222	자료구조	222	25000
NULL	NULL	333	10000
NULL	NULL	444	15000
555	컴퓨터구조	NULL	NULL

⑤ 교차 조인

SELECT A.책번호, A.책명, B.책번호, B.가격 FROM 도서 A CROSS JOIN 도서가격 B;	• '도서' 테이블은 A라는 별칭으로, '도서가격' 테이블은 B라는 별칭으로 설정 후 조건 설정 없이 교차 조인

[결과]

A.책번호	A.책명	B.책번호	B.가격
111	운영체제	111	20000
111	운영체제	222	25000
111	운영체제	333	10000
111	운영체제	444	15000
222	자료구조	111	20000
222	자료구조	222	25000
222	자료구조	333	10000
222	자료구조	444	15000
555	컴퓨터구조	111	20000
555	컴퓨터구조	222	25000
555	컴퓨터구조	333	10000
555	컴퓨터구조	444	15000

⑥ 셀프 조인

[도서]

책번호	책명	선수과목_책번호
111	운영체제	222
222	자료구조	555
555	컴퓨터구조	NULL

```
SELECT A.책번호, A.책명, B.책번호, B.책명
  FROM 도서 A JOIN 도서 B
    ON A.선수과목_책번호 = B.책번호;
```

- '도서' 테이블을 A, B라는 별칭으로 따로 설정
- 테이블 내의 다른 컬럼을 조건으로 두어 셀프 조인 수행

[결과]

A.책번호	A.책명	B.책번호	B.책명
111	운영체제	222	자료구조
222	자료구조	555	컴퓨터구조

③ 서브쿼리(Sub-Query)

㉮ 서브쿼리 개념

- 서브쿼리는 SQL 문 안에 포함된 또 다른 SQL 문이다.
- 서브쿼리의 용도는 알려지지 않은 기준을 위한 검색을 위해 사용한다.
- 메인쿼리와 서브쿼리 관계는 주종 관계로서, 서브쿼리에 사용되는 컬럼 정보는 메인쿼리의 컬럼 정보를 사용할 수 있으나 역으로는 성립하지 않는다.

▲ 서브쿼리 개념

④ 서브쿼리 유형

▼ 서브쿼리 유형(위치 기준)

서브쿼리 종류	설명
FROM 절 서브쿼리	• 서브쿼리가 FROM 절 안에 들어있는 형태 • 인라인 뷰(Inline Views)라고 불림 • 뷰(View)처럼 결과가 동적으로 생성된 테이블 형태로 사용할 수 있음
WHERE 절 서브쿼리	• 서브쿼리가 WHERE 절 안에 들어있는 형태 • 중첩 서브쿼리(Nested Sub-Query)라고도 불림

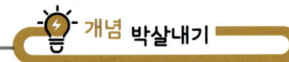

■ 서브쿼리 예제

도서와 도서가격이라는 테이블이 있을 때 서브쿼리와 결과를 보여준다.

[도서]

책번호	책명
111	운영체제
222	자료구조
555	컴퓨터구조

[도서가격]

책번호	가격
111	20000
222	25000
333	10000
444	15000

① FROM 절 서브쿼리

```
SELECT MAX(가격) AS 가격
  FROM 도서가격 A,
       (SELECT 책번호
          FROM 도서
         WHERE 책명='자료구조') B
 WHERE A.책번호 = B.책번호;
```

• (SELECT 책번호 FROM 도서 WHERE 책명='자료구조')라는 결과 값을 B라는 이름으로 명명하면 B라는 테이블처럼 사용할 수 있음
• A라는 이름으로 바꾼 '도서 가격'의 '책번호'와 B라는 이름의 서브쿼리 결괏값 중 '책번호'가 같은 책의 최대 '가격'을 출력

[결과]

가격
25000

② WHERE 절 서브쿼리

```
SELECT MAX(가격) AS 가격
  FROM 도서가격
 WHERE 책번호 IN (SELECT 책번호
                    FROM 도서
                   WHERE 책명='자료구조');
```

- (SELECT 책번호 FROM 도서 WHERE 책명='자료구조') 서브쿼리에서 나온 '책번호'와 '도서가격' 테이블에 있는 '책번호'와 같은 책의 최대 '가격'을 출력

[결과]

가격
25000

④ 집합 연산자(Set Operator)

㉮ 집합 연산자 개념
- 집합 연산자는 테이블을 집합 개념으로 보고, 두 테이블 연산에 집합 연산자를 사용하는 방식이다.
- 집합 연산자는 여러 질의 결과를 연결하여 하나로 결합하는 방식을 사용한다.(집합 연산자는 2개 이상의 질의 결과를 하나의 결과로 만들어 준다.)

▼ 집합 연산자 유형

집합 연산자	구성도	설명
UNION	 Query 1, Query 2 (중복 레코드를 제외)	중복 행이 제거된 쿼리 결과를 반환하는 집합 연산자
UNION ALL	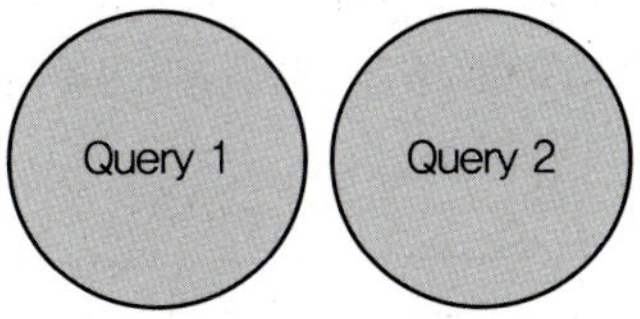 Query 1, Query 2 (중복 레코드도 허용)	중복 행이 제거되지 않은 쿼리 결과를 반환하는 집합 연산자

집합 연산자	구성도	설명
INTERSECT	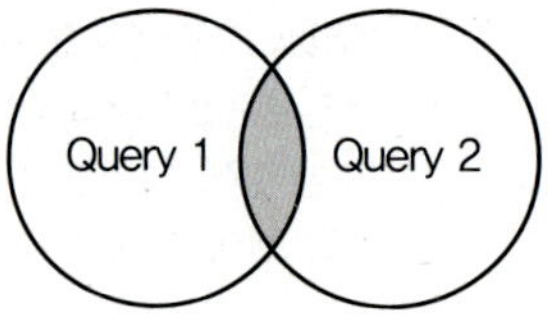 (Query 1 ∩ Query 2) 중복 레코드만 포함	두 쿼리 결과에 공통적으로 존재하는 결과를 반환하는 집합 연산자
MINUS	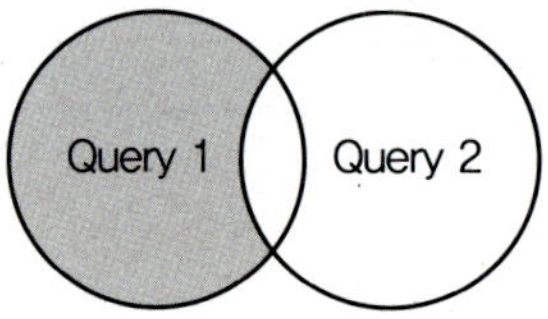 (Query 1 \ Query 2) 비교 레코드 제외	첫 쿼리에 있고 두 번째 쿼리에는 없는 결과를 반환하는 집합 연산자

개념 박살내기

■ 집합 연산자 예제

[EMP 테이블]

EMPNO	ENAME	JOB	SAL
1001	홍길동	대리	1000
1002	임꺽정	과장	1500
1003	장길산	차장	2000
1004	강은미	부장	2500

① UNION

```
SELECT ENAME
  FROM EMP
 WHERE SAL <= 2000
 UNION
SELECT ENAME
  FROM EMP
 WHERE SAL >= 1500;
```

EMP 테이블에서 SAL이 2000보다 작거나 같은 직원의 이름과 EMP 테이블에서 SAL이 1500보다 크거나 같은 직원의 이름의 합집합을 중복을 제거한 후 결과를 반환한다.

• SAL이 2000보다 작거나 같은 직원의 이름을 조회결과는 다음과 같다.

ENAME
홍길동
임꺽정
장길산

- SAL이 1500보다 크거나 같은 직원의 이름을 조회결과는 다음과 같다.

ENAME
임꺽정
장길산
강은미

- UNION의 결과는 다음과 같다.

ENAME
홍길동
임꺽정
장길산
강은미

② UNION ALL

SELECT ENAME
  FROM EMP
  WHERE SAL <= 2000
UNION ALL
SELECT ENAME
  FROM EMP
  WHERE SAL >= 1500;
	EMP 테이블에서 SAL이 2000보다 작거나 같은 직원의 이름과 EMP 테이블에서 SAL이 1500보다 크거나 같은 직원의 이름의 합집합을 중복을 포함하여 결과를 반환한다.

- SAL이 2000보다 작거나 같은 직원의 이름을 조회결과로 '홍길동', '임꺽정', '장길산'이 나온다.
- SAL이 1500보다 크거나 같은 직원의 이름을 조회결과로 '임꺽정', '장길산', '강은미'가 나온다.
- UNION ALL은 중복된 값이 제거되지 않으며 결과는 아래와 같다.

ENAME
홍길동
임꺽정
장길산
임꺽정
장길산
강은미

③ INTERSECT

SELECT ENAME
  FROM EMP
  WHERE SAL <= 2000
INTERSECT
SELECT ENAME
  FROM EMP
  WHERE SAL >= 1500;
	EMP 테이블에서 SAL이 2000보다 작거나 같은 직원의 이름과 EMP 테이블에서 SAL이 1500보다 크거나 같은 직원의 이름의 교집합 결과를 반환한다.

- SAL이 2000보다 작거나 같은 직원의 이름을 조회결과로 '홍길동', '임꺽정', '장길산'이 나온다.
- SAL이 1500보다 크거나 같은 직원의 이름을 조회결과로 '임꺽정', '장길산', '강은미'가 나온다.
- INTERSECT는 중복된 값만 나타나며 결과는 아래와 같다.

ENAME
임꺽정
장길산

④ MINUS

SELECT ENAME
  FROM EMP
 WHERE SAL <= 2000
MINUS
SELECT ENAME
  FROM EMP
 WHERE SAL >= 1500;
	EMP 테이블에서 SAL이 2000보다 작거나 같은 직원의 이름과 EMP 테이블에서 SAL이 1500보다 크거나 같은 직원의 이름의 차집합 결과를 반환한다.

- SAL이 2000보다 작거나 같은 직원의 이름을 조회결과로 '홍길동', '임꺽정', '장길산'이 나온다.
- SAL이 1500보다 크거나 같은 직원의 이름을 조회결과로 '임꺽정', '장길산', '강은미'가 나온다.
- MINUS는 데이터 집합을 기준으로 다른 데이터 집합과 공통 항목을 제외한 결과만 추출한다.

ENAME
홍길동

4 INSERT(데이터 삽입) 명령어

INSERT는 데이터의 내용을 삽입할 때 사용하는 명령어이다.

INSERT INTO 테이블명(속성명1, …) VALUES (데이터1, …);	• 속성과 데이터 개수, 데이터 타입이 일치해야 함 • 속성명은 생략 가능 • 속성의 타입이 숫자인 경우 데이터는 따옴표를 붙이지 않아도 되며, 문자열인 경우 따옴표를 붙여야 함

예 [학생] 테이블에 학번이 6677, 성명 '장길산', 학년이 3학년, 수강과목은 '수학' 인 학생을 삽입
→ INSERT INTO 학생(학번, 성명, 학년, 수강과목)
    VALUES (6677, '장길산', 3, '수학');

두음쌤 한마디

INSERT 명령어
「인인벨」
INSERT INTO / VALUES

5 UPDATE(데이터 변경) 명령어 [22년 2회]

UPDATE는 데이터의 내용을 변경할 때 사용하는 명령어이다.

| UPDATE 테이블명
　　SET 속성명 = 데이터, …
　WHERE 조건; | • UPDATE 명령문은 WHERE 절을 통해 어떤 조건이 만족할 경우에만 특정 컬럼의 값을 수정하는 용도로 자주 사용됨 |

두음쌤 한마디
UPDATE 명령어
「업셋웨」
UPDATE / SET / WHERE

▶예 [학생] 테이블에 장길산의 주소를 인천으로 수정
→ UPDATE 학생
　　SET 주소 = '인천'
　WHERE 이름 = '장길산';

6 DELETE(데이터 삭제) 명령어

DELETE는 데이터의 내용을 삭제할 때 사용하는 명령어이다.

| DELETE FROM 테이블명
　WHERE 조건; | • 모든 레코드를 삭제할 때는 WHERE 절 없이 DELETE만 사용
• 레코드를 삭제해도 테이블 구조는 남아 있어서 디스크에서 테이블을 완전히 삭제하는 DROP 명령과는 다름 |

두음쌤 한마디
DELETE 명령어
「델프웨」
DELETE FROM / WHERE

▶예 [학생] 테이블에 장길산에 대한 튜플을 삭제
→ DELETE FROM 학생
　WHERE 이름 = '장길산'

(4) DCL

1 데이터 제어어(DCL; Data Control Language)의 개념

- 데이터 제어어는 데이터베이스 관리자가 데이터 보안, 무결성 유지, 병행 제어, 회복을 위해 관리자(DBA)가 사용하는 제어용 언어이다.
- 데이터 제어어의 유형에는 GRANT, REVOKE가 있다.

▼ DCL의 유형

유형	동작	설명
GRANT	사용 권한 부여	관리자(DBA)가 사용자에게 데이터베이스에 대한 권한을 부여하는 명령어
REVOKE	사용 권한 취소	관리자(DBA)가 사용자에게 부여했던 권한을 회수하기 위한 명령어

GRANT 명령어
「그온투」
GRANT 권한 **ON** 테이블 **TO** 사용자

REVOKE 명령어
「리온프」
RE**V**OKE 권한 **ON** 테이블 **F**ROM 사용자

① GRANT(권한 부여) 명령어
- GRANT는 데이터베이스 관리자(DBA; Database Administrator)가 사용자에게 데이터베이스에 대한 권한을 부여하는 명령어이다.

GRANT 권한 ON 테이블 TO 사용자;	• 관리자가 사용자에게 테이블에 대한 권한을 부여

> 예) 관리자가 사용자 장길산에게 '학생' 테이블에 대해 UPDATE 할 수 있는 권한 부여
> → GRANT UPDATE ON 학생 TO 장길산;

② REVOKE(권한 회수) 명령어
- REVOKE는 데이터베이스 관리자(DBA)가 사용자에게 부여했던 권한을 회수하기 위한 명령어이다.

REVOKE 권한 ON 테이블 FROM 사용자;	• 관리자가 사용자에게 부여했던 테이블에 대한 권한을 회수

> 예) 관리자가 사용자 장길산에게 '학생' 테이블에 대해 UPDATE 할 수 있는 권한을 회수
> → REVOKE UPDATE ON 학생 FROM 장길산;

기출문제

01 학생 테이블에서 3학년 이상인 학생의 과목명을 중복 없이 조회되도록 SQL 문을 작성하시오. (학생 테이블의 학번이 기본키이다.)

▶ 17년 1회

[학생] 테이블 구조

속성	데이터 타입
학번	INTEGER
성명	VARCHAR(20)
학년	INTEGER
과목명	VARCHAR(20)

해설 • DISTINCT(중복제거)의 경우 동일한 튜플을 제거하고 검색하기 때문에 3학년 이상인 학생의 과목명을 중복없이 추출할 수 있다.

02 다음 학생 테이블이다. 조건에 맞는 쿼리를 작성하시오.

▶ 17년 3회, 18년 1회, 3회

[학생] 테이블

학번	이름	학년	학과
202201	홍길동	3	컴퓨터공학
202202	김길동	1	전기공학
202203	임꺽정	4	건축공학
202204	김꺽정	2	전자공학
202205	장길산	3	토목공학

(1) 학생 테이블에서 학과가 '컴퓨터공학'인 학생의 학년을 중복 없이 조회하는 SQL 문을 작성하시오.

(2) 학생 테이블에서 학년이 2학년 이상인 학생을 대상으로 학년을 내림차순으로 정렬했을 때 학번, 이름을 조회하는 SQL 문을 작성하시오.

해설 • DISTINCT는 동일한 튜플을 제거하고 검색하기 때문에 학과가 '컴퓨터공학'인 학생의 학년을 중복없이 추출할 수 있다.
• ORDER BY는 속성값을 정렬하고자 할 때(ASC: 오름차순, DESC: 내림차순, ASC, DESC 키워드 생략 시 오름차순 정렬) 사용되며, 학년을 내림차순으로 정렬해야 하므로 'ORDER BY 학년 DESC'로 표현한다.

03 사원 테이블에서 직급이 '대리'인 직원의 급여를 2000 인상하는 SQL 문을 작성하시오. (사원 테이블의 사번이 기본키이다.)

▶ 17년 2회, 20년 2회

[사원] 테이블

속성	데이터 타입
사번	INTEGER
성명	VARCHAR(20)
직급	VARCHAR(20)
급여	INTEGER

해설 • UPDATE는 데이터의 내용을 변경할 때 사용하는 명령어이다.

```
UPDATE 테이블명
    SET 속성명 = 데이터, …
WHERE 조건;
```

기출문제

▶ 18년 2회, 19년 3회, 20년 3회

04 다음 사원 테이블 구조에 맞게 학생 테이블을 생성하려고 한다. 미완성된 SQL 문을 작성하시오.

[사원] 테이블

속성	데이터 타입	비고
사번	VARCHAR(10)	기본키
성명	VARCHAR(20)	
직책	VARCHAR(20)	계장, 과장, 차장, 팀장, 부장만 가능
연봉	INTEGER	

[SQL]
```
CREATE TABLE 사원(
  사번 VARCHAR(10) PRIMARY KEY,
  성명 VARCHAR(20),
  직책 VARCHAR(20) ___①___ 직책 ___②___ ('계장',
    '과장', '차장', '팀장', '부장')
  연봉 INTEGER
);
```

①

②

해설
- CHECK는 개발자가 정의하는 제약조건으로, 참(TRUE)이어야 하는 조건을 지정한다.
- 직책이 '계장', '과장', '차장', '팀장', '부장'인 경우를 조회할 수 있어야 하므로 IN을 사용한다.
- IN 조건에 포함되지 않는 값은 테이블에 입력 시도 시 오류가 발생한다.

▶ 17년 3회

05 다음 학생 테이블이다. 학과가 NULL인 학생의 학번, 이름을 조회하는 쿼리를 작성하시오.

[학생] 테이블

학번	이름	학년	학과
202201	홍길동	3	컴퓨터공학
202202	김길동	1	전기공학
202203	임꺽정	4	NULL
202204	김꺽정	2	전자공학
202205	장길산	3	토목공학

해설
- NULL인 컬럼을 조회하기 위해서는 다음과 같은 형태로 표현한다.
```
SELECT *
  FROM 테이블명
 WHERE 컬럼명 IS NULL;
```

▶ 19년 1회

06 주어진 [학생] 테이블에서 담당관의 이름이 "이"로 시작하는 튜플의 학과번호를 999로 갱신하는 SQL을 작성하려고 한다. 괄호 ( ) 안에 들어갈 문법을 작성하시오.

[학생] 테이블

학부	학과번호	입학생수	담당관
정경대학	110	300	김구
공과대학	310	250	이순신
인문대학	120	400	김구
정경대학	120	300	장보고
인문대학	420	180	이순신

```
UPDATE 학부생 ( ① ) 학과번호 = 999 WHERE
담당관 ( ② ) '이%';
```

①

②

해설
- UPDATE 문은 테이블 내 컬럼에 저장된 데이터를 수정할 때 사용된다.
```
UPDATE 테이블명
  SET 속성명 = 데이터, …
WHERE 조건;
```
- 담당관의 이름이 "이"로 시작하는 패턴으로 데이터를 조회하기 위해 LIKE를 사용한다.

07 다음 ( )에 알맞은 용어를 쓰시오.

▶ 22년 2회

> 스키마는 외부, 개념, 내부 스키마가 있다. 스키마는 사용자나 개발자의 관점에서 필요로 하는 데이터베이스의 논리적 구조를 나타낸 (①) 스키마, 데이터베이스의 전체적인 논리적 구조를 나타낸 (②) 스키마, 물리적 저장장치의 관점에서 보는 데이터베이스의 구조를 나타낸 (③) 스키마가 있다.

①

②

③

해설
- 스키마는 외부, 개념, 내부 3계층으로 구성되어 있다.

외부 스키마 (External Schema)	• 사용자 개발자의 관점에서 필요로 하는 데이터베이스의 논리적 구조 • 사용자 뷰를 나타내며, 서브 스키마로 불림
개념 스키마 (Conceptual Schema)	• 데이터베이스의 전체적인 논리적 구조 • 전체적인 뷰를 나타내며, 개체 간의 관계, 제약조건, 접근 권한, 무결성, 보안에 대해 정의
내부 스키마 (Internal Schema)	• 물리적 저장 장치의 관점에서 보는 데이터베이스 구조 • 실제로 데이터베이스에 저장될 레코드의 형식을 정의하고 저장 • 데이터 항목의 표현 방법, 내부 레코드의 물리적 순서 등을 표현

08 [인사] 테이블에 20개의 튜플이 있다. 다음 쿼리를 실행했을 때 튜플의 개수를 구하시오. (단, 인사 테이블에서 나이는 3명이 20대, 6명이 30대, 나머지가 40대이다.)

▶ 22년 1회

```
SELECT * FROM 인사 WHERE 나이 BETWEEN 35
AND 49;
```

( )명 이상 ( )명 이하

해설
- 나이가 35 이상이고, 49 이하인 튜플을 찾는 쿼리이다.
- 30대 6명이 모두 35 미만의 값을 가진다면 40대만 BETWEEN 35 AND 49에 포함되므로, 최소 11개의 튜플이 포함된다.
- 30대 6명이 모두 35 이상의 값을 가진다면 30대와 40대 모두 BETWEEN 35 AND 49에 포함되므로, 최대 17개의 튜플이 포함된다.

09 salaries 테이블에서 emp_num가 2073인 직원의 salary가 2500이 되도록 변경하는 쿼리를 쓰시오. (단, [보기]에 있는 것들로만 조합해서 최소 길이의 쿼리를 작성하시오.)

▶ 22년 2회

| 보기 |

salaries	salary	emp_num	FROM
UPDATE	DELETE	INSERT	CASCADE
INTO	SET	WHERE	SELECT
=	==	+	-
*	/	( )	{ }

해설
- UPDATE는 데이터의 내용을 변경할 때 사용하는 명령어이다.

UPDATE 테이블명 　SET 속성명 = 데이터,… WHERE 조건;	UPDATE 명령문은 WHERE 절을 통해 어떤 조건이 만족할 경우에만 특정 컬럼의 값을 수정하는 용도로 자주 사용됨

기출문제

▶ 22년 3회

10 다음 ( )에 알맞은 명령어를 쓰시오.

( ) TABLE	데이터베이스 테이블을 생성하는 명령어
( ) TABLE	데이터베이스 테이블을 변경하는 명령어
( ) TABLE	데이터베이스 테이블을 삭제하는 명령어

해설

CREATE	데이터베이스 오브젝트(테이블, 인덱스, 뷰 등) 생성하는 명령어
ALTER	데이터베이스 오브젝트(테이블, 인덱스, 뷰 등) 변경하는 명령어
DROP	데이터베이스 오브젝트(테이블, 인덱스, 뷰 등) 삭제하는 명령어
TRUNCATE	데이터베이스 오브젝트(테이블, 인덱스, 뷰 등) 내용 삭제하는 명령어

▶ 22년 3회

11 다음 트랜잭션의 특성을 고르시오.

> 회복 기법, 무결성 제약, 동시성 제어

원자성	(①)
일관성	무결성 제약조건 동시성 제어
격리성	(②)
영속성	회복 기법

①
②

해설

원자성 (Atomicity)	트랜잭션을 구성하는 연산 전체가 모두 정상적으로 실행되거나 모두 취소되어야 하는 성질	• Commit/Rollback • 회복성 보장
일관성 (Consistency)	시스템이 가지고 있는 고정요소는 트랜잭션 수행 전과 트랜잭션 수행 완료 후의 상태가 같아야 하는 성질	• 무결성 제약조건 • 동시성 제어
격리성=고립성 (Isolation)	동시에 실행되는 트랜잭션들이 서로 영향을 미치지 않아야 한다는 성질	• Read Uncommitted • Read Committed • Repeatable Read • Serializable
영속성 (Durability)	성공이 완료된 트랜잭션의 결과는 영속적으로 데이터베이스에 저장되어야 하는 성질	• 회복기법

▶ 22년 3회

12 다음 설명에 해당하는 데이터베이스 요소를 쓰시오.

> • 논리 테이블로써 사용 관점에서의 테이블이다.
> • 데이터베이스에 영향을 주지 않고 애플리케이션이 원하는 형태로 데이터에 접근할 수 있다.

해설 • 뷰는 논리 테이블로서 사용자에게(생성 관점 아닌 사용 관점에서) 테이블과 동일하다.

▶ 23년 1회

13 다음이 설명하는 명령어를 영어로 쓰시오.

> ① 트랜잭션을 성공적으로 완료시키기 위한 명령어
> ② 트랜잭션이 취소되고 데이터베이스가 트랜잭션 시작 전 상태로 돌아가기 위한 명령어

①
②

해설

커밋 (COMMIT)	트랜잭션을 메모리에 영구적으로 저장하는 명령어
롤백 (ROLLBACK)	트랜잭션 내역을 저장 무효화시키는 명령어
체크포인트 (CHECKPOINT)	ROLLBACK을 위한 시점을 지정하는 명령어

14 다음은 질의 처리기(Query Processor)의 구성요소에 대한 설명이다. 알맞은 구성요소를 [보기]에서 찾아서 기호로 쓰시오.

> ① 데이터 조작어 요청을 분석하여 런타임 데이터베이스 처리기가 이해할 수 있도록 해석한다.
> ② 데이터베이스에 접근하는 과정에서 사용자의 접근 권한이 유효한지 검사하고, 데이터베이스 무결성을 유지하기 위한 제약조건 위반 여부를 확인한다.

| 보기 |
> ㉠ DDL 컴파일러(DDL Compiler)
> ㉡ DML 프리컴파일러(DML Precompiler)
> ㉢ DML 컴파일러(DML Compiler)
> ㉣ 런타임 데이터베이스 처리기(Run-time Database Processor)
> ㉤ 트랜잭션 관리자(Transaction Manager)

①
②

해설

구성요소	설명
DDL 컴파일러 (DDL Compiler)	• 데이터 정의어로 작성된 스키마를 해석하는 프로그램 • 데이터베이스를 생성하거나, 스키마의 정의를 데이터 사전에 저장
DML 프리컴파일러 (DML Precompiler)	• 응용 프로그램에 삽입된 데이터 조작어를 추출하여 DML 컴파일러에 전달하는 프로그램
DML 컴파일러 (DML Compiler)	• 데이터 조작어(삽입, 삭제, 수정, 검색) 요청을 분석하여 런타임 데이터베이스 처리기가 이해할 수 있도록 해석하는 프로그램
런타임 데이터베이스 처리기 (Run-time Database Processor)	• 저장 데이터 관리자를 통해 데이터베이스 접근하여 DML 컴파일러로부터 전달받은 요청을 데이터베이스에서 실제로 실행하는 프로그램
트랜잭션 관리자 (Transaction Manager)	• 데이터베이스에 접근하는 과정에서 사용자의 접근 권한이 유효한지 검사하고, 데이터베이스 무결성을 유지하기 위한 제약조건 위반 여부를 확인하는 프로그램 • 회복이나 병행 수행과 관련된 작업을 수행

15 다음 EMPLOYEE 테이블에서 POSITION이 사원, 대리, 과장, 차장, 팀장만 가능하도록 하려고 한다. 빈칸에 알맞은 키워드를 작성하시오.

```
CREATE TABLE EMPLOYEE(
  POSITION VARCHAR(10) ( ① ) POSITION ( ② ) ('사원',
                         '대리', '과장', '차장', '팀장'))
);
```

①
②

해설

CHECK	개발자가 정의하는 제약조건
IN	리턴되는 값 중에서 조건에 해당하는 값이 있으면 참을 반환하는 연산자

16 다음은 트랜잭션의 특성에 대한 설명이다. 빈칸에 알맞은 특성을 쓰시오.

> 트랜잭션은 인가받지 않은 사용자로부터 데이터를 보장하기 위해 DBMS가 가져야 하는 특성이자, 데이터베이스 시스템에서 하나의 논리적 기능을 정상적으로 수행하기 위한 작업의 기본 단위이다. 트랜잭션의 특성은 앞 글자를 따서 ACID라고 하는데, 이때 동시에 실행되는 트랜잭션들이 서로 영향을 미치지 않아야 한다는 성질을 (①)이라고 하고, 성공이 완료된 트랜잭션의 결과는 영속적으로 데이터베이스에 저장되어야 하는 성질을 (②)이라고 한다.

①
②

기출문제

원자성 (Atomicity)	트랜잭션을 구성하는 연산 전체가 모두 정상적으로 실행되거나 모두 취소되어야 하는 성질	
일관성 (Consistency)	시스템이 가지고 있는 고정요소는 트랜잭션 수행 전과 트랜잭션 수행 완료 후의 상태가 같아야 하는 성질	
격리성=고립성 (Isolation)	동시에 실행되는 트랜잭션들이 서로 영향을 미치지 않아야 한다는 성질	
영속성 (Durability)	성공이 완료된 트랜잭션의 결과는 영속적으로 데이터베이스에 저장되어야 하는 성질	

▶ 23년 2회

18 [학생] 테이블에서 3학년 이상인 학생들의 [과목]이 중복되지 않도록 쿼리를 작성하시오.

학번	INTEGER
과목	VARCHAR(20)
이름	VARCHAR(10)
학년	INTEGER

해설

쿼리	해설
SELECT DISTINCT 과목	"과목"열을 중복을 제외한 결과만 선택
FROM 학생	"학생" 테이블에서 데이터를 가져옴
WHERE 학년 >= 3	학년이 3이상인 조건을 지정

▶ 23년 2회

17 다음의 표에서 DDL, DML, DCL을 [보기]에서 분류하여 작성하시오.

DDL	DML	DCL
CREATE	SELECT	_____
_____	_____	
_____	_____	
_____	_____	

| 보기 |
| ㉠ INSERT ㉡ GRANT ㉢ REVOKE ㉣ DROP |
| ㉤ ALTER ㉥ DELETE ㉦ UPDATE |

① DDL:

② DML:

③ DCL:

해설 • 데이터베이스 명령어는 DDL, DML, DCL 등이 있다.

DDL	DML	DCL
CREATE	SELECT	GRANT
ALTER	INSERT	REVOKE
DROP	UPDATE	
TRUNCATE	DELETE	

▶ 23년 2회

19 CREATE TABLE 문에서 특정 속성에 입력할 수 있는 값의 범위를 설정해 주는 제약조건은 무엇인가?

해설 • CREATE TABLE 문에서 특정 속성에 입력할 수 있는 값의 범위를 설정해 주는 제약조건은 CHECK이다.
• CHECK는 개발자가 정의하는 제약조건으로 참이어야 하는 조건을 지정할 때 사용된다.

20 [CUSTOMER] 테이블에서 GRADE가 중복되지 않도록 조회하는 쿼리를 [조건]에 맞춰 작성하시오.

▶ 23년 3회

[CUSTOMER] 테이블

NAME	YEAR	GRADE	CITY	CREDIT
Alice	3	SILVER	Seoul	1000
Bob	2	GOLD	Busan	2000
Carol	4	PLATINUM	Daegu	5000
David	1	GOLD	Incheon	2850
Eve	5	GOLD	Ulsan	3000
Frank	2	SILVER	Gwangju	1000
George	3	BRONZE	Daejeon	800

[조건]
- ISO/IEC 9075에 맞게 작성하시오.
- 세미콜론(;)은 생략할 수 있다.

해설
- SELECT 명령어 문법은 다음과 같다.

```
SELECT [ALL | DISTINCT] 속성명1, 속성명2…
FROM 테이블명1, …
[WHERE 조건]
[GROUP BY 속성명1, …]
[HAVING 그룹조건]
[ORDER BY 속성 [ASC | DESC] ];
```

- DISTINCT 명령어를 사용하면 동일한 튜플을 제거하고 검색할 수 있다.
- 쿼리 문을 "SELECT DISTINCT GRADE FROM CUSTOMER"로 작성하면 CUSTOMER 테이블에서 GRADE가 중복되지 않도록 조회할 수 있다.
- 쿼리 문의 수행 결과는 다음과 같다.

GRADE
SILVER
GOLD
PLATINUM
BRONZE

21 다음은 관계형 데이터베이스에 대한 설명이다. ①~⑤에 알맞은 용어를 쓰시오.

▶ 24년 1회

- 관계형 데이터베이스는 테이블(Table)을 (①)(이)라고 부르고, (①)은/는 행에 해당하는 튜플(Tuple)과 열에 해당하는 속성(Attribute)으로 이루어져 있다. 또한, 속성에 들어갈 수 있는 값의 범위를 (②)(이)라고 한다.
- 데이터베이스를 쿼리로 나타낼 수 있는데, 예를 들어 학생 테이블이 다음과 같이 구성되어 있다고 하자.

[학생] 테이블

학번	이름	학년	전공
20300001	홍길동	1	컴퓨터공학과
20300002	장길산	1	컴퓨터공학과
20300002	이순신	4	전기공학과
20300003	안중근	3	화학과
…	…	…	…
20300589	이성계	3	컴퓨터공학과

- 전공이 '컴퓨터공학과'이며, 학년이 1학년인 학생을 조회하는 쿼리는 다음과 같이 작성한다.

```
SELECT 학생 FROM 학생 WHERE 전공="컴퓨터공학과"
   ③    학년 = 1;
```

- 또한, 학년별로 학생들을 그룹화하고, 각 그룹에 속한 학생들의 수가 5명을 초과하는 그룹에 대해 학과와 해당 그룹의 학생 수를 조회하는 쿼리는 다음과 같이 작성한다.

```
SELECT 학과, COUNT(학번)
 FROM 학생
 GROUP BY 학년
   ④    COUNT(학번) > 5;
```

- 그리고 [학생] 테이블에 학번이 '20300590', 이름이 신사임당, 학년이 3학년, 전공이 '화학과'인 학생을 추가하려고 할 때의 쿼리는 다음과 같이 작성한다.

```
INSERT INTO 학생(학번, 이름, 학년, 전공)    ⑤
('20300590', '신사임당', 3, '화학과');
```

①   ②
③   ④
⑤

기출문제

▶ 24년 1회

해설 • 관계 데이터 모델의 구성은 다음과 같다.

릴레이션(Relation)	행(Row)과 열(Column)로 구성된 테이블
튜플(Tuple)	릴레이션의 행(Row)에 해당되는 요소
속성(Attribute)	릴레이션의 열(Column)에 해당되는 요소
카디널리티(Cardinality)	튜플(Row)의 수
차수(Degree)	애트리뷰트(Column)의 수
스키마(Schema)	데이터베이스의 구조, 제약조건 등의 정보를 담고 있는 기본적인 구조
인스턴스(Instance)	정의된 스키마에 따라 생성된 테이블에 실제 저장된 데이터의 집합
도메인(Domian)	속성에 들어갈 수 있는 값의 범위

• SELECT 명령어 구문은 다음과 같다.

SELECT절	• 검색하고자 하는 속성명, 계산식을 기술 • 속성명 별칭은 AS를 사용하며 생략 가능함 • 2개 이상의 테이블을 대상으로 검색할 때는 '테이블명.속성명'으로 표현 • 술어 부분은 ALL이 기본값		
		ALL	• 모든 튜플을 검색할 때 사용 • SELECT 뒤에 명시하지 않은 경우 ALL로 인식
		DISTINCT	• 중복된 속성이 조회될 경우 그중 한 개만 검색(SELECT 뒤에 명시된 속성이 중복될 경우 한 개만 검색)
FROM절	• 질의에 의해 검색될 데이터들을 포함하는 테이블명을 기술		
WHERE절	• 검색할 조건을 기술		
GROUP BY절	• 속성값을 그룹으로 분류하고자 할 때 사용		
HAVING절	• GROUP BY에 의해 분류한 후 그룹에 대한 조건 지정		
ORDER BY절	• 속성값을 정렬하고자 할 때(ASC: 오름차순, DESC: 내림차순, ASC, DESC 키워드 생략 시 오름차순 정렬) 사용		

22 다음은 학생 테이블이다. 밑줄친 곳에 키워드를 넣어 조건에 해당하는 쿼리를 완성하시오.

[학생]

학번	이름	학과	학년	전화번호
202001	이성계	컴퓨터공학과	4	123-4567
202109	이방과	컴퓨터공학과	1	234-5678
202303	이방원	전기학과	3	345-6789
202104	이도	컴퓨터공학과	1	456-7890
202201	이향	전기학과	2	567-8901
202413	이홍위	전기학과	4	678-9012

① 학과가 '컴퓨터공학과'이면서 1학년인 학생의 이름을 출력하는 쿼리

SELECT 이름 FROM 학생 WHERE 학과='컴퓨터공학과' _____ 학년=1;

② 2학년이거나 4학년인 학생의 학과 이름을 중복되지 않도록 출력하는 쿼리

SELECT _____ 학과 FROM 학생 WHERE 학년 _____ (2, 4);

①

②

해설 • 조건1과 조건2 모두를 만족하는 데이터 조회할 때는 AND 연산자를 사용한다.

조건1 AND 조건2

• 중복된 속성이 조회될 경우, 그중 한 개만 검색(SELECT 뒤에 명시된 속성이 중복될 경우 한 개만 검색)할 때는 DISTINCT 키워드를 사용한다.
• 값1, 값2, …가 포함된 경우의 데이터를 조회할 때 IN 연산자를 사용한다.

컬럼 IN (값1, 값2, …)

23 다음은 SQL 쿼리문이다. 밑줄을 채워 [결과]처럼 나오도록 쿼리를 완성하시오. ▶ 24년 1회

```
SELECT 학번, 이름
  FROM 학생
  WHERE   ①   ='컴퓨터공학과' IN
    (SELECT 학과
      FROM 학생
      WHERE 학년   ②   3);
```

해설
- 다중 행 연산자로 IN, ANY, SOME, ALL, EXISTS를 사용한다.
- 다중 행 비교 연산자는 단일 행 비교 연산자(<, >, =, <>)와 결합하여 사용할 수 있다.
- 서브쿼리로 도출된 값 중에서 조건에 해당하는 값이 있어야 하므로 다중행 연산자 IN을 쓴다.

[학생]

학번	이름	학과	학년	전화번호
202001	이성계	컴퓨터공학과	4	123-4567
202109	이방과	컴퓨터공학과	1	234-5678
202303	이방원	컴퓨터공학과	3	345-6789
202104	이도	법학과	1	456-7890
202201	이향	체육학과	2	567-8901
202413	이홍위	전기학과	4	678-9012

[결과]

학번	전공
202001	이성계
202303	이방원

①
②

24 인사급여 테이블에서 성명이 홍길동인 직원의 호봉을 15로 수정하기 위한 쿼리를 완성하시오. ▶ 24년 1회

```
UPDATE 인사급여   ①   호봉=15   ②   성명='홍길동';
```

①
②

해설 DML 문법 중 UPDATE 문법은 다음과 같다.
```
UPDATE 테이블명
  SET 속성명 = 데이터, …
WHERE 조건;
```

정답
01. SELECT DISTINCT 과목명 FROM 학생 WHERE 학년 >= 3;   **02.** (1) SELECT DISTINCT 학년 FROM 학생 WHERE 학과='컴퓨터공학' ; (2) SELECT 학번, 이름 FROM 학생 WHERE 학년 >= 2 ORDER BY 학년 DESC;   **03.** UPDATE 사원 SET 급여 = 급여+2000 WHERE 직급 = '대리';   **04.** ① CHECK, ② IN   **05.** SELECT 학번, 이름 FROM 학생 WHERE 학과 IS NULL;   **06.** ① SET, ② LIKE   **07.** ① 외부, ② 개념, ③ 내부   **08.** 11, 17   **09.** UPDATE salaries SET salary = 2500 WHERE emp_num = 2073   **10.** CREATE, ALTER, DROP   **11.** ① 회복 기법, ② 동시성 제어   **12.** 뷰(View)   **13.** ① COMMIT, ② ROLLBACK   **14.** ① ㉢, ② ㉤   **15.** ① CHECK, ② IN   **16.** ① 격리성 또는 고립성(Isolation), ② 영속성(Durability)   **17.** ① ㉡, ② ㉢, ㉠, ㉣, ㉥ ③ ㉣, ㉡   **18.** SELECT DISTINCT 과목 FROM 학생 WHERE 학년 >= 3   **19.** CHECK   **20.** SELECT DISTINCT GRADE FROM CUSTOMER;   **21.** ① 릴레이션(Relation), ② 도메인(Domain), ③ AND, ④ HAVING, ⑤ VALUES   **22.** ① AND, ② DISTINCT, IN   **23.** ① 학과, ② >=   **24.** ① SET, ② WHERE

예상문제

01 다음 괄호 ( ) 안에 들어갈 알맞은 말을 쓰시오.

> 스키마는 사용자나 개발자의 관점에서 필요로 하는 데이터베이스의 논리적 구조를 나타낸 (①) 스키마, 데이터베이스의 전체적인 논리적 구조를 나타낸 (②) 스키마, 물리적 저장 장치의 관점에서 보는 데이터베이스의 구조를 나타낸 (③) 스키마가 있다.

①

②

③

해설 스키마는 외부/개념/내부 3계층으로 구성되어 있음

외부 스키마 (External Schema)	• 사용자나 개발자의 관점에서 필요로 하는 데이터베이스의 논리적 구조 • 사용자 뷰를 나타냄 • 서브 스키마로 불림
개념 스키마 (Conceptual Schema)	• 데이터베이스의 전체적인 논리적 구조 • 전체적인 뷰를 나타냄 • 개체 간의 관계, 제약 조건, 접근 권한, 무결성, 보안에 대해 정의
내부 스키마 (Internal Schema)	• 물리적 저장 장치의 관점에서 보는 데이터베이스 구조 • 실제로 데이터베이스에 저장될 레코드의 형식을 정의하고 저장 데이터 항목의 표현 방법, 내부 레코드의 물리적 순서 등을 표현

02 사원 테이블의 '사번' 컬럼에 대해 '사번인덱스'라는 인덱스 명으로 인덱스를 생성하고자 한다. 알맞은 쿼리를 쓰시오.

해설 CREATE INDEX 문법은 다음과 같다.

> CREATE [UNIQUE] INDEX 인덱스명 ON 테이블명(컬럼명1, 컬럼명2, …);

03 다음은 사람이라는 테이블을 만들려고 한다. 사람이라는 테이블에는 이름, 성별이라는 컬럼이 있는데, 이름은 VARCHAR(10) 데이터 타입을 가지고, 성별은 CHAR(1) 데이터 타입을 가지고 있다. 성별은 추가로 'M'과 'F' 값만 가질 수 있도록 제약 조건을 걸고자 한다. 알맞은 쿼리를 작성하시오.

해설 CREATE TABLE의 상세 문법은 다음과 같다.

> CREATE TABLE 테이블명
> (
>   컬럼명 데이터타입 PRIMARY KEY, -- 기본 키 설정
>   컬럼명 데이터타입 FOREIGN KEY REFERENCES 참조테이블(기본 키), -- 외래 키 설정
>   컬럼명 데이터타입 UNIQUE,
>   컬럼명 데이터타입 NOT NULL,
>   컬럼명 데이터타입 CHECK(조건식) -- 제약 조건 설정
>   컬럼명 데이터타입 DEFAULT 값
>);

04 사원 테이블에 VARCHAR(11) 타입으로 전화번호라는 컬럼을 추가하려고 한다. 알맞은 쿼리를 작성하시오.

해설 ALTER TABLE에서 컬럼을 추가하는 문법은 다음과 같다.

> ALTER TABLE 테이블명 ADD 컬럼명 데이터타입 [제약조건];

05 사원 테이블에 사번, 업무, 이름, 생년월일, 성별, 입사일이라는 컬럼이 있을 때 사원 테이블에서 성별 값이 'M'을 가진 사번, 이름으로 생성된 '사원뷰'라는 이름의 뷰 생성하는 쿼리를 작성하시오.

> **해설** 뷰를 생성하기 위해서는 다음과 같은 문법을 사용한다.
>
> ```
> CREATE VIEW 뷰이름 AS
> 조회쿼리;
> ```

06 다음 테이블은 학생 테이블의 일부이다. 해당 테이블에서 전공만 출력하는 쿼리를 쓰시오. 단, 전공명은 중복되지 않아야 한다.

[학생]

이름	전공	생년월일
이완용	일본어학과	580607
박영효	일본어학과	610612
기철	몽골어학과	840101
안중근	국문학과	790902

> **해설** • SELECT 명령어 문법은 다음과 같다.
>
> ```
> SELECT [ALL | DISTINCT] 속성명1, 속성명2…
> FROM 테이블명1, …
> [WHERE 조건]
> [GROUP BY 속성명1, …]
> [HAVING 그룹조건]
> [ORDER BY 속성 [ASC | DESC] ];
> ```
> • DISTINCT라는 키워드를 붙이면 중복된 속성이 조회될 경우 그중 한 개만 검색(SELECT 뒤에 명시된 속성이 중복될 경우 한 개만 검색)한다.

07 다음은 학생 테이블의 일부이다. '이' 씨 성을 가진 사람의 학번을 출력하는 쿼리를 작성하시오.

[학생]

이름	전공	학번
이완용	일본어학과	580607
박영효	일본어학과	610612
기철	몽골어학과	840101
안중근	국문학과	790902

> **해설** • WHERE 절에서 패턴을 이용할 경우 LIKE 키워드를 사용한다.
>
> | 컬럼 LIKE 패턴 |
> |---|
>
> • LIKE의 패턴에 쓰이는 와일드카드는 다음과 같다.
>
> | % | 0개 이상의 문자열과 일치 |
> |---|---|
> | [ ] | 1개의 문자와 일치 |
> | [^] | 1개의 문자와 불일치 |
> | _ | 특정 위치의 1개의 문자와 일치 |
>
> • LIKE 사용을 위한 예제는 다음과 같다.
>
> | WHERE 이름 LIKE '이%'; | '이'로 시작하는 사람 검색 |
> |---|---|
> | WHERE 이름 LIKE '%이'; | '이'로 끝나는 사람 검색 |
> | WHERE 이름 LIKE '%이%'; | '이'가 들어가는 사람 검색 |
> | WHERE 이름 LIKE '이_'; | '이'로 시작되고 '이' 뒤에 1글자만 있는 사람 검색 |
> | WHERE 이름 LIKE '이__'; | '이'로 시작되고 '이' 뒤에 2글자만 있는 사람 검색 |
> | WHERE 이름 LIKE '이_신'; | '이*신'이라는 사람 검색 |

예상문제

08 다음은 학생 테이블에서 주소 컬럼이 있다. 주소 컬럼이 NULL이 아닌 주솟값을 출력하는 쿼리를 작성하시오.

> **해설** 컬럼이 NULL이 아닌 데이터 조회할 경우 WHERE 절에서 IS NOT NULL 구문을 사용한다.
>
> 컬럼 IS NOT NULL;

09 다음 쿼리와 동일한 쿼리를 IN 키워드를 써서 작성하시오. (IN은 한 번만 써야 함)

SELECT * FROM 교수 WHERE 전공 = '컴퓨터공학' OR 전공 = '전자공학';

> **해설** • WHERE 절에서 IN은 다음과 같이 작성한다.
>
> 컬럼 IN (값1, 값2, …)
>
> • 컬럼이 IN 안에 포함된 경우의 데이터 조회한다.

10 다음은 고객 테이블이다. 나이가 50살 이상이면서 59살 이하이고, 성별이 남자인 사람의 이름을 출력하는 쿼리를 작성하시오. (단, BETWEEN 구문을 사용해야 한다.)

〈고객〉 테이블

이름	나이	성별	주소
홍길동	20	남	경기도
임꺽정	59	남	전라도
유관순	35	여	경상도
나혜석	41	여	충청도
이순신	33	남	강원도

> **해설** • BETWEEN 문법은 다음과 같다.
>
> 컬럼 BETWEEN 값1 AND 값2
>
> • 값1보다 크거나 같고, 값2보다 작거나 같은 데이터를 조회한다.

11 다음은 성적 테이블의 일부이다. 이름, 과목, 성적을 성적순(내림차순)으로 출력하는 쿼리를 작성하시오.

[성적]

이름	과목	성적
문무왕	프로그래밍	4.0
문무왕	알고리즘	4.5
장보고	알고리즘	3.5
장보고	자료구조	3.0

> **해설** ORDER BY 절은 속성값을 정렬하고자 할 때 사용한다. (ASC: 오름차순, DESC: 내림차순, ASC, DESC 키워드 생략 시 오름차순 정렬)
>
> ORDER BY 속성 [ASC | DESC]

12 다음과 같이 도서와 도서가격이라는 테이블이 있다. 책번호 컬럼을 기준으로 Left Outer Join을 하여 [결과] 테이블과 같이 나오도록 쿼리를 작성하시오.

[도서]

책번호	책명
111	운영체제
222	자료구조
555	컴퓨터구조

[도서가격]

책번호	가격
111	20000
222	25000
333	10000
444	15000

[결과]

책번호	책명	책번호	가격
111	운영체제	111	20000
222	자료구조	222	25000
555	컴퓨터구조	NULL	NULL

해설 • 왼쪽 외부 조인 문법은 다음과 같다.
```
SELECT A.컬럼1, A.컬럼2, …, B.컬럼1, B.컬럼2, …
FROM 테이블1 A LEFT [OUTER] JOIN 테이블2 B
ON 조인조건
[WHERE 검색조건];
```
• '도서' 테이블은 A라는 별칭으로, '도서가격' 테이블은 B라는 명칭으로 설정 후 왼쪽에 위치한 '도서' 테이블 기준으로 왼쪽 외부 조인한다.

13 다음은 직원 테이블이다. 다음 쿼리를 실행 결과 튜플 수는 얼마인지 쓰시오.

[직원]

사번	이름	연봉
1	홍길동	1000
2	임꺽정	1500
3	장길산	2000

[쿼리]
```
SELECT * FROM 직원 WHERE SAL >= 1500
UNION ALL
SELECT * FROM 직원 WHERE SAL >= 2000;
```

해설 • UNION ALL: 중복 행이 제거되지 않은 쿼리 결과를 반환하는 집합 연산자

14 다음은 테이블 및 컬럼명에 대한 명세이다. 사원명이 홍길동, 나이가 24, 급여가 300인 직원을 직원 테이블에 삽입하는 쿼리를 작성하시오.

• 테이블명: EMPLOYEE(직원 테이블)
• 컬럼명: NAME(사원명), AGE(나이), SALARY(급여)

해설 INSERT 명령문은 다음과 같다.
```
INSERT INTO 테이블명(속성명1, …)
VALUES(데이터1, …);
```

NCS 천/기/누/설 예상문제

15 다음은 테이블 및 컬럼명에 대한 명세이다. 급여가 300 이하인 직원들을 직원 테이블에서 삭제하는 쿼리를 작성하시오.

- 테이블명: EMPLOYEE(직원 테이블)
- 컬럼명: NAME(사원명), AGE(나이), SALARY(급여)

해설 DELETE 명령문은 다음과 같다.

```
DELETE FROM 테이블명
  WHERE 조건;
```

16 관리자가 사용자 장길산에게 '학생' 테이블에 대해 UPDATE할 수 있는 권한을 부여하는 쿼리를 작성하시오.

해설 DELETE 명령문은 다음과 같다.

GRANT 명령어	
그온투	GRANT 권한 ON 테이블 TO 사용자

정답
01. ① 외부, ② 개념, ③ 내부 02. CREATE INDEX 사번인덱스 ON 사원(사번);
03. CREATE TABLE 사람 (이름 VARCHAR(10), 성별 CHAR(1) CHECK (성별 = 'M' OR 성별 = 'F'));
04. ALTER TABLE 사원 ADD 전화번호 VARCHAR(11);
05. CREATE VIEW 사원뷰 AS SELECT 사번, 이름 FROM 사원 WHERE 성별 = 'M'; 06. SELECT DISTINCT 전공 FROM 학생;
07. SELECT 학번 FROM 학생 WHERE 이름 LIKE '이%'; 08. SELECT 주소 FROM 학생 WHERE 주소 IS NOT NULL;
09. SELECT * FROM 교수 WHERE 전공 IN ('컴퓨터공학', '전자공학');
10. SELECT 이름 FROM 고객 WHERE 나이 BETWEEN 50 AND 59 AND 성별 = '남';
11. SELECT * FROM 성적 ORDER BY 성적 DESC;
12. SELECT A.책번호, A.책명, B.책번호, B.가격 FROM 도서 A LEFT JOIN 도서가격 B ON A.책번호 = B.책번호; 13. 3
14. INSERT INTO EMPLOYEE(NAME, AGE, SALARY) VALUES('홍길동', 24, 300);
15. DELETE FROM EMPLOYEE WHERE SALARY <= 300; 16. GRANT UPDATE ON 학생 TO 장길산;

CHAPTER 02 응용 SQL

1 집계성 SQL ★★★

(1) 다중 행 연산자

① 다중 행 연산자 개념
- 다중 행 연산자는 서브 쿼리의 결과가 여러 개의 튜플을 반환하는 다중 행 서브쿼리에서 사용되는 연산자이다.

② 다중 행 연산자 종류
- 다중 행 연산자로 IN, ANY, SOME, ALL, EXISTS를 사용한다.
- 다중 행 비교 연산자는 단일 행 비교 연산자(<, >, =, <>)와 결합하여 사용할 수 있다.

▼ 다중 행 연산자 종류

연산자	설명
IN	리턴되는 값 중에서 조건에 해당하는 값이 있으면 참
ANY	서브쿼리에 의해 리턴되는 각각의 값과 조건을 비교하여 하나 이상을 만족하면 참
ALL	값을 서브쿼리에 의해 리턴되는 모든 값과 조건 값을 비교하여 모든 값을 만족해야만 참
EXISTS	메인 쿼리의 비교 조건이 서브쿼리의 결과 중에서 만족하는 값이 하나라도 존재하면 참

학습 Point
ANY와 SOME은 같은 개념입니다. 참고해두세요.

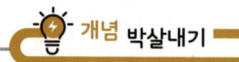

■ IN 연산자

[DEPT] 테이블

DEPT_ID	DEPT_NAME	MGR_ID
10	개발팀	101
20	운영팀	106

[EMP] 테이블

EMP_ID	EMP_NAME	DEPT_ID
101	김철수	10
102	홍길동	10
103	장보고	10
104	이순신	10
105	유관순	10
106	박영희	20
107	허준	20
108	정약용	20
109	스티브	20

[쿼리]

```sql
SELECT EMP_ID,
       EMP_NAME,
       DEPT_ID
  FROM EMP
 WHERE EMP_ID IN
       (SELECT MGR_ID
          FROM DEPT);
```

- SELECT 절에서 EMP_ID, EMP_NAME, DEPT_ID 컬럼을 조회
- FROM 절에서 EMP 테이블을 검색
- WHERE 절에서 EMP_ID 컬럼에 대한 IN 조건을 다중 행 서브쿼리로 정의
- 서브 쿼리에서 DEPT 테이블의 MGR_ID 값을 조회
- 결과적으로 부서별 관리자의 정보를 조회

[조회 결과]

EMP_ID	EMP_NAME	DEPT_ID
101	김철수	10
106	박영희	20

■ ANY 연산자

[EMP] 테이블

EMP_ID	EMP_NAME	SALARY	JOB_TITLE
101	김철수	4500000	팀장
102	홍길동	4000000	과장
103	장보고	3500000	과장
104	이순신	3000000	사원
105	유관순	2500000	사원
106	박영희	5000000	팀장
107	허준	4000000	과장
108	정약용	3500000	과장
109	스티브	3000000	사원

[쿼리]

```
SELECT EMP_ID,
       EMP_NAME,
       SALARY,
       JOB_TITLE
  FROM EMP A
 WHERE SALARY > ANY
       (SELECT SALARY
          FROM EMP
         WHERE JOB_TITLE = '과장');
```

- SELECT 절에서 EMP_ID, EMP_NAME, SALARY, JOB_TITLE 컬럼을 조회
- FROM 절에서 EMP 테이블을 검색
- WHERE 절에서 SALARY 컬럼에 대한 조건을 ANY 연산자를 활용한 Multi Row Subquery 로 정의
- 서브 쿼리에서 JOB_TITLE 컬럼이 과장인 직원의 SALARY 값을 조회
- 결과적으로 직책(JOB_TITLE)이 과장인 직원들보다 많은 급여(SALARY)를 받는 직원들을 조회

[조회 결과]

EMP_ID	EMP_NAME	SALARY	JOB_TITLE
106	박영희	5000000	팀장
101	김철수	4500000	팀장
102	홍길동	4000000	과장
107	허준	4000000	과장

■ ALL 연산자

[EMP] 테이블

A.EMP_ID	A.EMP_NAME	A.SALARY	JOB_TITLE
101	김철수	4500000	팀장
102	홍길동	4000000	과장
103	장보고	3500000	과장
104	이순신	3000000	사원
105	유관순	2500000	사원
106	박영희	5000000	팀장
107	허준	4000000	과장
108	정약용	3500000	과장
109	스티브	3000000	사원

[쿼리]

```sql
SELECT EMP_ID,
       EMP_NAME,
       SALARY,
       JOB_TITLE
  FROM EMP A
 WHERE SALARY > ALL
       (SELECT SALARY
          FROM EMP
         WHERE JOB_TITLE = '과장');
```

- SELECT 절에서 EMP_ID, EMP_NAME, SALARY, JOB_TITLE 컬럼을 조회
- FROM 절에서 EMP 테이블을 검색
- WHERE 절에서 SALARY 컬럼에 대한 조건을 ALL 연산자를 활용한 다중 행 서브쿼리로 정의
- 서브 쿼리에서 JOB_TITLE 컬럼이 과장인 직원의 SALARY 값을 조회
- 결과적으로 직책(JOB_TITLE)이 과장인 직원들보다 많은 급여(SALARY)를 받는 직원들을 조회

[조회 결과]

EMP_ID	EMP_NAME	SALARY	JOB_TITLE
101	김철수	4500000	팀장
106	박영희	5000000	팀장

■ EXISTS 연산자

[EMP] 테이블

A.EMP_ID	A.EMP_NAME	A.SALARY	JOB_TITLE
101	김철수	4500000	팀장
102	홍길동	4000000	과장
103	장보고	3500000	과장
104	이순신	3000000	사원
105	유관순	2500000	사원
106	박영희	5000000	팀장
107	허준	4000000	과장
108	정약용	3500000	과장
109	스티브	3000000	사원

[쿼리]

```
SELECT A.EMP_ID,
       A.EMP_NAME,
       A.SALARY
  FROM EMP A
 WHERE EXISTS
       (SELECT 1
          FROM EMP B
         WHERE A.SALARY = B.SALARY
           AND B.EMP_NAME = '홍길동');
```

- SELECT 절에서 EMP_ID, EMP_NAME, SALARY 컬럼을 조회
- FROM 절에서 EMP 테이블을 검색
- WHERE 절에서 EXISTS 연산자를 활용한 다중 행 서브쿼리로 정의
- 서브 쿼리에서 메인 쿼리와의 관계를 SALARY 컬럼의 등치조건으로 정의
- 결과적으로 홍길동과 동일한 급여(SALARY)를 받는 직원들을 조회

[조회 결과]

A.EMP_ID	A.EMP_NAME	A.SALARY
102	홍길동	4000000
107	허준	4000000

(2) 집계 함수

1 집계 함수(Aggregate Function)의 개념

집계 함수는 여러 행 또는 테이블 전체 행으로부터 하나의 결괏값을 반환하는 함수이다.

2 집계 함수 구문

▼ 집계 함수 구문

```
SELECT 컬럼1, 컬럼2, …, 집계함수
  FROM 테이블명
[WHERE 조건]
GROUP BY 컬럼1, 컬럼2, …
[HAVING 조건식(집계함수 포함)]
```

- WHERE 조건으로 지정된 데이터 집합으로부터 그룹화된 집합에 대한 조건 선택 시에 HAVING을 사용하는 것이다.
- GROUP BY 구문 뒤에는 테이블을 구분하는 컬럼을 기재하여 그룹화한다.
- HAVING 구문은 그룹화된 집합에 대한 조건 지정 시 사용하고, 상수나 집약 함수, 집약 키를 사용할 수 있다.

① GROUP BY 구문

- SQL에서는 WHERE 구문을 활용하여 조건별 대상 ROW를 선택한다.
- 복수 ROW 대상의 데이터 분석 시 그룹핑 대상이 되는 부분을 선별할 필요가 있다.
- GROUP BY는 그와 같은 경우에 사용하며, 아래와 같은 특성을 가진다.

> - NULL값을 가지는 ROW는 제외한 후 산출한다.
> - SELECT에서 사용하는 것과 같은 ALIAS 사용이 불가하다.
> - WHERE 구문 안에 포함되지 않는다.
> - WHERE 구문은 GROUP BY보다 먼저 실행되고, 대상이 되는 단일 행을 사전에 선별하는 역할을 한다.

- GROUP BY 구문은 실제 구체적 데이터 분석값을 보고자 하는 컬럼 단위를 선정할 때 사용되는 기준이 되며, 이 부분의 조정을 통해 사용자가 원하는 분석 데이터를 볼 수 있게 해 준다.

② HAVING 구문

- HAVING 구문은 WHERE 구문 내에는 사용할 수 없는 집계 함수의 구문을 적용하여 복수 행의 계산 결과를 조건별로 적용하는 데 사용된다.
- 일반적으로 GROUP BY 뒤에 기재하며, GROUP BY 구문의 기준 항목이나 소그룹 집계 함수를 활용한 조건을 적용하는 데 사용한다.

학습 Point

HAVING 구문은 쉽게 생각하면 GROUP BY 및 집계 함수에 대한 WHERE 구문이라고 할 수 있습니다.

3 집계 함수의 종류

집계 특성상 숫자 유형의 계산에 사용되는 것이 대다수이나, MAX/MIN 또는 COUNT와 같이 문자열 유형의 최대/최소나 건수 계산 등에도 사용한다.

▼ 집계 함수 종류

집계 함수	내용
COUNT	복수 행의 줄 수를 반환하는 함수
SUM	복수 행의 해당 컬럼 간의 합계를 계산하는 함수
AVG	복수 행의 해당 컬럼 간의 평균을 계산하는 함수
MAX	복수 행의 해당 컬럼 중 최댓값을 계산하는 함수
MIN	복수 행의 해당 컬럼 중 최솟값을 계산하는 함수
STDDEV	복수 행의 해당 컬럼 간의 표준편차를 계산하는 함수
VARIANCE	복수 행의 해당 컬럼 간의 분산을 계산하는 함수

개념 박살내기

■ 집계 함수 활용 예시

아래 테이블은 학생(STUDENT) 테이블이라고 했을 때 집계 함수에 대한 쿼리 및 결과는 다음과 같다.

학생명	국어	영어
유리	100	80
철수	50	70
영식	80	90
미선	70	100

▼ 집계 함수 예시

쿼리	설명

`SELECT COUNT(*)`
`  FROM STUDENT`
` WHERE 국어 >= 80;`
	국어 점수가 80점 이상인 학생들(국어 >= 80)의 숫자를 알려줌 (2명)

`SELECT SUM(국어), AVG(영어)` `  FROM STUDENT;`	국어 점수의 합(300점), 영어 점수의 평균 값(85점)을 알려줌
`SELECT MAX(국어), MIN(국어)` `  FROM STUDENT;`	국어 점수 최고점(100점)과 최저점(50점)을 알려줌

`SELECT STDDEV(국어),`
`       VARIANANCE(국어)`
`  FROM STUDENT;`
	국어 점수의 표준편차(18.03), 분산(325)을 알려줌

기출문제

01 다음 조건을 만족하도록 쿼리를 완성하시오. ▶ 22년 1회

- [학생] 테이블에는 학번, 이름, 과목번호, 중간고사점수, 기말고사점수 컬럼이 있다.
- 학생들의 과목번호별 5명 이상 존재할 때 해당 과목의 중간고사 평균 점수를 계산하는 쿼리를 작성하시오.

[쿼리]
```
SELECT   과목번호,  ㉠  (중간고사점수)
FROM     학생
GROUP BY 과목번호
HAVING   ㉡  (*) >= 5;".
```

㉠

㉡

[해설]
- SELECT 절은 조회하고자 하는 속성명, 계산식을 기술하고, HAVING 절은 WHERE 구문 내에는 사용할 수 없는 집계 함수의 구문을 적용하여 복수 행의 계산 결과를 조건별로 적용하는 데 사용된다.
- 과목번호별 5명 이상이 존재해야 하기 때문에 HAVING 절에서 5명 이상이라는 조건을 주어야 하고, 과목번호별 5명 이상은 튜플이 5개 이상이라는 뜻과 같으므로 HAVING 절에 COUNT(*) >= 5 조건을 주어야 한다.
- 중간고사 평균 점수를 계산해야 하므로 AVG 함수를 사용해야 한다.
- 집계 함수의 종류는 다음과 같다.

COUNT	복수 행의 튜플 수를 반환하는 함수
SUN	복수 행의 해당 컬럼 간의 합계를 계산하는 함수
AVG	복수 행의 해당 컬럼 간의 평균을 계산하는 함수

02 다음은 SQL 쿼리문이다. 밑줄을 채워 [결과]처럼 나오도록 쿼리를 완성하시오. ▶ 24년 1회

```
SELECT 학번, 이름
  FROM 학생
  WHERE   ①   ='컴퓨터공학과' IN
         (SELECT 학과
            FROM 학생
           WHERE 학년   ②   3);
```

[학생]

학번	이름	학과	학년	전화번호
202001	이성계	컴퓨터공학과	4	123-4567
202109	이방과	컴퓨터공학과	1	234-5678
202303	이방원	컴퓨터공학과	3	345-6789
202104	이도	법학과	1	456-7890
202201	이향	체육학과	2	567-8901
202413	이홍위	전기학과	4	678-9012

[결과]

학번	이름
202001	이성계
202303	이방원

① ②

[해설]
- 다중 행 연산자로 IN, ANY, SOME, ALL, EXISTS를 사용한다.
- 다중 행 비교 연산자는 단일 행 비교 연산자(<, >, =, <>)와 결합하여 사용할 수 있다.
- 서브 쿼리로 도출된 값 중에서 조건에 해당하는 값이 있어야 하므로 다중 행 연산자 IN을 쓴다.

03 지정된 조건과 일치하는 튜플의 개수를 반환하는 집계 함수는 무엇인지 쓰시오. ▶ 24년 3회

[해설]
- 집계함수는 여러 행 또는 테이블 전체 행으로부터 하나의 결괏값을 반환하는 함수이다.
- COUNT는 지정된 조건과 일치하는 튜플의 개수를 반환하는 집계함수이다.

[정답]
01. ㉠ AVG, ㉡ COUNT   02. ① 학과, ② >=   03. COUNT

예상문제

01 다음은 급여 테이블이다. 부서명과 부서별 급여의 평균을 구하는 쿼리를 구하시오.

[급여]

이름	직책	부서	급여
문무왕	차장	마케팅	5,000
박혁거세	차장	전산	4,800
장보고	사원	마케팅	4,000
김유신	사원	마케팅	4,000

> **해설**
> • GROUP BY 절은 속성값을 그룹으로 분류하고자 할 때 사용한다.
> • 부서별로 구분해야 하므로 GROUP BY 절에는 '부서' 컬럼이 들어가야 하며, SELECT 절에서는 '부서'별 평균이 어떤 값인지 알아야 하므로 '부서'와 AVG(급여)가 포함되어야 한다.

02 다음은 급여 테이블이다. 부서와 직책별 급여의 합계를 구하는 쿼리를 구하시오.

[급여]

이름	직책	부서	급여
문무왕	차장	마케팅	5,000
박혁거세	차장	전산	4,800
장보고	사원	마케팅	4,000
김유신	사원	마케팅	4,000

> **해설**
> • GROUP BY 절은 속성값을 그룹으로 분류하고자 할 때 사용한다.
> • 부서별로 구분해야 하므로 GROUP BY 절에는 '부서', '직책' 컬럼이 들어가야 하며, SELECT 절에서는 '부서'와 '직책'별 평균이 어떤 값인지 알아야 하므로 '부서', '직책' 컬럼과 SUM(급여)가 포함되어야 한다.

03 다음은 학생 테이블의 일부이다. 평균 성적이 4.0을 초과하는 학생의 이름을 출력하는 쿼리를 작성하시오.

[학생]

이름	과목	성적
문무왕	프로그래밍	4.5
문무왕	알고리즘	4.5
장보고	알고리즘	3.5
장보고	자료구조	4.5

> **해설**
> • GROUP BY 절은 속성값을 그룹으로 분류하고자 할 때 사용한다.
> • 이름에 따라 평균 성적을 구하려는 쿼리를 구하기 위해서는 GROUP BY 절에 '이름' 컬럼을 추가해야 한다.
> • HAVING 절은 GROUP BY에 의해 분류한 후 그룹에 대한 조건을 지정할 때 사용한다.
> • 평균 성적이 4.0을 초과하는지 확인하기 위해 HAVING 절에 평균 성적이 4.0보다 크다라는 조건의 쿼리를 작성한다.
> • 이름만 출력해야 하므로 SELECT 절에는 '이름' 컬럼만 조회한다.

> **정답**
> **01.** SELECT 부서,
>   AVG(급여) AS 급여
>   FROM 급여
>   GROUP BY 부서;
>
> **02.** SELECT 부서, 직책,
>   SUM(급여) AS 급여
>   FROM 급여
>   GROUP BY 부서, 직책;
>
> **03.** SELECT 이름
>   FROM 학생
>   GROUP BY 이름
>   HAVING AVG(성적) > 4.0;

CHAPTER 03 SQL 활용 및 최적화

1 절차형 SQL

(1) 절차형 SQL(Procedural SQL) 개념
- 절차형 SQL은 일반적인 개발 언어처럼 SQL 언어에서도 절차 지향적인 프로그램이 가능하도록 하는 트랜잭션 언어이다.

(2) 절차형 SQL 종류
- 절차형 SQL은 프로시저, 사용자 정의 함수, 트리거가 있다.

▼ 절차형 SQL 종류

종류	설명
프로시저 (Procedure)	일련의 쿼리들을 마치 하나의 함수처럼 실행하기 위한 쿼리의 집합
사용자 정의 함수 (User-Defined Function)	일련의 SQL 처리를 수행하고, 수행 결과를 단일 값으로 반환할 수 있는 절차형 SQL
트리거 (Trigger)	데이터베이스 시스템에서 삽입, 갱신, 삭제 등의 이벤트가 발생할 때마다 관련 작업이 자동으로 수행되는 절차형 SQL

> 학습 Point
> 절차형 SQL의 종류별 설명을 잘 챙겨보고 넘어가세요!

2 SQL 최적화

(1) 튜닝(쿼리 성능 개선)의 개념
- 튜닝은 데이터베이스에서 프로시저에 있는 SQL 실행 계획을 분석, 수정을 통해 최소의 시간으로 원하는 결과를 얻도록 프로시저를 수정하는 작업이다.
- SQL 성능 개선을 통해 데이터 조작 프로시저의 성능 개선이 가능하다.

(2) 옵티마이저

1 옵티마이저(Optimizer)의 개념
- 옵티마이저는 SQL을 가장 빠르고 효율적으로 수행할 최적의 처리경로를 생성해주는 DBMS 내부의 핵심엔진이다.
- 옵티마이저가 생성한 SQL 처리경로를 실행계획(Execution Plan)이라고 부른다.

2 옵티마이저의 유형
- 옵티마이저의 유형으로는 RBO(Rule Based Optimizer)와 CBO(Cost Based Optimizer)가 있다.

▼ 옵티마이저의 유형

항목	규칙기반 옵티마이저(RBO)	비용기반 옵티마이저(CBO)
개념	통계 정보가 없는 상태에서 사전 등록된 규칙에 따라 질의 실행 계획을 선택하는 옵티마이저	통계 정보로부터 모든 접근 경로를 고려한 질의실행 계획을 선택하는 옵티마이저
핵심	규칙(우선순위) 기반	비용(수행 시간) 기반
평가 기준	인덱스 구조, 연산자, 조건절 형태 등	레코드 개수, 블록 개수, 평균 행 길이, 컬럼 값의 수, 컬럼 값 분포, 인덱스 높이, 클러스터링 팩터 등
장점	사용자가 원하는 처리경로로 유도하기가 쉬움	옵티마이저의 이해도가 낮아도 성능보장 가능(기본 설정)

예상문제

01 데이터베이스 시스템에서 삽입, 갱신, 삭제 등의 이벤트가 발생할 때마다 관련 작업이 자동으로 수행되는 절차형 SQL은 무엇인지 쓰시오.

> 해설
>
> | 프로시저 | 일련의 쿼리들을 마치 하나의 함수처럼 실행하기 위한 쿼리의 집합 |
> |---|---|
> | 사용자 정의 함수 | 일련의 SQL 처리를 수행하고, 수행 결과를 단일 값으로 반환할 수 있는 절차형 SQL |
> | 트리거 | 데이터베이스 시스템에서 삽입, 갱신, 삭제 등의 이벤트가 발생할 때마다 관련 작업이 자동으로 수행되는 절차형 SQL |

02 SQL을 가장 빠르고 효율적으로 수행할 최적의 처리경로를 생성해주는 DBMS 내부의 핵심엔진은 무엇인지 쓰시오.

> 해설
>
> - 옵티마이저는 SQL을 가장 빠르고 효율적으로 수행할 최적의 처리경로를 생성해주는 DBMS 내부의 핵심엔진이다.
> - 옵티마이저가 생성한 SQL 처리경로를 실행계획(Execution Plan)이라고 부른다.

정답
01. 트리거   02. 옵티마이저

단원종합문제

01 TCL 명령어 중에서 트랜잭션을 메모리에 영구적으로 저장하는 명령어는 무엇인지 쓰시오.

해설

롤백 (ROLLBACK)	오류가 발생했을 때, 오류 이전의 특정 시점(SAVEPOINT, CHECKPOINT) 상태로 되돌려주는 제어어
커밋 (COMMIT)	트랜잭션을 메모리에 영구적으로 저장하는 제어어
체크포인트 (CHECKPOINT)	ROLLBACK을 위한 시점을 지정하는 제어어

02 STUDENT 테이블에 컴퓨터과 학생 50명, 인터넷과 학생 100명, 사무자동화학과 학생 50명의 정보가 저장되어 있을 때, 다음 쿼리 문을 실행한 결과 튜플 수는 얼마인지 쓰시오. (단, DEPT 컬럼은 학과명이다.)

① SELECT DEPT FROM STUDENT;
② SELECT DISTINCT DEPT FROM STUDENT;
③ SELECT COUNT(DISTINCT DEPT) FROM STUDENT WHERE DEPT='컴퓨터과';

①
②
③

해설
- 단순 SELECT(조건검색)의 경우 전체 테이블의 튜플을 검색하기 때문에 200건(=50+100+50)이 조회된다.
- DISTINCT(중복제거)의 경우 동일한 튜플을 제거하고 검색하기 때문에 '컴퓨터과' 1건, '인터넷과' 1건, '사무자동화학과' 1건으로 총 3건이 조회된다.
- GROUP BY가 없을 경우 전체 테이블에서 튜플 개수를 COUNT를 통해 출력하기 때문에 출력값을 표현한 1개가 튜플이다.

03 사원 테이블에 생년월일이라는 컬럼을 삭제하고자 한다. 알맞은 쿼리를 작성하시오.

해설 ALTER TABLE에서 컬럼을 삭제하는 문법은 다음과 같다.
ALTER TABLE 테이블명 DROP 컬럼명;

04 다음은 사람이라는 테이블을 만들려고 한다. 사람이라는 테이블에는 이름, 생년월일이라는 컬럼이 있는데, 이름은 VARCHAR(10) 데이터 타입을 가지고, 생년월일은 CHAR(8) 데이터 타입을 가지고 있다. 생년월일은 추가로 NULL을 가질 수 없도록 제약 조건을 걸고자 한다. 알맞은 쿼리를 작성하시오.

해설 CREATE TABLE의 상세 문법은 다음과 같다.
```
CREATE TABLE 테이블명
(
    컬럼명 데이터타입 PRIMARY KEY, -- 기본키 설정
    컬럼명 데이터타입 FOREIGN KEY REFERENCES 참조테이블(기본키), -- 외래키 설정
    컬럼명 데이터타입 UNIQUE,
    컬럼명 데이터타입 NOT NULL,
    컬럼명 데이터타입 CHECK(조건식) -- 제약조건 설정
    컬럼명 데이터타입 DEFAULT 값
);
```

단원종합문제

05 아래와 같이 학생 테이블이 존재할 때, 뷰를 생성하는 SQL을 작성하시오.

> 학생 테이블에서 전공이 '전산'인 학번, 이름으로 학생뷰라는 이름의 뷰를 생성

[학생] 테이블

학번	이름	전공
202001	홍길동	전산
202002	김정미	전산
202003	장길산	전산
202004	강은미	경영

[학생뷰] 뷰

학번	이름
202001	홍길동
202002	김정미
202003	장길산

해설
- 뷰를 생성하는 명령은 다음과 같다.

  ```
  CREATE VIEW 뷰이름 AS
  조회쿼리
  ```

- 학생 테이블에서 전공이 '전산'인 학번, 이름으로 학생뷰라는 이름의 뷰를 생성하므로
- CREATE VIEW 학생뷰 AS 뒤에
- SELECT 절에는 학번, 이름, FROM 절에는 학생, WHERE 절은 전공이 '전산'으로 한다.

06 아래와 같이 테이블이 존재할 때, 인덱스를 생성하는 SQL 문을 작성하시오.

> 학생 테이블의 학번 컬럼에 대해 학번인덱스라는 인덱스명으로 인덱스를 생성

[학생] 테이블

학번	이름	학과
2020001	홍길동	전산
2020002	김정미	전산
2020003	장길산	보안
2020004	강은미	보안

해설
- 인덱스를 생성하는 명령은 다음과 같다.

  ```
  CREATE INDEX 인덱스명 ON 테이블명(컬럼명1, 컬럼명2, ...);
  ```

- 인덱스명은 학번인덱스이고, 테이블명은 학생, 컬럼은 학번으로 해서 인덱스를 생성한다.

07 아래와 같이 조건을 만족하는 테이블을 생성하는 SQL 문을 작성하시오.

- 테이블명은 교수
- VARCHAR 타입의 사이즈가 10인 교번 이고 PRIMARY KEY인 컬럼
- VARCHAR 타입의 사이즈가 10인 이름 컬럼
- VARCHAR 타입의 사이즈가 80이면서 Null을 허용하지 않는 임용일 컬럼

해설 테이블을 생성하는 명령은 다음과 같다.
```
CREATE TABLE 테이블명
(
    컬럼명 데이터타입 [제약조건],
    ...
);
```

08 성적 테이블에 학점 컬럼을 추가하는 SQL 문을 작성하시오.

학점 컬럼은 VARCHAR 타입이고 사이즈는 4이고 NULL을 허용하지 않음

[성적] 테이블

과목코드	과목이름	점수
1000	컴퓨터과학	95
2000	운영체제	85
1000	컴퓨터과학	85
2000	운영체제	80

[결과]

과목코드	과목이름	점수	학점
1000	컴퓨터과학	95	A+
2000	운영체제	85	B+
1000	컴퓨터과학	85	B+
2000	운영체제	80	B

해설
- TABLE에 컬럼을 추가하는 문법은 다음과 같다.

  ALTER TABLE 테이블명 ADD 컬럼명 데이터타입 [제약조건];

- 테이블명은 성적, 컬럼명은 학점, 데이터타입은 VARCHAR, 사이즈는 4, NULL을 허용하지 않으므로 NOT NULL로 작성한다.

09 학생 테이블에서 전산과를 출력하는 SQL 문을 작성하시오.

WHERE 절 조건을 이용하여 학과가 전산과인 행을 출력

[학생] 테이블

학번	이름	학과
20001	김철수	전산과
20002	한유리	전산과
20003	장길산	보안학과
20004	홍길동	보안학과

[결과]

학번	이름
20001	김철수
20002	한유리

해설 WHERE 절에서 학과가 전산과인 행을 출력한다.

단원종합문제

10 [인사] 테이블에 20개의 튜플이 있다. 다음 쿼리를 실행했을 때 튜플의 개수를 구하시오. (단, 인사 테이블에서 나이는 3명이 20대, 6명이 30대, 나머지가 40대이다.)

```
SELECT * FROM 인사 WHERE 나이 BETWEEN 35 AND 49
```

(   )명 이상 (   )명 이하

> **해설**
> - 나이가 35 이상이고, 49 이하인 튜플을 찾는 쿼리이다.
> - 30대 6명이 모두 35 미만의 값을 가진다면 40대만 BETWEEN 35 AND 49에 포함되므로, 최소 11개의 튜플이 포함된다.
> - 30대 6명이 모두 35 이상의 값을 가진다면 30대와 40대 모두 BETWEEN 35 AND 49에 포함되므로, 최대 17개의 튜플이 포함된다.

11 급여 테이블에서 부서의 급여의 합계가 6000 이상인 부서, 급여합계를 출력하는 SQL 문을 작성하시오.

> 급여합계는 급여 컬럼의 값들의 합

[급여] 테이블

이름	부서	급여
김철수	마케팅	5000
장길산	마케팅	4000
홍길동	전산	3000
한유리	전산	2000

[결과]

부서	급여합계
마케팅	9000

> **해설**
> - 부서별 급여의 합계를 구하기 위해서는 GROUP BY를 사용한다.
> - 급여의 합계와 같이 집계 함수에 대해 조건을 적용할 때는 HAVING 절을 사용한다.

12 주어진 성적테이블에서 다음을 만족하는 SQL을 작성하시오.

- SELECT 절에 '*'을 사용하지 않음
- 학점은 내림차순 정렬, 같은 값일 때 이름을 오름차순으로 정렬함

[성적] 테이블

이름	과목	학점
김철수	C언어	A
한유리	자료구조	A
신짱구	자료구조	A
이훈이	알고리즘	B

[결과]

이름	과목	학점
이훈이	알고리즘	B
김철수	C언어	A
신짱구	자료구조	A
한유리	자료구조	A

> **해설**
> - ORDER BY 절은 속성값을 정렬하고자 할 때 사용한다. (ASC: 오름차순, DESC: 내림차순, ASC, DESC 키워드 생략 시 오름차순 정렬)
>
> `ORDER BY 속성 [ASC | DESC]`
>
> - 학점은 내림차순, 그 다음에 학점이 같을 경우 이름이 오름차순이므로 ORDER BY 절에 학점, 이름 순서로 쿼리를 작성한다.

13 주어진 도서 테이블과 도서가격 테이블을 내부 조인(Inner Join)하는 SQL 문을 작성하시오.

- FROM 절에서 도서는 A, 도서가격은 B로 별칭을 줌
- 도서 테이블의 책번호와 도서가격 테이블의 책번호는 ON절에서 조인 조건으로 사용

[도서] 테이블

책번호	책명
111	운영체제
222	자료구조
555	컴퓨터구조

[도서가격] 테이블

책번호	가격
111	20000
222	25000
333	10000
444	15000

[결과]

책번호	책명	가격
111	운영체제	20000
222	자료구조	25000

해설 • 내부 조인 문법은 다음과 같다.

```
SELECT A.컬럼1, A.컬럼2, ..., B.컬럼1, B.컬럼2, ...
FROM 테이블1 A [INNER] JOIN 테이블2 B
  ON 조인조건
[WHERE 검색조건]
```

14 주어진 도서 테이블과 도서가격 테이블을 완전 외부 조인(Full Outer Join)하는 SQL 문을 작성하시오.

- FROM 절에서 도서는 A, 도서가격은 B로 별칭을 줌
- 도서 테이블의 책번호와 도서가격 테이블의 책번호는 ON 절에서 조인 조건으로 사용

[도서] 테이블

책번호	책명
111	운영체제
222	자료구조
555	컴퓨터구조

[도서가격] 테이블

책번호	가격
111	20000
222	25000
333	10000
444	15000

[결과]

A.책번호	A.책명	B.책번호	B.가격
111	운영체제	111	20000
222	자료구조	222	25000
NULL	NULL	333	10000
NULL	NULL	444	15000
555	컴퓨터구조	NULL	NULL

해설 • 완전 외부 조인(full outer join) 문법은 아래와 같다.

```
SELECT A.컬럼1, A.컬럼2, ..., B.컬럼1, B.컬럼2, ...
FROM 테이블1 A FULL [OUTER] JOIN 테이블2 B
  ON 조인조건
[WHERE 검색조건]
```

• 완전 외부 조인을 사용하기 위해 FULL OUTER JOIN으로 하고, ON 조건에서 JOIN 조건을 작성한다.

단원종합문제

15 도서 테이블과 도서가격 테이블에서 아래를 만족하는 SQL 문을 작성하시오.

- WHERE 절에서 IN 연산자를 사용하며 IN 연산자의 조건에 서브쿼리를 사용
- 책명이 자료구조인 가격 중에 가장 비싼 값을 도서가격 테이블에서 서브쿼리함

[도서] 테이블

책번호	책명
111	운영체제
222	자료구조
555	컴퓨터구조

[도서가격] 테이블

책번호	가격
111	20000
222	25000
333	10000
444	15000

[결과]

가격
25000

> 해설 ▶ IN 연산자에서 서브쿼리를 사용하며, 도서 테이블에서 자료구조인 책명의 책번호를 서브쿼리 한다. 도서가격 중에서 가장 비싼 가격을 구하기 위해 SELECT 절에서 MAX를 사용한다.

16 데이터의 내용을 삽입하는 SQL 문을 작성하시오.

[학생] 테이블

학번	성명	학년	수강과목
1000	홍길동	1	수학
2000	이순신	2	알고리즘

[결과]

학번	성명	학년	수강과목
1000	홍길동	1	수학
2000	이순신	2	알고리즘
3000	장길산	3	수학

> 해설 ▶ INSERT 명령어는 다음과 같다.
>
> INSERT INTO 테이블명(속성명1, ...) VALUES (데이터1, ...)

17 학생 테이블에서 학번이 1000인 데이터에서 수강과목을 수학에서 영어로 변경하는 쿼리를 작성하시오. (단, WHERE 조건에서 학번 이외의 컬럼을 사용하지 않는다.)

[학생] 테이블

학번	성명	학년	수강과목
1000	홍길동	1	수학

[결과]

학번	성명	학년	수강과목
1000	홍길동	1	영어

> **해설** UPDATE 명령어는 다음과 같다.
> ```
> UPDATE 테이블명 SET 속성명 = 데이터, ...
> WHERE 조건;
> ```

18 학생 테이블에서 학번이 3000인 데이터를 삭제하는 쿼리를 작성하시오. (단, WHERE 조건에서 학번 이외의 컬럼을 사용하지 않는다.)

[학생] 테이블

학번	성명	학년	수강과목
1000	홍길동	1	수학
2000	이순신	2	알고리즘
3000	장길산	3	수학

[결과]

학번	성명	학년	수강과목
1000	홍길동	1	수학
2000	이순신	2	알고리즘

> **해설**
> • DELETE 명령어는 다음과 같다.
> ```
> DELETE FROM 테이블명
> WHERE 조건;
> ```
> • 도서 테이블에서 데이터를 삭제하기 위해 WHERE 절에서 학번이 3000인 값을 구한다.

19 데이터베이스 관리자가 권한을 부여하는 DCL 문을 작성하시오.

> 관리자가 사용자 홍길동에게 '사원' 테이블에 대해 SELECT할 수 있는 권한을 부여

> **해설** 권한을 부여하기 위해 GRANT 명령어를 사용한다.
> ```
> GRANT 권한 ON 테이블 TO 사용자;
> ```

20 데이터베이스 관리자가 권한을 회수하는 DCL 문을 작성하시오.

> 관리자가 사용자 장길산에게 '학생' 테이블에 대해 UPDATE할 수 있는 권한을 회수

> **해설** 권한을 부여하기 위해 GRANT 명령어를 사용한다.
> ```
> REVOKE 권한 ON 테이블 FROM 사용자
> ```

단원종합문제

21 다음 조건을 만족하도록 쿼리를 완성하시오.

- [학생] 테이블에는 학번, 이름, 과목번호, 중간고사점수, 기말고사점수 컬럼이 있다.
- 학생들의 과목번호별 5명 이상 존재할 때 해당 과목의 중간고사 평균 점수를 계산하는 쿼리를 작성하시오.

[쿼리]
```
SELECT    과목번호, ㉠ (중간고사점수)
 FROM     학생
 GROUP BY 과목번호
 HAVING   ㉡ (*) >= 5;
```

㉠

㉡

해설
- SELECT 절은 조회하고자 하는 속성 명, 계산식을 기술하고, HAVING 절은 WHERE 구문 내에는 사용할 수 없는 집계 함수의 구문을 적용하여 복수 행의 계산 결과를 조건별로 적용하는 데 사용된다.
- 과목번호별 5명 이상이 존재해야 하기 때문에 HAVING 절에서 5명 이상이라는 조건을 주어야 하고, 과목번호별 5명 이상은 튜플이 5개 이상이라는 뜻과 같으므로 HAVING 절에 COUNT(*) >= 5 조건을 주어야 한다.
- 중간고사 평균 점수를 계산해야 하므로 AVG 함수를 사용해야 한다.
- 집계 함수의 종류는 다음과 같다.

COUNT	복수 행의 튜플 수를 반환하는 함수
SUM	복수 행의 해당 컬럼 간의 합계를 계산하는 함수
AVG	복수 행의 해당 컬럼 간의 평균을 계산하는 함수

22 다음은 테이블 및 컬럼명에 대한 명세이다. 나이가 25세 이하인 직원들의 급여를 250으로 변경하는 쿼리를 작성하시오.

- 테이블명: EMPLOYEE(직원 테이블)
- 컬럼명: NAME(사원명), AGE(나이), SALARY(급여)

해설 UPDATE 명령문은 다음과 같다.
```
UPDATE  테이블명
  SET 속성명=데이터, …
 WHERE 조건;
```

23 관리자가 사용자 홍길동에게 '학생' 테이블에 대해 조회할 수 있는 권한을 회수하는 쿼리를 작성하시오.

해설
REVOKE 명령어	
리온프	REVOKE 권한 ON 테이블 FROM 사용자

24 DBMS에서 지원하는 기능이며, 일련의 쿼리들을 마치 하나의 함수처럼 실행하기 위한 쿼리의 집합으로 반환 값을 출력하지 않는 기능은 무엇인지 쓰시오.

해설
프로시저	일련의 쿼리들을 마치 하나의 함수처럼 실행하기 위한 쿼리의 집합
사용자 정의 함수	일련의 SQL 처리를 수행하고, 수행 결과를 단일 값으로 반환할 수 있는 절차형 SQL
트리거	데이터베이스 시스템에서 삽입, 갱신, 삭제 등의 이벤트가 발생할 때마다 관련 작업이 자동으로 수행되는 절차형 SQL

25 데이터베이스 시스템에서 삽입, 갱신, 삭제 등의 이벤트가 발생할 때마다 관련 작업이 자동으로 수행되는 절차형 SQL 문은 무엇인지 쓰시오.

26 다음 괄호 ( ) 안에 들어갈 알맞은 용어를 영어로 쓰시오.

통계 정보가 없는 상태에서 사전 등록된 규칙에 따라 질의실행 계획을 선택하는 옵티마이저인 (①)와/과 통계 정보로부터 모든 접근 경로를 고려한 질의실행 계획을 선택하는 옵티마이저인 (②)이/가 있다.

①
②

27 다음 조건을 만족하도록 쿼리를 완성하시오.

- [학생] 테이블에는 학번, 이름, 과목번호, 중간고사점수, 기말고사점수 컬럼이 있다.
- 학생들의 과목번호별 5명 이상 존재할 때 해당 과목의 중간고사 합계 점수를 계산하는 쿼리를 작성하시오.

[쿼리]

```
SELECT   과목번호, ㉠ (중간고사점수)
  FROM   학생
GROUP BY 과목번호
HAVING   ㉡ (*) >= 5;
```

㉠
㉡

단원종합문제

28 다음이 설명하는 용어를 쓰시오.

- ( )은/는 의사결정 지원 시스템으로, 사용자가 동일한 다양한 방식으로 바라보면서 다차원 데이터 분석을 할 수 있도록 도와주는 기술이다.
- 데이터 웨어하우스(Data Warehouse)에서 OLTP(On-Transaction Processing)는 데이터 소스를 제공하고, ( )은/는 해당 데이터를 분석한다.

해설

OLAP	의사결정 지원 시스템으로, 사용자가 동일한 데이터를 여러 기준을 이용하는 다양한 방식으로 바라보면서 다차원 데이터 분석을 할 수 있도록 도와주는 기술
OLTP	온라인 사용자들의 데이터베이스에 대한 트랜잭션을 처리하는 기술

정답

01. 커밋(COMMIT) 02. ① 200, ② 3, ③ 1 03. ALTER TABLE 사원 DROP 생년월일
04. CREATE TABLE 사람 (이름 VARCHAR(10), 생년월일 CHAR(8) NOT NULL);
05. CREATE VIEW 학생뷰 AS SELECT 학번, 이름 FROM 학생 WHERE 전공 = '전산';
06. CREATE INDEX 학번인덱스 ON 학생(학번);
07. CREATE TABLE 교수 (교번 VARCHAR(10) PRIMARY KEY, 이름 VARCHAR(10), 임용일 VARCHAR(8) NOT NULL);
08. ALTER TABLE 성적 ADD 학점 VARCHAR(4) NOT NULL;
09. SELECT 학번, 이름 FROM 학생 WHERE 학과 = '전산과';
10. 11, 17
11. SELECT 부서, SUM(급여) AS 급여합계 FROM 급여 GROUP BY 부서 HAVING SUM(급여) >= 6000;
12. SELECT 이름, 과목, 학점 FROM 성적 ORDER BY 학점 DESC, 이름 ASC;
13. SELECT A.책번호, A.책명, B.가격 FROM 도서 A JOIN 도서가격 B ON A.책번호 = B.책번호;
14. SELECT A.책번호, A.책명, B.책번호, B.가격 FROM 도서 A FULL OUTER JOIN 도서가격 B ON A.책번호 = B.책번호;
15. SELECT MAX(가격) AS 가격 FROM 도서가격 WHERE 책번호 IN (SELECT 책번호 FROM 도서 WHERE 책명 = '자료구조');
16. INSERT INTO 학생 (학번, 성명, 학년, 수강과목) VALUES (3000, '장길산', 3, '수학');
17. UPDATE 학생 SET 수강과목 = '영어' WHERE 학번 = 1000;
18. DELETE FROM 학생 WHERE 학번 = 3000;
19. GRANT SELECT ON 사원 TO 홍길동;
20. REVOKE UPDATE ON 학생 FROM 장길산;
21. ㉠ AVG, ㉡ COUNT
22. UPDATE EMPLOYEE SET SALARY = 250 WHERE AGE <= 25;
23. REVOKE SELECT ON 학생 FROM 홍길동; 24. 프로시저 25. 트리거 26. ① RBO(Rule Based Optimizer), ② CBO(Cost Based Optimizer)
27. ㉠ SUM, ㉡ COUNT 28. OLAP(On-Analytical Processing)

정보처리산업기사 실기시험 합격 후기

상위 96% 노베이스 비전공 실기합격 후기

[ID: 산****]

상위 96% 100명이 있다면 제 뒤에는 4명밖에 없고 제 앞에는 수많은 사람이 있는 위치, 저의 수능 등급은 7등급이었습니다. 7등급 비율이 상위 96% 정도 되더군요. 정보처리산업기사는 어느새 전공자에게도 부담스러운 자격증이 되었고 수포자인 저에겐 굉장한 난이도의 시험이라고 느껴졌습니다. 비전공자들은 정보처리산업기사 합격 후기를 검색할 때 비전공자 정보처리산업기사 합격 후기를 많이 검색하실 것이라고 생각합니다. 그러나 막상 글을 클릭하면 저는 비전공자였으나 자바는 교육을 받았으며~~, 혹은 프로그래밍 관련 경력이 있으며~~~로 시작하는 글을 보고 항상 '이게 무슨 비전공자야?'라고 생각을 했습니다. 물론 비전공자는 맞지만 제가 기대한 비전공자의 모습이 아니었죠.

그래서 내가 꼭 합격해서 수능 7등급 노베이스고, 전공도 정보처리산업기사와 상관없는 인문사회계열인 내가 시험을 준비하면서 느낀 점과 후기를 남겨야겠다!는 마음에 정보처리산업기사와 저의 인연이(합격을 못 했으면 악연) 시작되었습니다. 노베이스라면 수제비 인강으로 시작... 실기를 수제비로 준비하자고 마음먹었습니다. 그렇게 수제비 교재를 펴고 1과목... 2과목... 3과목... '아! 이건 절대 독학이 안 되겠구나'라는 생각이 들었습니다. 물론 수제비 교재가 프로그래밍언어를 쉽게 배우기 위해 특화된 교재지만 전 노베이스에 머리도 안 좋아서 솔직히 이해가 잘 안 가더군요.

다른 것은 다 제쳐두더라도 프로그래밍언어를 못 풀면 절대 합격 못 하는 시험입니다. 그래서 책과 인강을 보고 기초를 다지며 계속 반복학습을 하는 게 중요하다고 생각합니다. 처음에 0 나누기 2는 몇이냐, 아스키코드 같은 기초적인 부분도 이해를 못 했습니다. 그런데 꾸준한 반복 학습으로 계속 돌리니 점차 이해가 갔습니다.

정보처리산업기사는 비슷한 용어나 개념이 많습니다. 소프트웨어 아키텍처 소프트웨어 생명주기 시스템 아키텍처 등... 얘가 뭐였지? 하는 개념이 많기 때문에 큰 제목부터 보고 용어를 혼동하지 않아야 하고 이게 어느 과목에 어느 개념에 속하는지를 잘 파악해야 합니다. 그리고 시험이 임박하면 자주 출제된 단원을 위주로 공부하였습니다. 저는 한 4~5회독은 한 것 같습니다. 인강 돌린 거까지 하면 최소 6번은 본 것 같네요.

수제비 카페를 적극 활용하자.

사실 수제비 카페는 집단지성의 끝판왕입니다. 정보처리산업기사를 준비하는 데 있어 이만큼 방대한 인원과 자료가 있는 곳은 얼마 없을 겁니다. 수제비 카페에서 꼭 활용하라고 말씀드리고 싶은 것은 daily 문제입니다. 상당히 도움을 많이 받았습니다. 그리고 실기 질문란을 이용하여 문제나 이론 질문 또는 올라온 질문에 답을 달아주세요. 남에게 설명할 수 있는 지식은 완전히 본인의 것으로 변했다는 증거입니다.

여러분이 어려워했던 문제는 다른 사람들도 어려워합니다.

또한, 실기가 임박했을 때 수제비 측에서 모의고사를 진행해주시는데요, 이것도 꼭 응시하셔서 자신이 뭐가 부족한지 잘 아시길 바랍니다.

그리고 마지막으로 포기하지 말기.

시험을 준비하면서 너무 어렵고 힘들 때가 종종 찾아옵니다. 하지만, 자신감을 가지고 끝까지 노력한다면 좋은 결과를 얻을 수 있습니다.

접근 전략

애플리케이션 테스트 관리 단원은 테스트 케이스 설계, 통합 테스트, 성능 개선으로 구성됩니다. 테스트 설계 및 실행 단계를 통해 프로그램의 구체적인 개선까지 가능한 내용을 습득하기 위한 과정이 상세히 나와 있으며, 테스트의 기본 원리, 유형, 산출물 등 전체적인 내용을 학습하시기 바랍니다.

끝까지 학습한다면 책에 전반적으로 나와 있는 테스트와 관련된 내용을 푸는데 큰 도움이 되는 효자 과목입니다!

미리 알아두기

★ **소프트웨어 테스트(Test)**
개발된 응용 애플리케이션이나 시스템이 사용자가 요구하는 기능과 성능, 사용성, 안정성 등을 만족하는지 확인하고, 노출되지 않은 숨어있는 소프트웨어의 결함을 찾아내는 활동이다.

★ **테스트 환경 구축**
개발된 응용 소프트웨어가 실제 운영 시스템에서 정상적으로 작동되는지 테스트하기 위하여 실제 운영 시스템과 동일한 (또는 유사한) 사양의 하드웨어, 소프트웨어, 네트워크 등의 환경 시설을 구축하는 활동이다.

★ **통합 테스트(Integration Test)**
소프트웨어 각 모듈 간의 인터페이스 관련 오류 및 결함을 찾아내기 위한 체계적인 테스트 기법이다.

★ **테스트 결함 관리**
각 단계별 테스트 수행 후 발생한 결함의 재발 방지와 유사 결함 발견 시 처리 시간 단축을 위해 결함을 추적하고 관리하는 활동이다.

★ **테스트 커버리지(Test Coverage)**
주어진 테스트 케이스에 의해 수행되는 소프트웨어의 테스트 범위를 측정하는 테스트 품질 측정 기준이며, 테스트의 정확성과 신뢰성을 향상시키는 역할을 한다.

NCS 학습 모듈의 목표

요구사항대로 응용 소프트웨어가 구현되었는지를 검증하기 위해서 테스트 케이스를 작성하고 단위 테스트 및 통합 테스트를 수행하여 애플리케이션의 성능을 개선할 수 있어야 한다.

핵심키워드 베스트 일레븐(Best Eleven)

테스트 요구사항, 테스트 계획, 테스트 케이스, 테스트 시나리오, 테스트 환경 구축, 단위 테스트, 통합 테스트, 기능 테스트, 비기능 테스트, 성능 테스트, 테스트 관리

애플리케이션 테스트 관리

Chapter 01 애플리케이션 테스트 케이스 설계

Chapter 02 애플리케이션 통합 테스트

Chapter 03 애플리케이션 성능 개선

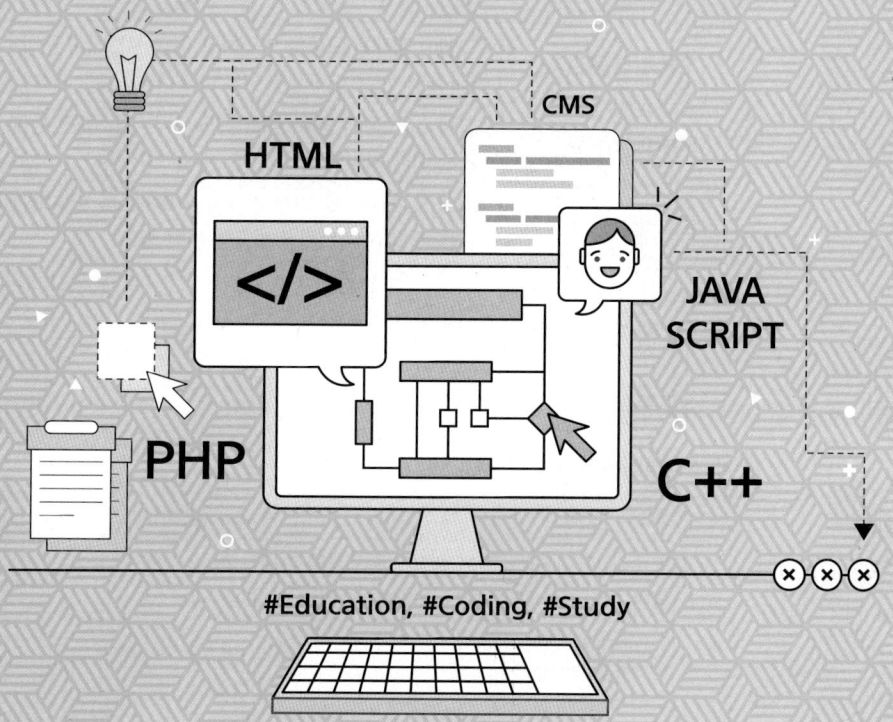

CHAPTER 01 애플리케이션 테스트 케이스 설계

1 애플리케이션 테스트 케이스 작성 ★★★

(1) 소프트웨어 테스트의 이해

1 소프트웨어 테스트 개념

소프트웨어 테스트는 개발된 응용 애플리케이션이나 시스템이 사용자가 요구하는 기능과 성능, 사용성, 안정성 등을 만족하는지 확인하고, 노출되지 않은 숨어있는 소프트웨어의 결함을 찾아내는 활동이다.

2 소프트웨어 테스트 필요성

소프트웨어 테스트는 오류 발견 관점, 오류 예방 관점, 품질 향상 관점에서 필요하다.

▼ 소프트웨어 테스트 필요성

구분	설명
오류 발견 관점	프로그램에 잠재된 오류를 발견하고 이를 수정하여 올바른 프로그램을 개발하기 위해 필요
오류 예방 관점	프로그램 실행 전에 동료 검토, 워크 스루, 인스펙션 등을 통해 오류를 사전에 발견하는 예방 차원의 필요
품질 향상 관점	사용자의 요구사항 및 기대 수준을 만족하도록 반복적인 테스트를 거쳐 제품의 신뢰도를 향상하는 품질 보증을 위해 필요

3 소프트웨어 테스트의 기본 원칙

① 소프트웨어 테스트 원리

▼ 소프트웨어 테스트의 원리

원리	설명
결함 존재 증명	• 테스트는 결함이 존재함을 밝히는 활동 • 결함이 없다는 것을 증명할 수 없음

학습 Point
소프트웨어 테스트 개념은 기본으로 알아두세요.

학습 Point
소프트웨어 테스트 원리는 실기 시험에 나올 확률이 높습니다. 두음 기반으로 암기하세요!

두음쌤 한마디
소프트웨어 테스트의 원리
「결완초집 살정오」
결함 존재 증명 / **완**벽 테스팅은 불가능 / **초**기 집중 / **결**함 집중 / **살**충제 패러독스 / **정**황 의존성 / **오**류-부재의 궤변

원리	설명
완벽 테스팅은 불가능	• 무한 경로(한 프로그램 내의 내부 조건은 무수히 많을 수 있음), 무한 입력값(입력이 가질 수 있는 모든 값의 조합이 무수히 많음)으로 인한 완벽한 테스트가 어렵다는 원리
초기 집중	• 개발 초기에 체계적인 분석 및 설계가 수행되면 테스팅 기간 단축, 재작업을 줄여 개발 기간을 단축 및 결함을 예방할 수 있는 원리 • SW 개발 초기 체계적인 분석 및 설계가 수행되지 못하면 그 결과가 프로젝트 후반에 영향을 미치게 되어 비용이 커진다는 요르돈 법칙 적용(Snowball Effect; 눈덩이 법칙)
결함 집중	• 적은 수의 모듈(20% 모듈)에서 대다수 결함(80% 결함)이 발견된다는 원리 • 파레토 법칙(Pareto Principle)의 내용인 80 대 20 법칙 적용
살충제 패러독스	• 동일한 테스트 케이스에 의한 반복적 테스트는 새로운 버그를 찾지 못한다는 원리
정황 의존성	• 소프트웨어의 성격에 맞게 테스트를 수행해야 한다는 원리
오류-부재의 궤변	• 요구사항을 충족시켜주지 못한다면, 결함이 없다고 해도 품질이 높다고 볼 수 없다는 원리

② 소프트웨어 테스트 산출물

소프트웨어 테스트 산출물에는 테스트 계획서, 테스트 베이시스, 테스트 케이스, 테스트 슈트, 테스트 시나리오, 테스트 스크립트, 테스트 결과서가 있다.

▼ 소프트웨어 테스트 산출물

산출물	설명
테스트 계획서 (Test Plan)	테스트 목적과 범위 정의, 대상 시스템 구조 파악, 테스트 수행 절차, 테스트 일정, 조직의 역할 및 책임 정의, 종료 조건 정의 등 테스트 수행을 계획한 문서
테스트 베이시스 (Test Basis)	분석, 설계 단계의 논리적인 케이스(Case)로 테스트 설계를 위한 기준이 되는 문서(요구사항 명세서, 관련 기준 또는 표준 등)
테스트 케이스 (Test Case)	테스트를 위한 설계 산출물로, 응용 소프트웨어가 사용자의 요구사항을 준수하는지 확인하기 위해 설계된 입력값, 실행 조건, 기대 결과로 구성된 테스트 항목의 명세서
테스트 슈트 (Test Suites)	• 테스트 케이스를 실행환경에 따라 구분해 놓은 테스트 케이스의 집합 • 시나리오가 포함되지 않은 단순한 테스트 케이스들의 모음
테스트 시나리오 (Test Scenario)	• 애플리케이션의 테스트 되어야 할 기능 및 특징, 테스트가 필요한 상황을 작성한 문서 • 하나의 단일 테스트 시나리오가 하나 또는 여러 개의 테스트 케이스들을 포함할 수 있음 • 테스트 시나리오가 테스트 케이스와 일 대 다의 관계를 가짐
테스트 스크립트 (Test Script)	• 테스트 케이스의 실행 순서(절차)를 작성한 문서 • 테스트 스텝(Test Step), 테스트 절차서(Test Procedure)라고도 함
테스트 결과서 (Test Results)	테스트 결과를 정리한 문서로 테스트 프로세스를 리뷰하고, 테스트 결과를 평가하고 리포팅하는 문서

> **학습 Point**
> 소프트웨어 테스트 산출물은 단답형 형태로 나오기 좋습니다. 각 항목의 설명을 유심히 봐두시길 권장합니다.

■ **테스트 스크립트와 테스트 시나리오의 차이점**

- 테스트 스크립트는 특정 기능에 대한 상세 절차이고, 테스트 시나리오는 사용자가 시스템을 사용하면서 만나게 되는 상황을 개략적으로 구성한 거라고 볼 수 있다.
- 조금 더 상세하게 설명하면, 테스트 스크립트(=프로시저)는 테스트 아이템을 효율적으로 수행하기 위해 순차적으로 나열한 것이라고 이해하면 된다.
- 온라인 쇼핑몰을 예로 들면 사용자가 특정 상품을 검색해서 결제까지 실행하는 테스트 아이템을 작성한다고 할 때 추출할 수 있는 테스트 아이템으로 '로그인', '상품검색', '장바구니 담기', '주문', '결제'와 같은 것들이 있다.
- 이러한 테스트 아이템들은 테스트 스크립트(=프로시저)로 아래와 같이 정의할 수 있다.

> Test Procedure 1. 로그인
> Test Procedure 2. 상품검색
> Test Procedure 3. 장바구니 담기
> Test Procedure 4. 주문
> Test Procedure 5. 결제

- 로그인부터 결제까지 순차적으로 테스트가 진행되기 때문에 테스트를 수행하기 위해 테스트 스크립트가 중복되는 걸 최소화할 수 있어서 효율적인 테스트가 가능하다.
- 테스트 시나리오는 위와 같이 사용자가 특정 상품을 결제하기 위해서 사용자가 만날 수 있는 다양한 상황을 조작 순서로 구성한 것이다.

> Test Scenario 1. 로그인 〉 상품검색 〉 장바구니 담기 〉 주문 〉 결제
> Test Scenario 2. 상품검색 〉 장바구니 담기 〉 로그인 〉 주문 〉 결제
> Test Scenario 3. 로그인 〉 상품검색 〉 바로구매 〉 주문 〉 결제

- 위의 예와 같이 결제라는 테스트 아이템을 확인하기 위해 유효한 또는 비유효한 테스트 케이스를 사용자가 조작 가능한 순서대로 구성한 것을 말한다.

(2) 소프트웨어 테스트 유형

소프트웨어 테스트 유형은 프로그램 실행 여부, 테스트 상세 기법, 테스트에 대한 시각, 테스트의 목적, 테스트의 종류에 따라 분류할 수 있다.

1 프로그램 실행 여부에 따른 분류

프로그램 실행 여부에 따라 정적 테스트와 동적 테스트로 나눌 수 있다.

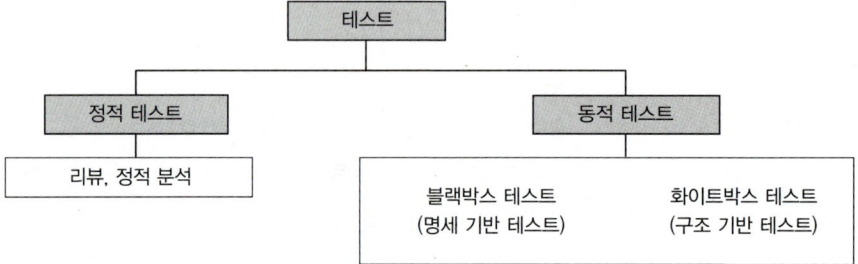

▲ 프로그램 실행 여부에 따른 분류

학습 Point
경험기반 테스트도 블랙박스 테스트에 속하기 때문에 동적 테스트라고 말할 수 있습니다.

- 프로그램 실행 여부에 따라 정적 테스트와 동적 테스트로 나눌 수 있다.

▼ 프로그램 실행 여부에 따른 분류

분류	설명	유형
정적 테스트	테스트 대상을 실행하지 않고 구조를 분석하여 논리성을 검증하는 테스트	리뷰, 정적 분석
동적 테스트	소프트웨어를 실행하는 방식으로 테스트를 수행하여 결함을 검출하는 테스트	화이트박스 테스트, 블랙박스 테스트, 경험기반 테스트

2 테스트 기법에 따른 분류 [22년 1회, 23년 2회, 24년 1회]

테스트 기법에 따른 분류에는 화이트박스 테스트와 블랙박스 테스트가 있다.

① 화이트박스 테스트(White-Box Test)

- 화이트박스 테스트는 각 응용 프로그램의 내부 구조와 동작을 검사하는 소프트웨어 테스트이다.

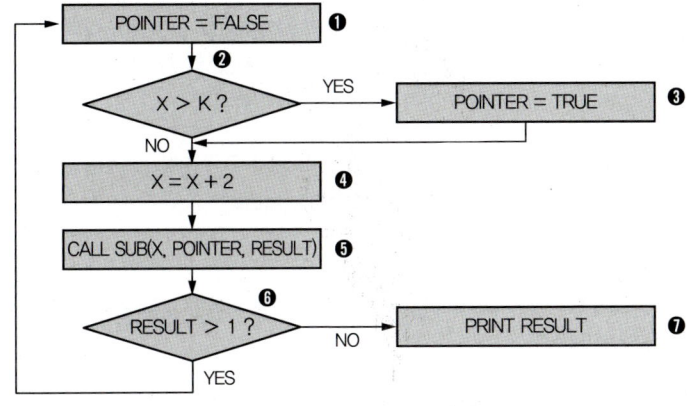

▲ 화이트박스 테스트 예시

학습 Point
화이트박스 테스트는 중요도가 높습니다. 각각의 테스트 유형을 단답형 형태로 맞출 수 있을 정도까지 학습하시길 권장합니다!

- 화이트박스 테스트는 코드 분석과 프로그램 구조에 대한 지식을 바탕으로 문제가 발생할 가능성이 있는 모듈 내부를 테스트하는 방법이다.
- 소스 코드의 모든 문장을 한 번 이상 수행함으로써 진행되고, 산출물의 기능별로 적절한 프로그램의 제어 구조에 따라 선택, 반복 등의 부분들을 수행함으로써 논리적 경로를 점검한다.
- 화이트박스 테스트는 내부 소스 코드의 동작을 개발자가 추적할 수 있기 때문에, 동작의 유효성뿐만 아니라 실행되는 과정을 확인할 수 있다.
- 화이트박스 테스트는 구조 기반 테스트, 코드 기반 테스트, 로직 기반 테스트, 글래스(Glass) 박스 테스트라고 부른다.

두음쌤 한마디

화이트박스 테스트 유형

「구결조 조변다 기제데루」

구문 커버리지 / **결**정 커버리지 / **조**건 커버리지 / **조**건-결정 커버리지 / **변**경 조건-결정 커버리지 / **다**중 조건 커버리지 / **기**본 경로 커버리지 / **제**어 흐름 테스트 / **데**이터 흐름 테스트 / **루**프 테스트

▼ 화이트박스 테스트 유형

유형	내용
구문 커버리지 = 문장 커버리지 (Statement Coverage)	• 구문 커버리지는 프로그램 내의 모든 명령문을 적어도 한 번 수행하는 커버리지 • 조건문 결과와 관계없이 구문 실행 개수로 계산
결정 커버리지 = 선택 커버리지(Decision Coverage) = 분기 커버리지(Branch Coverage)	• 결정 커버리지는 (각 분기의) 결정 포인트 내의 전체 조건식이 적어도 한 번은 참(T)과 거짓(F)의 결과를 수행하는 테스트 커버리지 • 구문 커버리지를 포함
조건 커버리지 (Condition Coverage)	• 조건 커버리지는 (각 분기의) 결정 포인트 내의 각 개별 조건식이 적어도 한 번은 참과 거짓의 결과가 되도록 수행하는 테스트 커버리지 • 구문 커버리지를 포함
조건/결정 커버리지 (Condition/Decision Coverage)	• 조건/결정 커버리지는 전체 조건식뿐만 아니라 개별 조건식도 참 한번, 거짓 한 번 결과가 되도록 수행하는 테스트 커버리지
변경 조건/결정 커버리지 (Modified Condition/ Decision Coverage)	• 변경 조건/결정 커버리지는 개별 조건식이 다른 개별 조건식에 영향을 받지 않고 전체 조건식에 독립적으로 영향을 주도록 함으로써 조건/결정 커버리지를 향상시킨 커버리지
다중 조건 커버리지 (Multiple Condition Coverage)	• 다중 조건 커버리지는 결정 조건 내 모든 개별 조건식의 모든 가능한 조합을 100% 보장하는 커버리지
기본 경로 커버리지 = 경로 커버리지 (Base Path Coverage)	• 기본 경로 커버리지는 수행 가능한 모든 경로를 테스트하는 기법
제어 흐름 테스트 (Control Flow Testing)	• 제어 흐름 테스트는 프로그램 제어 구조를 그래프 형태로 나타내어 내부 로직을 테스트하는 기법
데이터 흐름 테스트 (Data Flow Testing)	• 데이터 흐름 테스트는 제어 흐름 그래프에 데이터 사용현황을 추가한 그래프를 통해 테스트하는 기법
루프 테스트 (Loop Testing)	• 프로그램의 반복(Loop) 구조에 초점을 맞춰 실시하는 테스트 기법

■ 맥케이브(McCabe)의 순환복잡도

㉮ 맥케이브(McCabe)의 순환복잡도 개념
- 순환복잡도는 제어 흐름의 복잡한 정보를 정량적으로 표시하는 기법이다.
- 해당 제어 흐름 그래프에서 선형적으로 독립적인 경로의 수를 나타낸다.

㉯ 맥케이브(McCabe)의 순환복잡도 측정 방법
- 맥케이브 순환복잡도 측정 방식은 제어 흐름에 의한 그래프를 통하여 원시코드의 회전수를 구하여 복잡도를 계산한다.

▼ 맥케이브의 순환복잡도 측정 방법

구분	항목	설명
계산식	V(G)=E−N+2	• 복잡도 V(G)는 노드(N) 수와 간선(E) 수로 계산
	V(G)=P+1	• 복잡도 V(G)는 조건 분기문(P)의 수로 계산
그래프 구성	Node	• 프로세싱 태스크 표현
	Edge	• 태스크 간의 제어 흐름 표현
그래프 표현	Sequence	• 분기, 반복 없는 태스크 표현
	While	• 사전 조건에 의한 반복 제어 흐름 표현
	Until	• 사후 조건에 의한 반복 제어 흐름 표현
	if-Else	• 조건 분기문에 의한 제어 흐름 표현

■ 맥케이브(McCabe) 회전수(Cyclomatic) 계산 사례

- 제어 흐름에 의한 그래프를 통하여 원시코드의 회전수를 구하여 복잡도를 계산하시오.

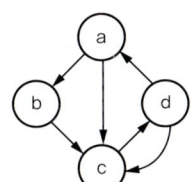

풀이
V(G)=E−N+2
　　　=6−4+2
　　　=4

> 학습 Point
> 기본 경로 커버리지는 맥케이브의 순환복잡도를 기반으로 커버리지를 계산합니다.

학습 Point
블랙박스 테스트의 유형 또한 중요도가 높습니다. 단답형 형태로 쓸 수 있을 정도로 학습하세요!

두음쌤 한마디

블랙박스 테스트 유형
「동경결상 유분페원비오」
동등분할 / **경**곗값 분석 / **결**정 테이블 / **상**태 전이 / **유**스케이스 / **분**류트리 / **페**어와이즈 / **원**인-결과 그래프 / **비**교 / **오**류 추정 테스트

학습 Point
각 테스트 유형별 사례는 단답형, 약술형 모두 출제 가능합니다. 두음쌤의 도움을 받아 잘 챙겨두시면 좋습니다!

---

② 블랙박스 테스트(Black-Box Test) [22년 3회, 23년 3회]

- 블랙박스 테스트는 프로그램 외부 사용자의 요구사항 명세를 보면서 수행하는 테스트(기능 테스트)이다.

▼ 블랙박스 테스트 유형

유형	내용
동등분할 테스트 = 동치 분할 테스트, 균등 분할 테스트, 동치 클래스 분해 테스트 (Equivalence Partitioning Testing)	• 입력 데이터의 영역을 유사한 도메인별로 유효값/무효값을 그룹핑하여 대푯값 테스트 케이스를 도출하여 테스트하는 기법
경곗값 분석 테스트 = 한곗값 테스트 (Boundary Value Analysis Testing)	• 등가 분할 후 경곗값 부분에서 오류 발생 확률이 높기 때문에 경곗값을 포함하여 테스트 케이스를 설계하여 테스트하는 기법 • 최솟값 바로 위, 최대치 바로 아래 등 입력값의 극한 한계를 테스트하는 기법
결정 테이블 테스트 (Decision Table Testing)	• 요구사항의 논리와 발생조건을 테이블 형태로 나열하여, 조건과 행위를 모두 조합하여 테스트하는 기법
상태 전이 테스트 (State Transition Testing)	• 테스트 대상·시스템이나 객체의 상태를 구분하고, 이벤트에 의해 어느 한 상태에서 다른 상태로 전이되는 경우의 수를 테스트하는 기법
유스케이스 테스트 (Use Case Testing)	• 시스템이 실제 사용되는 유스케이스로 모델링 되어 있을 때 프로세스 흐름을 기반으로 테스트 케이스를 명세화하여 테스트하는 기법
분류 트리 테스트 (Classification Tree Method Testing)	• SW의 일부 또는 전체를 트리 구조로 분석 및 표현하여 테스트 케이스를 설계하여 테스트하는 기법
페어와이즈 테스트 (Pairwise Testing)	• 테스트 데이터값들 간에 최소한 한 번씩을 조합하는 방식이며, 이는 커버해야 할 기능적 범위를 모든 조합에 비해 상대적으로 적은 양의 테스트 세트로 구성하기 위한 테스트 기법
원인-결과 그래프 테스트 (Cause-Effect Graph Testing)	• 그래프를 활용하여 입력 데이터 간의 관계 및 출력에 미치는 영향을 분석하여 효용성이 높은 테스트 케이스를 선정하여 테스트하는 기법
비교 테스트 (Comparison Testing)	• 여러 버전의 프로그램에 같은 입력값을 넣어서 동일한 결과 데이터가 나오는지 비교해 보는 테스트 기법
오류 추정 테스트 (Error Guessing Testing)	• 개발자가 범할 수 있는 실수를 추정하고 이에 따른 결함이 검출되도록 테스트 케이스를 설계하여 테스트하는 기법 • 특정 테스트 대상이 주어지면 테스터의 경험과 직관을 바탕으로 개발자가 범할 수 있는 실수들을 나열하고, 해당 실수에 따른 결함을 노출하는 테스트로 다른 블랙박스 테스트 기법을 보완할 때 사용하는 기법

- 블랙박스 테스트는 소프트웨어의 특징, 요구사항, 설계 명세서 등에 초점을 맞춰 테스트가 이루어진다.

- 블랙박스 테스트는 기능 및 동작 위주의 테스트를 진행하기 때문에 내부 구조나 작동 원리를 알지 못해도 가능하다.
- 블랙박스 테스트는 명세 테스트라고도 불린다.

3 테스트 시각에 따른 분류 [23년 3회]

테스트 시각에 따른 분류에는 검증과 확인이 있다.

▼ 테스트 시각에 따른 분류

분류	설명
검증(Verification)	• 소프트웨어 개발 과정을 테스트 • 올바른 제품을 생산하고 있는지 검증 • 이전 단계에서 설정된 개발 규격과 요구를 충족시키는지 판단 • 개발자 혹은 시험자의 시각으로 소프트웨어가 명세화된 기능을 올바로 수행하는지 알아보는 과정
확인(Validation)	• 소프트웨어 결과를 테스트 • 만들어진 제품이 제대로 동작하는지 확인 • 최종 사용자 요구 또는 소프트웨어 요구에 적합한지 판단 • 사용자 시각으로 올바른 소프트웨어가 개발되었는지 입증하는 과정

학습 Point
검증과 확인의 개념 차이만 알고 가셔도 확실히 점수를 챙길 수 있습니다! 챙겨가시죠.

4 테스트 목적에 따른 분류

- 테스트 목적에 따른 분류에는 회복 테스트, 안전 테스트, 성능 테스트, 구조 테스트, 회귀 테스트, 병행 테스트가 있다.
- 또한, 성능 테스트의 상세 유형에는 부하 테스트, 스트레스 테스트, 스파이크 테스트, 내구성 테스트가 있다.

▼ 테스트 목적에 따른 분류

분류	설명
회복 테스트 (Recovery Testing)	시스템에 고의로 실패를 유도하고, 시스템의 정상적 복귀 여부를 테스트하는 기법
안전 테스트 (Security Testing)	불법적인 소프트웨어가 접근하여 시스템을 파괴하지 못하도록 소스 코드 내의 보안적인 결함을 미리 점검하는 테스트 기법
성능 테스트 (Performance Testing)	사용자의 이벤트에 시스템이 응답하는 시간, 특정 시간 내에 처리하는 업무량, 사용자 요구에 시스템이 반응하는 속도 등을 측정하는 테스트 기법
구조 테스트 (Structure Testing)	시스템의 내부 논리 경로, 소스 코드의 복잡도를 평가하는 테스트 기법
회귀 테스트 (Regression Testing)	오류를 제거하거나 수정한 시스템에서 오류 제거와 수정에 의해 새로이 유입된 오류가 없는지 확인하는 일종의 반복 테스트 기법
병행 테스트 (Parallel Testing)	변경된 시스템과 기존 시스템에 동일한 데이터를 입력 후 결과를 비교하는 테스트 기법

학습 Point
테스트 목적에 따른 테스트 기법들의 개념은 알아두세요!

두음쌤 한마디
테스트 목적에 따른 분류
「회안성 구회병」
회복 테스트 / 안전 테스트 / 성능 테스트 / 구조 테스트 / 회귀 테스트 / 병행 테스트
→ 중국의 회안성에 사는 구회병씨

학습 Point
회귀 테스트는 유지보수에서 자주 사용되는 테스트입니다.

잠깐! 알고가기

임계점(Threshold)
처리량이 더는 증가하지 않거나 CPU 이용률이나 메모리 사용량이 비정상적으로 증가하는 지점이다.

▼ 성능 테스트의 상세 유형

유형	설명
부하 테스트 (Load Testing)	• 시스템에 부하를 계속 증가시키면서 시스템의 임계점을 찾는 테스트 • 부하 테스트를 통해 병목 지점을 찾아서 병목 현상을 제거하는 과정을 반복
강도 테스트 (Stress Testing)	• 시스템 처리 능력 이상의 부하, 즉 임계점 이상의 부하를 가하여 비정상적인 상황에서 시스템의 동작 상태를 확인하는 테스트
스파이크 테스트 (Spike Testing)	• 짧은 시간에 사용자가 몰릴 때 시스템의 반응을 측정하는 테스트
내구성 테스트 (Endurance Testing)	• 오랜 시간 동안 시스템에 높은 부하를 가하여 시스템의 반응을 테스트

(3) 정적 테스트

테스트는 크게 정적 테스트와 동적 테스트로 나눠질 수 있고, 정적 테스트는 리뷰(Review)와 정적 분석(Static Analysis)으로 분류할 수 있다.

두음쌤 한마디

리뷰의 유형
「동워인」
동료 검토(Peer Review) / 워크 스루(Walk Throughts) / 인스펙션(Inspection)
→ 동쪽에서 워(war)를 일으킨 사람(인)

1 리뷰(Review)

- 리뷰는 소프트웨어의 다양한 산출물에 존재하는 결함을 검출하거나 프로젝트의 진행 상황을 점검하기 위한 활동으로, 전문가가 수행한다.
- 리뷰의 유형에는 동료 검토(Peer Review), 인스펙션(Inspection), 워크 스루(Walk Through)가 있다.

① 동료 검토(Peer Review)

동료 검토는 2~3명이 진행하는 리뷰의 형태로 요구사항 명세서 작성자가 요구사항 명세서를 설명하고, 이해관계자들이 설명을 들으면서 결함을 발견하는 형태로 진행하는 검토 기법이다.

② 인스펙션(Inspection)

- 인스펙션은 소프트웨어 요구, 설계, 원시 코드 등의 저작자 외의 다른 전문가 또는 팀이 검사하여 문제를 식별하고 문제에 대한 올바른 해결을 찾아내는 형식적인 검토 기법이다.
- 인스펙션은 개발 초기에 검사해야만 개발 초기 작업물에서 문제를 발견할 수 있다.

③ 워크 스루(Walk Throughts)

- 워크 스루는 검토 자료를 회의 전에 배포해서 사전 검토한 후 짧은 시간 동안 회의를 진행하는 형태로 리뷰를 통해 문제 식별, 대안 조사, 개선 활동, 학습 기회를 제공하는 가장 비형식적인 검토 기법이다.

- 워크 스루는 결함을 검출할 뿐만 아니라 참가자들의 교육이나 지식 공유를 위해 수행하기도 한다.
- 위크스루는 작성자 본인이 보통 회의를 주재하며 기록자 역할도 담당할 수 있고, 인스펙션과 마찬가지로 관리자 직책을 담당하는 사람은 멤버로 참여하는 것을 금지한다.

2 정적 분석(Static Analysis)
- 정적 분석은 자동화된 도구를 이용하여 산출물의 결함을 검출하거나 복잡도를 측정한다.
- 정적 분석으로는 코딩 표준 부합, 코드 복잡도 계산, 자료 흐름 분석 등이 있다.

> **학습 Point**
> 리뷰는 사람이 직접 수행하는 수작업 중심의 방법이지만, 정적 분석은 도구의 지원을 받아 정적 테스트를 수행하는 방법입니다.

(4) 동적 테스트

1 화이트박스 테스트(구조 기반 테스트)
- 화이트박스 테스트는 각 응용 프로그램의 내부 구조와 동작을 검사하는 소프트웨어 테스트이다.
- 화이트박스 테스트는 구조 기반 테스트, 코드 기반 테스트, 로직 기반 테스트, 글래스(Glass) 박스 테스트라고 부른다.

① 기본 구문
- 결정 포인트가 2개 있는 프로그램과 제어 흐름도는 아래와 같다.
- IF 문이 2개, 분기가 2개이고, 문장(구문) 2개로 이루어져 있다.

▼ 화이트박스 테스트 예제

제어 흐름 그래프(Control Flow Graph)	프로그램(소스 코드)

(제어 흐름도)	[예제]
	입력값: X, Y, Z
	
	1 IF ((X>2) AND (Y==2))
	2 Z = Z / X
	   END
	3 IF ((X==3) OR (Z>2))
	4 Z=Z+1
	   END

> **학습 Point**
> 100%를 커버하는 테스트는 시간과 비용이 많이 소요되므로 불가능에 가깝습니다

- 제어 흐름 그래프는 프로그램 구조를 효과적으로 나타낼 수 있는 도구이다.
- 화이트박스 테스트 시에 우선 프로그램을 기본 블록과 제어 흐름으로 구성된 제어 흐름 그래프를 그린 후에 테스트 케이스를 추출한다.
- 가장 좋은 화이트박스 테스트는 프로그램의 모든 경로를 최소한 한 번은 테스트하는 방법이지만, 프로그램 경로가 많기 때문에 불가능에 가깝다.
- 대안으로 일부 경로만 테스트하는 방법을 화이트박스 테스트에서는 주로 사용하고 있다.

② 테스트 커버리지 개념
- 테스트 커버리지는 프로그램의 테스트 수행 정도를 나타내는 값으로 테스트 수행의 완벽성을 측정하는 도구이다.
- 테스트 커버리지는 주어진 테스트 케이스에 의해 수행되는 소프트웨어의 테스트 범위를 측정하는 테스트 품질 측정 기준이다.
- 테스트의 정확성과 신뢰성을 향상시키는 역할을 한다.

> **두음쌤 한마디**
> 테스트 커버리지 유형
> 「기라코」
> **기**능 기반 커버리지 / **라**인 커버리지 / **코**드 커버리지
> → 기존 라인은 코발트 색으로 칠함

▼ 테스트 커버리지 유형

유형	설명
기능 기반 커버리지	• 테스트 대상 애플리케이션의 전체 기능을 모수로 설정하고, 실제 테스트가 수행된 기능의 수를 측정하는 방법 • 100% 달성을 목표로 하며, 일반적으로 UI가 많은 시스템의 경우 화면 수를 모수로 사용
라인 커버리지	• 애플리케이션 전체 소스 코드의 라인 수를 모수로 테스트 시나리오가 수행한 소스 코드의 라인 수를 측정하는 방법 • 단위 테스트에서는 이 라인 커버리지를 척도로 삼음
코드 커버리지	• 소프트웨어 테스트 충분성 지표 중 하나 • 소스 코드의 구문, 조건, 결정 등의 구조 코드 자체가 얼마나 테스트되었는지를 측정하는 방법 • 일반적으로 테스트 커버리지라고 하면 코드 커버리지를 일컬음

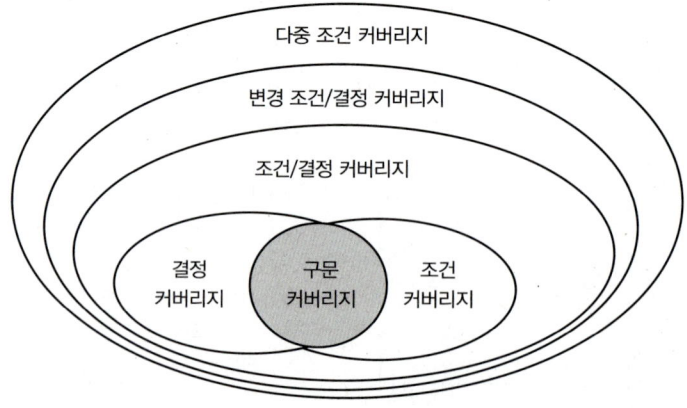

▲ 코드 커버리지 유형

③ **테스트 커버리지의 구성** [24년 3회]
- 테스트 커버리지는 구문(문장, Statement), 결정(Decision), 조건(Condition), 결정 포인트(Decision Point)로 구성되어 있다.

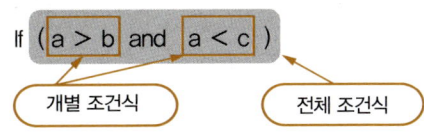

▲ 테스트 커버리지 구성

- 소스 코드는 구문(문장)으로 구성되어 있고, 조건문에 대한 결정이 있고, 결정에 대한 각 조건식이 있다.
- 참과 거짓에 대한 결정 포인트(분기 노드)가 있는데, 소스 코드상의 if, while, for, switch 문이 결정 포인트라고 할 수 있다.
- 전체 조건식은 소스 코드에서 결정 포인트(분기 노드) 내에 있는 모든 조건문이고, 개별 조건식은 전체 조건식에 연산자(AND, OR 등)로 구분한 각각의 조건식이다.

④ **구문(문장) 커버리지(Statement Coverage)** [23년 1회]
- 구문 커버리지는 프로그램 내의 모든 명령문을 적어도 한 번 수행하는 테스트 커버리지이다.
- 구문 커버리지는 조건문 결과와 관계없이 구문 실행 개수로 계산한다.

> 문장 커버리지(%)=테스트 케이스 집합에 의해 실행된 문장의 수 / (전체 실행 가능한 프로그램 문장의 수)×100

개념 박살내기

■ 구문(문장) 커버리지 테스트 케이스 사례

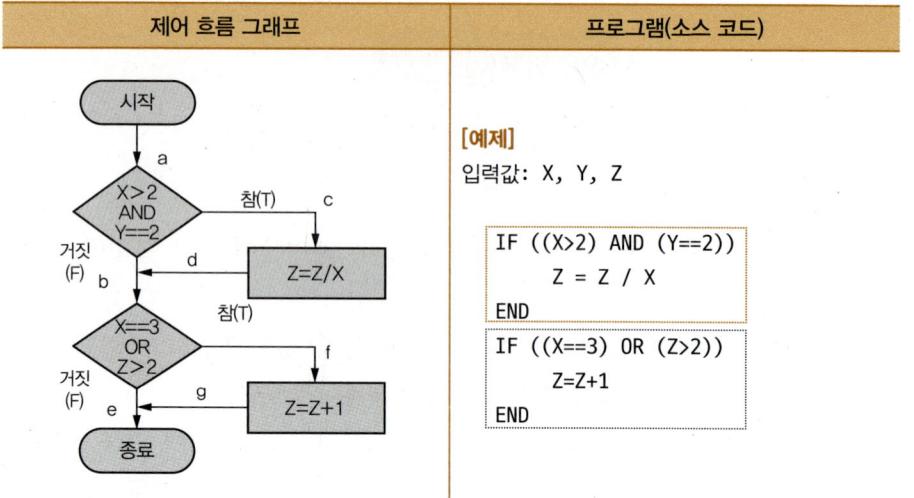

제어 흐름 그래프	프로그램(소스 코드)

[테스트 케이스] 구문 커버리지를 100% 만족하는 테스트 케이스는?

1) TC 1: X=4, Y=1, Z=0
2) TC 2: X=3, Y=2, Z=9

▶ 풀이

1) TC 1: X=4, Y=1, Z=0 → (a → b → e) = 수행된 구문 2 / 전체 구문 4 = 2/4 = 50% 만족
2) TC 2: X=3, Y=2, Z=9 → (a → c → d → b → f → g → e) = 수행된 구문 4 / 전체 구문 4 = 4/4 = 100% 만족

⑤ 결정 커버리지(Decision Coverage)
- 결정 커버리지는 (각 분기의) 결정 포인트 내의 전체 조건식이 적어도 한 번은 참(T)과 거짓(F)의 결과를 수행하는 테스트 커버리지이다.
- 결정 커버리지는 선택 커버리지(Decision Coverage), 분기 커버리지(Branch Coverage)라고도 한다.

> 결정 커버리지(%)=(테스트 케이스 집합에 의해 실행된 결정의 결과 수 / 전체 프로그램 결과 수) ×100%

- 결정 커버리지는 구문 커버리지를 포함한다.

■ 결정 커버리지 테스트 케이스 사례

제어 흐름 그래프	프로그램 (소스 코드)

(흐름도)	[예제]
	입력값: X, Y, Z
	
	IF ((X>1) OR (Y>3)) ← A 분기문 (결정 포인트)
	  Z = Z * X
	END
	IF ((X<2) AND (Y>1)) ← B 분기문 (결정 포인트)
	  Z=Z+1
	END

[테스트 케이스] 결정 커버리지를 100% 만족하는 테스트 케이스는? (단, TC 수행은 순차적으로 실행)

1) TC 1: X=1.5, Y=2, Z=2
2) TC 2: X=3, Y=2, Z=1
3) TC 3: X=1, Y=3, Z=3

■ 풀이

- TC 1: a → c → d → b → f → g → e
- TC 2: a → c → d → b → e
- TC 3: a → b → f → g → e

테스트 케이스	A 분기문 (X>1) OR (Y>3)	B 분기문 (X<2) AND (Y>1)
TC 1 1) X=1.5, Y=2, Z=2	T	T
TC 2 2) X=3, Y=2, Z=1	T	F
TC 3 3) X=1, Y=3, Z=3	F	T

- TC 1, TC 2의 테스트 케이스만 수행하면 B 분기문만 결정 커버리지를 만족하고, A 분기문의 결정 커버리지는 만족하지 못한다.
- TC 1, TC 2, TC 3의 테스트 케이스를 모두 수행해야 구문 커버리지를 만족한 상태에서 결정 커버리지를 100% 만족하게 된다.
- TC 수행은 순차적으로 실행이라는 조건이 없다면 TC2, TC3의 테스트 케이스 만을 수행해도 구문 커버리지를 만족한 상태에서 결정 커버리지를 100% 만족하게 된다.

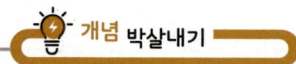

■ 결정 커버리지를 100% 만족시키기 위한 테스트 케이스 경로는?

결정 커버리지는 (각 분기의) 결정 포인트 내의 전체 조건식이 적어도 한 번은 참(T)과 거짓(F)의 결과를 수행해야 하기 때문에 첫 번째 분기문도 참, 거짓이 한 번씩 와야 하고, 두 번째 분기문도 참, 거짓이 한 번씩 와야 한다.

- 첫 번째 분기문과 두 번째 분기문이 둘 다 참일 경우: 1234561
- 첫 번째 분기문과 두 번째 분기문이 둘 다 거짓일 경우: 124567
- 첫 번째 분기문이 참이고, 두 번째 분기분이 거짓일 경우: 1234567
- 첫 번째 분기문이 거짓이고, 두 번째 분기문이 참일 경우: 124561

∴ 답은 2개(1234561, 124567 / 1234567, 124561)이다.

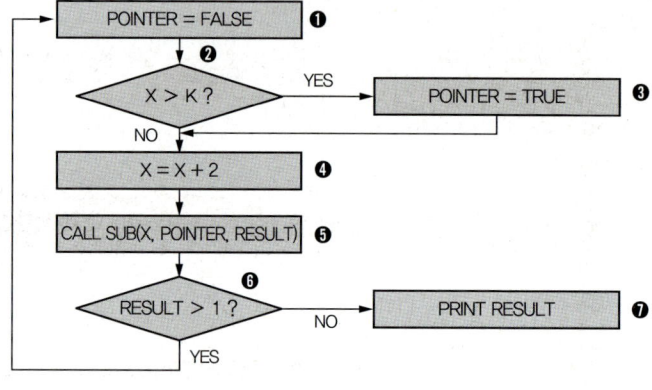

⑥ 조건 커버리지(Condition Coverage)

- 조건 커버리지는 (각 분기의) 결정 포인트 내의 개별 조건식이 적어도 한 번은 참(T)과 거짓(F)의 결과가 되도록 수행하는 테스트 커버리지이다. (전체 조건식의 영향은 고려하지 않음)

조건 커버리지(%)= (테스트 케이스 집합에 의해 실행된 조건의 결과 수 / 전체 프로그램 조건의 결과 수)×100%

 개념 박살내기

■ 조건 커버리지 테스트 케이스 사례

제어 흐름 그래프	프로그램 (소스코드)

(흐름도: 시작 → a → X>1 OR Y>3 → 참(T) c → Z=Z*X; 거짓(F) d → b → X<2 AND Y>1 → 참(T) f → Z=Z+1; 거짓(F) g → e → 종료)	[예제]
	입력값: X, Y, Z
	　IF ((X>1) OR (Y>3))　A 분기문
	　　Z = Z * X　　　　　(결정 포인트)
	　END
	　IF ((X<2) AND (Y>1))　B 분기문
	　　Z = Z + 1　　　　　(결정 포인트)
	　END

[테스트 케이스] 조건 커버리지를 100% 만족하는 테스트 케이스를 계산하려고 한다. (단, TC는 순차 실행)

1) TC1: X=3, Y=0.5, Z=2
2) TC2: X=1, Y=3, Z=3
3) TC3: X=0.5, Y=4, Z=1

풀이

- TC 1: a → c → d → b → e
- TC 2: a → b → f → g → e
- TC 3: a → c → d → b → f → g → e

테스트 케이스		A 분기문		B 분기문	
		X>1	Y>3	X<2	Y>1
TC 1	1) X=3, Y=0.5, Z=2	T	F	F	F
TC 2	2) X=1, Y=3, Z=3	F	F	T	T
TC 3	3) X=0.5, Y=4, Z=1	F	T	T	T

- TC 1, TC 2까지의 테스트 케이스를 수행하면, 2개의 결정 포인트 내의 전체 조건식이 적어도 한 번은 참(T)과 거짓(F)의 결과가 되는 결정 커버리지를 100% 만족하게 된다.
- 하지만 이 테스트 집합은 조건 Y > 3이 True가 되는 경우는 전혀 테스트하지 못한다.
- 조건 커버리지의 경우 2개의 결정 포인트 내의 개별 조건식이 적어도 한 번은 참(T)과 거짓(F)의 결과가 되는 테스트 케이스를 가져야 한다.
- TC 1, TC 2, TC 3의 테스트 케이스를 모두 수행해야, 구문 커버리지를 만족한 상태에서 2개의 결정 포인트 내의 개별 조건식이 적어도 한 번은 참(T)과 거짓(F)의 결과가 되는 조건 커버리지를 100% 만족하게 된다.
- TC 수행은 순차적으로 실행이라는 조건이 없다면 TC1, TC3의 테스트 케이스만을 수행해도 구문 커버리지를 만족한 상태에서 조건 커버리지를 100% 만족하게 된다.

2 블랙박스 테스트(명세 기반 테스트)

- 블랙박스 테스트는 프로그램 외부 사용자의 요구사항 명세를 보면서 수행하는 테스트(기능 테스트)이다.

- 블랙박스 테스트는 곧 명세 테스트이다.
- 모든 종류의 소프트웨어 시스템에 대해 테스트가 가능하다.
- 전체 소프트웨어 테스트 레벨(단위, 통합, 시스템, 인수)에서 적용할 수 있는 기법이다.

① **동등분할 테스트**(Equivalence Partitioning Testing)
- 동등분할 테스트는 입력 데이터의 영역을 유사한 도메인별로 유효값/무효값을 그룹핑하여 대푯값 테스트 케이스를 도출하여 테스트하는 기법이다.
- 동등분할 테스트는 동치 분할 테스트, 균등 분할 테스트, 동치 클래스 분해 테스트라고도 한다.

> 개념 박살내기

■ **동등분할 테스트 케이스 설계 사례**

[명세] 공기업 취업 기준에 따라 19세에서 60세까지만 고용할 수 있다.
(단, 19세~20세는 인턴으로 고용해야 하고, 21세~60세는 정규 직원으로 고용해야 한다.)

[풀이]

번호	절차	설명
1	사전 고려	• 동등분할 방식을 적용하기 위해서는 우선적으로 입력과 출력을 식별해야 한다. • 또한, 입력과 출력에 대하여 동등분할을 수행할 때 유효한 입력 및 출력뿐만 아니라 유효하지 않은 입력 및 출력도 고려해야 한다.
2	동일한 출력 결과를 가지는 입력 조건 식별	• 19세 ≤ 나이 ≤ 20: 인턴으로 고용 • 21세 ≤ 나이 ≤ 60: 정규 직원으로 고용 • 나이 < 19, 나이 > 60: 고용 불가 • 나이가 정수가 아닐 경우
3	동등 클래스 분할	[그림: 나이<19 "고용 불가", 19≤나이≤20 "인턴", 20<나이≤60 "정규 직원", 나이>60 "고용 불가", 실수로 입력, 문자열로 입력, 입력하지 않은 경우]
4	동등 클래스의 대푯값 선정	[그림: 18, 19, 20, 20, 40, 60, 65 / 나이<19 "고용 불가", 19≤나이≤20 "인턴", 20<나이≤60 "정규 직원", 나이>60 "고용 불가" / 실수로 입력 35.5, 문자열로 입력 50세, 입력하지 않은 경우 null]

번호	절차	설명				
5	동등 클래스 분할을 통한 테스트 케이스 도출	테스트 케이스	입력값: 나이	테스트 케이스 설명	예상 출력	실제 결과
		1	18	나이 〈 19	고용 불가	
		2	20	19 ≤ 나이 ≤ 20	인턴	
		3	40	20 〈 나이 〈 60	정규 직원	
		4	65	나이 〉 60	고용 불가	
		5	35.5	실수로 입력	에러	
		6	50세	문자열 입력	에러	
		7	null	입력하지 않은 경우	에러	

② **경곗값 분석 테스트(Boundary Value Analysis Testing)**

㉮ 경곗값 분석 테스트 개념

- 경곗값 분석 테스트는 등가 분할 후 경곗값 부분에서 오류 발생 확률이 높기 때문에 경곗값을 포함하여 테스트 케이스를 설계하는 테스트하는 기법이다.
- 최솟값 바로 위, 최대치 바로 아래 등 입력값의 극한 한계를 테스트하는 기법이다.
- 한곗값 테스트라고도 한다.

㉯ 경곗값 분석 테스트 특징

- 다수의 오류들이 입력 영역의 경계에서 발생한다.
- 대부분의 경우 동등분할 테스트와 함께 사용한다.

> **잠깐! 알고가기**
>
> **경곗값(Boundary Value)**
> 클래스 간의 경곗값, 경계 바로 위 값, 경계 바로 아래 값이다.

▲ 경곗값 선택 기준

▼ 경곗값 선택 기준

입력 조건	선택 기준
값의 범위	• 범위의 끝에 속하는 유효 입력값, 범위 바로 바깥에 속하는 유효하지 않은 입력값
몇 개의 값	• 입력값의 최솟값과 최댓값 • 최솟값과 최댓값의 바로 아래와 바로 위의 값
파일, 리스트, 테이블과 같은 정렬된 집합 형태	• 첫 번째 항목과 마지막 항목
그 외	• 개인의 독창성과 직관에 따라 경계에 해당하는 여러 값 선택

▼ 경곗값 선택 방법

방법	설명
2-value	• 경계에 있는 값 • 바로 위, 아래 중 하나의 값(경계가 유효하면 유효하지 않은 값, 유효하지 않으면 유효한 값 선택)
3-value	• 경계에 있는 값 • 경계 바로 위의 값 • 경계 바로 아래의 값

개념 박살내기

■ 경곗값 분석 테스트 케이스 설계 사례

[명세]
1. 신규 출시된 예금 상품은 날짜에 따라서 이자가 아래와 같이 다르게 계산된다.
   - 1일~10일: 1,000원
   - 11일~20일: 2,000원
   - 21일~30일: 3,000원
2. 경계 설정: 1일, 11일, 21일, 30일
3. 유횻값, 무효 값 모두 고려

[풀이]

번호	절차	설명
1	사전 고려	• 경곗값 분석을 적용하기 위해서는 우선적으로 입력과 출력을 식별 • 각 명세의 동등분할을 수행 • 각 분할된 클래스의 경곗값을 식별하고 2-Value 방식이나 3-Value 방식 적용
2	동일한 출력 결과를 가지는 입력 조건 식별	• 1일 ≤ 날짜 ≤ 10일: 1000원 • 11일 ≤ 날짜 ≤ 20일: 2000원 • 21일 ≤ 날짜 ≤ 30일: 3000원
3	2-Value 방식, 3-Value 방식으로 구분	예금 상품 1일≤날짜<11일 "1,000원" / 11일≤날짜<21일 "2,000원" / 21일≤날짜≤30일 "3,000원" 3-value: 0 1 2, 10 11 12, 20 21 22, 29 30 31 2-value: 0 1, 10 11, 20 21, 30 31
4	경곗값 분석을 통한 테스트 케이스 도출(2-Value 방식 기준)	(아래 표 참조)

테스트 케이스	1	2	3	4	5	6	7	8
날짜	0일	1일	10일	11일	20일	21일	30일	31일
기대출력 (이자)	불가	1000원	1000원	2000원	2000원	3000원	3,000원	불가
실제 결과								

③ 결정 테이블 테스트(Decision Table Testing)

- 결정 테이블 테스트는 요구사항의 논리와 발생조건을 테이블 형태로 나열하여, 조건과 행위를 모두 조합하여 테스트하는 기법이다.
- 입력 조건의 모든 조합에 대한 시스템의 액션을 고려하여 테스트 케이스를 도출하는 기법이다.
- 특징으로는 복잡한 논리적 관계를 표현하기 좋고, 누락된 요구사항 검사에 용이하다.

	Condition	TC1	TC1=2	TC1=3	TC2	TC3	TC4
조건	History	Y	Y	Y	Y	N	N
	Age 〉 40	Y	Y	Y		Y	
	Age 〈 40				Y		
	Age = 40						Y
	Children = 4	Y			Y		Y
	Children 〉 4					Y	
	Children 〈 4		Y	Y			
행동	Action					X	
	350	X	X	X	X		X
	100	X	X	X			
	50	X			X		X
	Total	500	450	450	400	350	400

각 열을 하나의 테스트 케이스로 구성

④ 상태 전이 테스트(State Transition Testing)

- 상태 전이 테스트는 테스트 대상/시스템이나 객체의 상태를 구분하고, 이벤트에 의해 어느 한 상태에서 다른 상태로 전이되는 경우의 수를 테스트하는 기법이다.
- 시스템을 상태 전이도로 모델링 한 후 상태 전이도에서 테스트 케이스를 도출하는 기법이다.
- 상태 전이도는 시스템 외부에서 들어오는 일련의 이벤트들에 대해 시스템 상태가 어떻게 전이되고 어떤 식으로 반응하는가를 나타내는 도구이다.

▼ 상태 전이도 사례

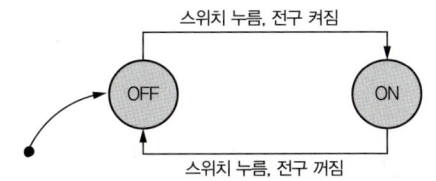

전구는 ON 상태 또는 OFF 상태에 있을 수 있는데 스위치를 누르는 행위에 따라 ON 상태에서 OFF 상태로 전이되거나, 반대로 OFF 상태에서 ON 상태로 전이됨

⑤ 유스케이스 테스트(Use Case Testing)
유스케이스 테스트는 시스템이 실제 사용되는 유스케이스로 모델링 되어 있을 때 프로세스 흐름을 기반으로 테스트 케이스를 명세화하여 테스트하는 기법이다.

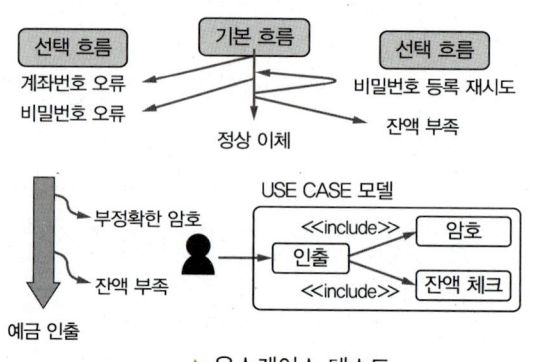

▲ 유스케이스 테스트

⑥ 분류 트리 테스트(Classification Tree Method Testing)
- 분류 트리 테스트는 SW의 일부 또는 전체를 트리 구조로 분석 및 표현하여 테스트 케이스를 설계하여 테스트하는 기법이다.
- 시스템 또는 SW의 입력 및 동작을 다양한 기준으로 구분한 트리를 이용해서 테스트 케이스를 설계한다.
- 동등분할 영역을 구분하는 것과 유사하며, 동등분할 테스트 커버리지 측정 원리와 동일하다.

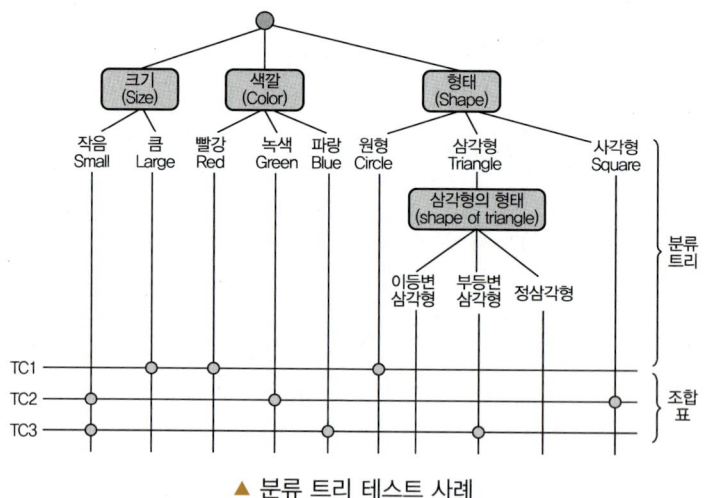

▲ 분류 트리 테스트 사례

⑦ 페어와이즈 테스트(Pairwise Testing)
- 페어와이즈 테스트는 테스트 데이터값들 간에 최소한 한 번씩을 조합하는 방식이며, 이는 커버해야 할 기능적 범위를 모든 조합에 비해 상대적으로 적은 양의 테스트 세트를 구성하기 위한 테스트 기법이다.

- 페어와이즈 테스트는 대부분의 결함이 두 입력값의 상호 작용에 기인하므로, 가능한 모든 입력값의 조합을 테스트한 것과 비슷한 효과를 얻는다.
- 페어와이즈 테스트는 상대적으로 적은 량의 테스트 세트 구성이 용이하고, 입력 변수 개수와 입력 가능 값이 많을수록 테스트 케이스 도출 복잡도가 높다.

3 경험 기반 테스트

- 경험 기반 테스트는 유사 소프트웨어나 유사 기술 평가에서 테스터의 경험을 토대로 한, 직관과 기술 능력을 기반으로 수행하는 테스트 기법이다.
- 경험 기반 테스트의 유형에는 탐색적 테스트, 오류 추정이 있다.

▼ 경험 기반 테스트 유형

유형	설명
탐색적 테스트 (Exploratory Test)	• 테스트 스크립트 또는 테스트 케이스를 문서로 작성하지 않고 경험에 바탕을 두고 탐색적으로 기능을 수행해 보면서 테스트하는 기법 • 사전에 구체적으로 테스트 케이스를 설계하고 이를 바탕으로 테스트를 수행하는 방식이 아니라, 테스트 대상에 대한 이해, 테스트 케이스 설계, 테스트 실행을 병행하는 방식 • 무작위 테스팅이 아닌 중대한 테스트 위주, 테스트 엔지니어의 휴리스틱한 능력 필요, 제품을 익히면서 테스트를 설계하고 테스트 수행 • 구성요소는 테스트 차터, 시간 제한(Time Boxing), 노트(Note), 회고
오류 추정 (Error Guessing)	• 개발자가 범할 수 있는 실수를 추정하고 이에 따른 결함이 검출되도록 테스트 케이스를 설계하여 테스트하는 기법 • 특정 테스트 대상이 주어지면 테스터의 경험과 직관을 바탕으로 개발자가 범할 수 있는 실수들을 나열하고, 해당 실수에 따른 결함을 노출하는 테스트 수행 • 오류 추정은 일반적으로 예상되지 않는 상황이 사용자 입력값으로 적절히 처리되고 있는지 확인할 때 유용 • 필수 입력, 입력 항목의 길이, 입력 항목의 형식, 입력값의 명시적 제약사항, 입력값의 묵시적 제약사항 등을 확인할 때 유용

> **잠깐! 알고가기**
>
> **휴리스틱(Heuristics)**
> 경험에 기반하여 문제를 해결하거나 학습하거나 발견해내는 방법이다.
>
> **테스트 차터(Test Charter)**
> 수행될 각 테스트 세션에 대해 명확한 임무를 설정해 놓은 명령지이다.
>
> **회고(Debriefing)**
> 탐색적 테스팅 세션 종료 후 팀원끼리 요약보고 시간을 갖고 테스트 수행 과정과 경험을 팀원과 공유하는 보고 회의이다.

(5) 테스트 케이스

1 테스트 케이스(Test Case) 개념

특정 요구사항에 준수하는 지를 확인하기 위해 개발된 입력값, 실행 조건, 예상된 결과의 집합이다.

2 테스트 케이스 필요 항목 [22년 1회]

테스트 케이스 작성에 필요한 공통 작성 항목 요소와 개별 테스트 케이스 항목 요소로 나누어 작성한다.

▼ 테스트 케이스 필요 항목

구분	항목	설명
공통 작성 항목 요소	테스트 단계명, 작성자, 승인자, 작성 일자, 문서 버전	단위/통합/시스템/인수 테스트 등의 테스트 단계와 테스트 케이스 작성자, 승인자, 작성 일자, 버전 등을 작성
	대상 시스템	애플리케이션 개발 서버 또는 개발 시스템명 등을 작성
	변경 여부	테스트 케이스 변경 여부 및 변경 사유 등을 작성
	테스트 범위	테스트 대상 애플리케이션의 기능별 테스트 범위 및 업무별 테스트 범위를 식별
	테스트 조직	테스트 케이스 작성 및 테스트 수행을 담당할 조직 식별
개별 테스트 케이스 항목 요소	테스트 ID	테스트 케이스를 고유하게 식별하기 위한 ID를 작성
	테스트 목적	테스트 시 고려해야 할 중점 사항이나 테스트 케이스의 목적을 작성
	테스트할 기능	애플리케이션의 테스트할 기능을 간략하게 작성
	테스트 데이터 (=입력 데이터)	테스트 실행 시 입력할 데이터(입력값, 선택 버튼, 체크리스트 값 등)를 작성
	예상 결과 (=기대 결과)	테스트 실행 후 기대되는 결과 데이터(출력 데이터, 결과 화면, 기대 동작 등)를 작성
	테스트 환경	테스트 시 사용할 물리적, 논리적 테스트 환경, 사용할 데이터, 결과 기록 서버 등의 내용을 작성
	테스트 조건 (=전제 조건)	테스트 간의 종속성, 테스트 수행 전 실행되어야 할 고려 사항 등을 작성
	성공/실패 기준	테스트를 거친 애플리케이션 기능의 성공과 실패를 판단하는 조건을 명확하게 작성
	기타 요소	사용자의 테스트 요구사항 중 특별히 고려해야 할 내용을 간략하게 기술

(6) 테스트 오라클

1 테스트 오라클(Test Oracle)의 개념

테스트 오라클은 테스트의 결과가 참인지 거짓인지를 판단하기 위해서 사전에 정의된 참값을 입력하여 비교하는 기법이다.

2 테스트 오라클 종류

▼ 테스트 오라클 종류

유형	설명
참(True) 오라클	모든 입력값에 대하여 기대하는 결과를 생성함으로써 발생된 오류를 모두 검출할 수 있는 오라클
샘플링(Sampling) 오라클	특정한 몇 개의 입력값에 대해서만 기대하는 결과를 제공해 주는 오라클

학습 Point

오라클의 종류는 단답형으로 쓸 수 있을 정도로 잘 알아두셔야 합니다. 두음쌤의 도움을 받아 각각의 항목을 기억하세요!

두음쌤 한마디

테스트 오라클 종류
「참샘휴일」
참 오라클 / **샘**플링 오라클 / **휴**리스틱 오라클 / **일**관성 검사 오라클
→ 참새가 휴일에 쉰다.

유형	설명
휴리스틱(Heuristic) 오라클	샘플링 오라클을 개선한 오라클로, 특정 입력값에 대해 올바른 결과를 제공하고, 나머지 값들에 대해서는 휴리스틱(추정)으로 처리하는 오라클
일관성 검사 (Consistent) 오라클	애플리케이션 변경이 있을 때, 수행 전과 후의 결괏값이 동일한지 확인하는 오라클

2 애플리케이션 테스트 시나리오 작성 ★★

(1) 테스트 레벨

1 테스트 레벨(Test Level) 개념
- 테스트 레벨은 함께 편성되고 관리되는 테스트 활동의 그룹이다.
- 테스트 레벨은 프로젝트에서 책임과 연관되어 있다.
- 각각의 테스트 레벨은 서로 독립적이다.

2 테스트 레벨 종류 [23년 2회, 24년 1회]
- 애플리케이션 테스트는 소프트웨어의 개발 단계에 따라 분류할 수 있고, 이렇게 분류된 것을 테스트 레벨이라고 한다.

① V 모델과 테스트 레벨

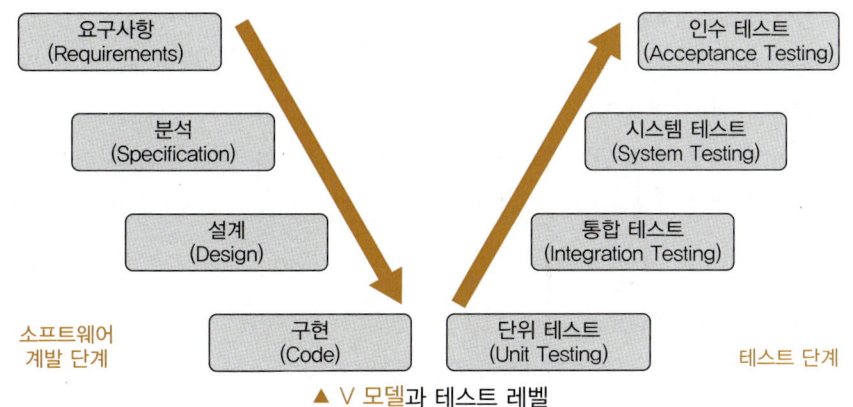

▲ V 모델과 테스트 레벨

> **잠깐! 알고가기**
>
> V 모델
> SW 생명주기 각 단계별로 개발자 관점에서의 공정 과정상 검증과 사용자 관점에서의 최종 산출물에 대한 확인을 지원하기 위한 테스트 모델이다.

② 테스트 레벨의 종류
- 테스트 레벨의 종류에는 단위 테스트, 통합 테스트, 시스템 테스트, 인수 테스트가 있다.

두음쌤 한마디

테스트 레벨 종류
「단통시인」
단위 테스트 / **통**합 테스트 / **시**스템 테스트 / **인**수 테스트
→ 단시일 내에 통장이 많아진 시인

▼ 테스트 레벨 종류

종류	설명	기법
단위 테스트	사용자 요구사항에 대한 단위 모듈, 서브루틴 등을 테스트하는 단계	자료 구조 테스트, 실행 경로 테스트, 오류 처리 테스트, 인터페이스 테스트
통합 테스트	단위 테스트를 통과한 모듈 사이의 인터페이스, 통합된 컴포넌트 간의 상호 작용을 검증하는 테스트 단계	빅뱅 테스트, 샌드위치 테스트, 상향식 테스트, 하향식 테스트
시스템 테스트	통합된 단위 시스템의 기능이 시스템에서 정상적으로 수행되는지를 검증하는 테스트 단계	기능·비기능 요구사항 테스트
인수 테스트	계약상의 요구사항이 만족되었는지 확인하기 위한 테스트 단계	계약 인수, 규정 인수, 사용자 인수, 운영상의 인수, 알파·베타 테스트

- 분석, 설계, 개발 단계에서 부과된 조건을 만족하는지 검증을 수행하고, 단위 테스트, 통합 테스트, 시스템 테스트, 인수 테스트 단계에서 최종 산출물에 대한 확인을 한다.

③ **단위 테스트(Unit Test)**
- 단위 테스트는 소프트웨어 설계의 최소 단위인 모듈이나 컴포넌트에 초점을 맞춘 테스트이다.
- 단위 테스트는 사용자의 요구사항을 기반으로 한 기능성 위주의 테스트를 수행한다.
- 단위 테스트는 명세 기반 테스트(블랙박스 테스트)와 구조 기반 테스트(화이트박스 테스트)로 나누어지지만 주로 구조 기반 테스트 위주로 수행한다.

④ **통합 테스트(Integration Test)**
- 통합 테스트는 소프트웨어 각 모듈 간의 인터페이스 관련 오류 및 결함을 찾아내기 위한 체계적인 테스트 기법이다.
- 단위 테스트가 끝난 모듈 또는 컴포넌트 단위의 프로그램이 설계 단계에서 제시한 애플리케이션과 동일한 구조와 기능으로 구현된 것인지를 확인하는 테스트이다.

⑤ **시스템 테스트(System Test)**
- 시스템 테스트는 통합된 단위 시스템의 기능이 시스템에서 정상적으로 수행되는지를 검증하는 테스트이다.
- 컴퓨터 시스템을 완벽하게 검사하기 위한 목적 또는 성능 목표를 가지고 테스트한다.

⑥ **인수 테스트(Acceptance Test)** [22년 2회]
- 인수 테스트는 최종 사용자와 업무의 이해관계자 등이 테스트를 수행함으로써 개발된 제품에 대해 운영 여부를 결정하는 테스트이다.

- 시스템의 일부 또는 특정한 비기능적인 특성에 대해 인수 테스트를 통해 확인한다.
- 인수 테스트의 종류는 다음과 같다.

▼ 인수 테스트

종류	설명
알파 테스트 (Alpha Test)	선택된 사용자(회사 내의 다른 사용자 또는 실제 사용자)가 개발자 환경에서 통제된 상태로 개발자와 함께 수행하는 인수 테스트
베타 테스트 (Beta Test)	실제 환경에서 일정 수의 사용자에게 대상 소프트웨어를 사용하게 하고 피드백을 받는 인수 테스트

(2) 테스트 시나리오

1 테스트 시나리오(Test Scenario) 개념

- 테스트 시나리오는 테스트 수행을 위한 여러 테스트 케이스의 집합으로서, 테스트 케이스의 동작 순서를 기술한 문서이며 테스트를 위한 절차를 명세한 문서이다.
- 테스트 수행 절차를 미리 정함으로써 설계 단계에서 중요시되던 요구사항이나 대안 흐름과 같은 테스트 항목을 빠짐없이 테스트한다.

2 테스트 시나리오 작성 시 유의점

- 테스트 시나리오 분리 작성: 테스트 항목을 하나의 시나리오에 모두 작성하지 않고, 시스템별, 모듈별, 항목별 테스트 시나리오를 분리하여 작성한다.
- 고객의 요구사항과 설계 문서 등을 토대로 테스트 시나리오를 작성한다.
- 각 테스트 항목은 식별자 번호, 순서 번호, 테스트 데이터, 테스트 케이스, 예상 결과, 확인 등의 항목을 포함하여 작성한다.

기출문제

01 다음은 테스트와 관련된 설명이다. 빈칸의 들어갈 알맞은 용어를 쓰시오. ▶ 22년 1회

- (①) 박스 테스트는 기능 및 동작 위주의 테스트를 진행하며, 프로그램 외부 사용자의 요구사항 명세를 보면서 수행하는 테스트이다.
- (②) 박스 테스트는 코드 분석과 프로그램 구조에 대한 지식을 바탕으로 문제가 발생할 가능성이 있는 모듈 내부를 직접 관찰하는 테스트이다.

①
②

해설
- 블랙박스 테스트는 프로그램 외부 사용자의 요구사항 명세를 보면서 수행하는 테스트(기능 테스트)이다.
- 화이트박스 테스트는 코드 분석과 프로그램 구조에 대한 지식을 바탕으로 문제가 발생할 가능성이 있는 모듈 내부를 직접 관찰하고, 테스트하는 방법이다.

02 다음이 설명하는 테스트는 무엇인지 쓰시오. ▶ 22년 2회

- ( ) 테스트는 모듈 테스트(Module Test)라고도 한다.
- 소프트웨어 설계의 최소 단위인 모듈이나 컴포넌트에 초점을 맞춘 테스트이다.
- 해당 테스트는 명세 기반 테스트(=블랙박스 테스트)와 구조 기반 테스트(화이트박스 테스트)로 나뉘지만 주로 구조 기반 테스트 위주로 수행한다.

해설 • 테스트 레벨 종류는 다음과 같다.

단위 테스트 (Unit Test)	소프트웨어 설계의 최소 단위인 모듈이나 컴포넌트에 초점을 맞춘 테스트이다.
통합 테스트 (Integration Test)	소프트웨어 각 모듈 간의 인터페이스 관련 오류 및 결함을 찾아내기 위한 체계적인 테스트 기법이다.
시스템 테스트 (System Test)	통합된 단위 시스템의 기능이 시스템에서 정상적으로 수행되는지를 검증하는 테스트이다.
인수 테스트 (Acceptance Test)	최종 사용자와 업무의 이해관계자 등이 테스트를 수행함으로써 개발된 제품에 대해 운영 여부를 결정하는 테스트이다.

03 다음이 설명하는 테스트는 무엇인지 쓰시오. ▶ 22년 2회

선택된 사용자(회사 내의 다른 사용자 또는 실제 사용자)가 개발자 환경에서 통제된 상태로 개발자와 함께 수행하는 인수 테스트이다.

해설

알파 테스트	선택된 사용자(회사 내의 다른 사용자 또는 실제 사용자)가 개발자 환경에서 통제된 상태로 개발자와 함께 수행하는 인수 테스트
베타 테스트	실제 환경에서 일정 수의 사용자에게 대상 소프트웨어를 사용하게 하고 피드백을 받는 인수 테스트

04 다음은 테스트를 위한 테스트케이스 작성 절차이다. [보기]에서 올바른 순서를 골라 ( )에 작성하시오. ▶ 22년 1회

| 보기 |
㉠ 테스트 방법이 결정되면 그에 맞는 테스트 케이스를 작성한다
㉡ 무엇을 테스트 할지에 대해 정하고 테스트의 목적을 결정한다.
㉢ 테스트를 수행할 방법에 대해 결정한다.
㉣ 테스트케이스의 예상 결과를 작성하고, 의도한 값이 도출되는지 확인한다.
㉤ 테스트 케이스를 실행한다.

( ) → ( ) → ( ) → ( ) → (㉤)

해설 • 테스트케이스의 작성 절차는 테스트의 목적을 결정 → 테스트를 수행할 방법에 대해 결정 → 테스트 케이스를 작성 → 테스트케이스의 예상 결과를 작성 → 테스트 케이스를 실행 순으로 진행된다.

▶ 22년 3회

05 다음 ( )에 알맞은 용어를 보기에서 골라서 쓰시오.

( )는 단위 테스트가 끝난 모듈 또는 컴포넌트 단위의 프로그램이 설계 단계에서 제시한 애플리케이션과 동일한 구조와 기능으로 구현된 것인지를 확인하는 테스트이다. 소프트웨어 각 모듈 간의 인터페이스 관련 오류 및 결함을 찾아내기 위한 체계적인 테스트 기법이다.

| 보기 |

㉠ Integration Test ㉡ Unit Test
㉢ Acceptance Test ㉣ Test Scenario
㉤ Alpha Test ㉥ System Test

해설

단위 테스트 (Unit Test)	• 단위 테스트는 소프트웨어 설계의 최소 단위인 모듈이나 컴포넌트에 초점을 맞춘 테스트이다.
통합 테스트 (Integration Test)	• 소프트웨어 각 모듈 간의 인터페이스 관련 오류 및 결함을 찾아내기 위한 체계적인 테스트 기법이다.
시스템 테스트 (System Test)	• 시스템 테스트는 통합된 단위 시스템의 기능이 시스템에서 정상적으로 수행되는지를 검증하는 테스트이다.
인수 테스트 (Acceptance Test)	• 최종 사용자와 업무의 이해관계자 등이 테스트를 수행함으로써 개발된 제품에 대해 운영 여부를 결정하는 테스트 • 알파 테스트(Alpha Test), 베타 테스트(Beta Test)가 있음

▶ 22년 3회

06 다음이 설명하는 테스트는 무엇인지 보기에서 골라서 쓰시오.

입력 데이터의 영역을 유사한 도메인별로 유효 값/무효 값을 그룹핑하여 대푯 값으로 테스트 케이스를 도출하는 테스트하는 기법이다.

| 보기 |

Equivalence Partitioning Testing
Boundary Value Analysis
Pairwise Testing
Cause-Effect Graph Testing
Decision Table
Comparison Testing

해설

동등분할 테스트 (Equivalence Partitioning Testing)	• 입력 데이터의 영역을 유사한 도메인별로 유효값/무효값을 그룹핑하여 대푯값 테스트 케이스를 도출하여 테스트하는 기법
경곗값 분석 테스트 (Boundary Value Analysis Testing)	• 등가 분할 후 경곗값 부분에서 오류 발생 확률이 높기 때문에 경곗값을 포함하여 테스트 케이스를 설계하여 테스트하는 기법
페어와이즈 테스트 (Pairwise Testing)	• 테스트 데이터값 간에 최소한 한 번씩을 조합하는 방식이며, 이는 커버해야 할 기능적 범위를 모든 조합에 비해 상대적으로 적은 양의 테스트 세트를 구성하기 위한 테스트 기법
원인-결과 그래프 테스트 (Cause-Effect Graph Testing)	• 그래프를 활용하여 입력 데이터 간의 관계 및 출력에 미치는 영향을 분석하여 효용성이 높은 테스트 케이스를 선정하여 테스트하는 기법
결정 테이블 테스트 (Decision Table Testing)	• 요구사항의 논리와 발생조건을 테이블 형태로 나열하여, 조건과 행위를 모두 조합하여 테스트하는 기법
비교 테스트 (Comparison Testing)	• 여러 버전의 프로그램에 같은 입력값을 넣어서 동일한 결과 데이터가 나오는지 비교해 보는 테스트 기법

기출문제

▶ 23년 1회.

07 다음과 같이 소스 코드와 소스 코드에 해당하는 제어 흐름 그래프가 있을 때 문장 커버리지를 100% 만족하기 위한 테스팅 순서를 쓰시오.

```
function(A[X], N, P){
  X=0
  while(A[X] < P && X < N){
    if(A[X] >= P)
      PRINT(A[X])
    X=X+1
  }
}
```

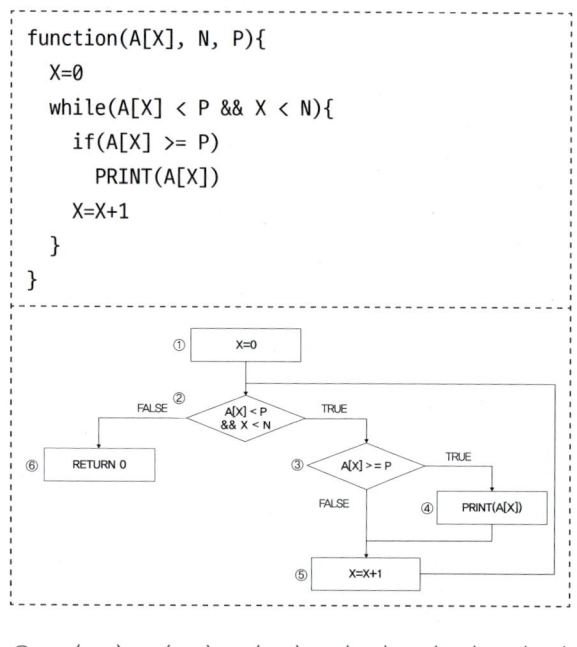

① → ( ) → ( ) → ( ) → ( ) → ( ) → ( )

해설	• 구문 커버리지(문장 커버리지)는 프로그램 내의 모든 명령문(①~⑥)을 적어도 한 번 수행하는 커버리지 테스트이다.

①	x=0은 반드시 실행되어야 한다.
②	FALSE가 될 경우 ① → ② → ⑥이 되어 100% 문장 커버리지를 만족할 수 없으므로 TRUE가 되어야 한다.
③	FALSE가 될 경우 ④를 실행할 수 없게 되므로 TRUE가 되어야 한다.
④	③에서 TRUE이므로 실행하게 된다.
⑤	x=x+1은 ③번 분기에서 TRUE, FALSE에 상관없이 실행하게 된다.
②	TRUE일 때 실행할 수 있는 문장들인 ③~⑤를 모두 실행했으므로 FALSE가 되어 남은 ⑥ 명령어를 실행하게 된다.

▶ 23년 2회

08 [보기]에 제시된 V모델 단계를 순서에 맞게 작성하시오.

| 보기 |
- ㉠ 통합 테스트
- ㉡ 단위 테스트
- ㉢ 시스템 테스트
- ㉣ 인수테스트

( ) → ( ) → ( ) → ( )

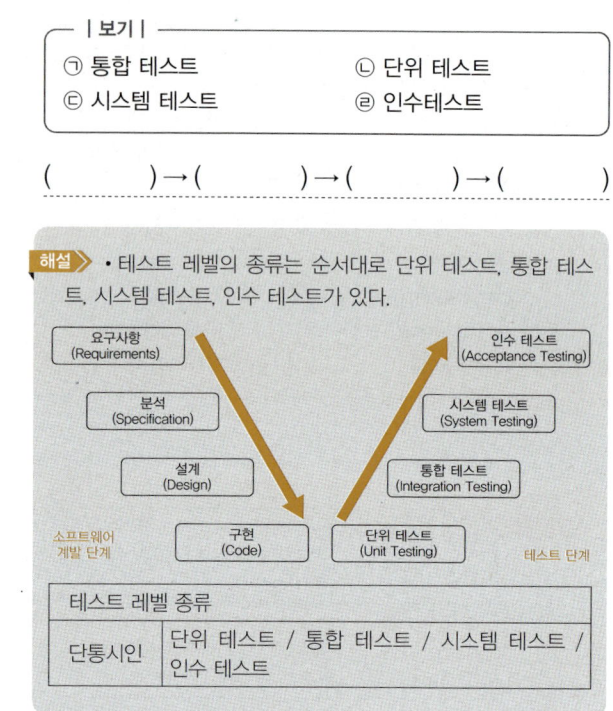

▶ 24년 1회

09 다음은 V 모델에 대한 그림이다. 빈칸( )에 들어갈 내용을 [보기]에서 찾아 쓰시오.

| 보기 |
요구사항 수집   분석   구현
인수 테스트   설계   단위 테스트
시스템 테스트   통합 테스트

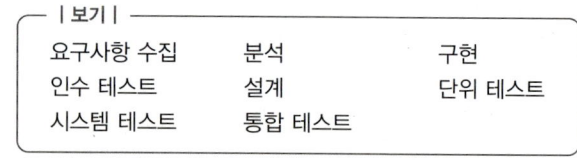

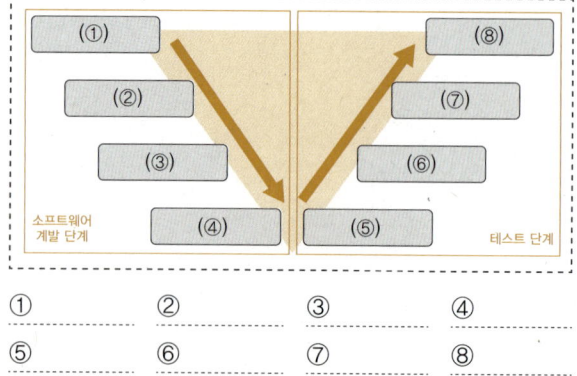

해설 • V 모델과 테스트 레벨은 요구사항 → 분석 → 설계 → 구현 → 단위 테스트 → 통합 테스트 → 시스템 테스트 → 인수 테스트의 순서로 진행된다.

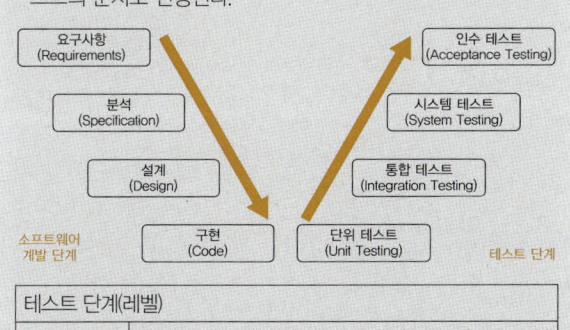

테스트 단계(레벨)	
단통시인	단위 테스트 / 통합 테스트 / 시스템 테스트 / 인수 테스트

▶ 24년 3회

11 프로그램의 테스트 수행 정도를 나타내는 값으로 테스트 수행의 완벽성을 측정하는 도구는 무엇인지 쓰시오.

해설 • 테스트 커버리지는 프로그램의 테스트 수행 정도를 나타내는 값으로 테스트 수행의 완벽성을 측정하는 도구이다.

▶ 24년 2회

10 다음 중 블랙박스 테스트와 화이트박스 테스트를 보기에서 찾아서 올바르게 분류하시오.

| 보기 |
㉠ 변경 조건/결정 커버리지
㉡ 동등 분할 테스트
㉢ 문장 커버리지
㉣ 조건 커버리지
㉤ 원인-효과 그래프 테스트
㉥ 경곗값 분석 테스트

① 블랙박스 테스트:

② 화이트박스 테스트:

해설	블랙박스 테스트 유형	
	동경결상 유분 페원비오	동등분할 / 경곗값 분석 / 결정 테이블 / 상태 전이 / 유스케이스 / 분류트리 / 페어와이즈 / 원인-결과 그래프 / 비교 / 오류 추정 테스트
	화이트박스 테스트 유형	
	구결조 조변다 기제데루	구문 커버리지 / 결정 커버리지 / 조건 커버리지 / 조건-결정 커버리지 / 변경 조건-결정 커버리지 / 다중 조건 커버리지 / 기본 경로 커버리지 / 제어 흐름 테스트 / 데이터 흐름 테스트 / 루프 테스트

▶ 23년 3회

12 다음 각 항목의 내용에 해당하는 용어를 보기에서 골라서 쓰시오.

① 개발 과정을 테스트, 개발자 혹은 시험자의 시각
② 소프트웨어 결과를 테스트, 사용자의 시각

| 보기 |
㉠ Volume   ㉡ Variety   ㉢ Verification
㉣ Validation   ㉤ Velocity   ㉥ Virtualization

해설 • 테스트 레벨의 종류는 순서대로 단위 테스트, 통합 테스트, 시스템 테스트, 인수 테스트가 있다.
• 테스트 시각에 따른 분류에는 검증과 확인이 있다.

검증 (Verification)	• 소프트웨어 개발 과정을 테스트 • 올바른 제품을 생산하고 있는지 검증 • 이전 단계에서 설정된 개발 규격과 요구를 충족시키는지 판단 • 개발자 혹은 시험자의 시각으로 소프트웨어가 명세화된 기능을 올바로 수행하는지 알아보는 과정
확인 (Validation)	• 소프트웨어 결과를 테스트 • 만들어진 제품이 제대로 동작하는지 확인 • 최종 사용자 요구 또는 소프트웨어 요구에 적합한지 판단 • 사용자 시각으로 올바른 소프트웨어가 개발되었는지 입증하는 과정

NCS 지/피/지/기 기출문제

▶ 23년 3회

13 다음에서 블랙박스 테스트 기법을 모두 고르시오.

> ㉠ 동치 분할 테스트
> ㉡ 경곗값 분석 테스트
> ㉢ 결정 커버리지
> ㉣ 기본 경로 커버리지
> ㉤ 제어 흐름 테스트
> ㉥ 루프 테스트
> ㉦ 데이터 흐름 테스트
> ㉧ 구문 커버리지

해설 • 블랙박스 테스트 기법의 유형은 다음과 같다.

동경결상 유분페원비오	동등 분할(동치 분할) 테스트 / 경곗값 분석 테스트 / 결정 테이블 테스트 / 상태 전이 테스트 / 유스케이스 테스트 / 분류 트리 테스트 / 페어와이즈 테스트 / 원인-결과 그래프 테스트 / 비교 테스트 / 오류추정 테스트

정답
01. ① 블랙, ② 화이트 02. 단위(Unit) 03. 알파 04. ㉡, ㉢, ㉠, ㉣ 05. ㉠ Integration Test 06. Equivalence Partitioning Testing 07. ① → (②) → (③) → (④) → (⑤) → (②) → (⑥) 08. ㉡, ㉢, ㉠, ㉣ 09. ① 요구사항 수집, ② 분석, ③ 설계, ④ 구현, ⑤ 단위 테스트, ⑥ 통합 테스트, ⑦ 시스템 테스트, ⑧ 인수 테스트 10. ①: ㉡, ㉤, ㉥, ②: ㉠, ㉢, ㉣ 11. 테스트 커버리지(Test Coverage) 12. ①: ㉢ Verification, ②: ㉣ Validation 13. ㉠, ㉡

예상문제

01 다음이 설명하는 테스트는 무엇인지 쓰시오.

- ( ) 테스트는 모듈 테스트(Module Test)라고도 한다.
- 소프트웨어 설계의 최소 단위인 모듈이나 컴포넌트에 초점을 맞춘 테스트이다.
- 해당 테스트는 명세 기반 테스트(=블랙박스 테스트)와 구조 기반 테스트(화이트박스 테스트)로 나뉘지만 주로 구조 기반 테스트 위주로 수행한다.

해설 테스트 레벨 종류는 다음과 같다.

단위 테스트 (Unit Test)	소프트웨어 설계의 최소 단위인 모듈이나 컴포넌트에 초점을 맞춘 테스트이다.
통합 테스트 (Integration Test)	소프트웨어 각 모듈 간의 인터페이스 관련 오류 및 결함을 찾아내기 위한 체계적인 테스트 기법이다.
시스템 테스트 (System Test)	통합된 단위 시스템의 기능이 시스템에서 정상적으로 수행되는지를 검증하는 테스트이다.
인수 테스트 (Acceptance Test)	최종 사용자와 업무의 이해관계자 등이 테스트를 수행함으로써 개발된 제품에 대해 운영 여부를 결정하는 테스트이다.

해설

결함 존재 증명	테스트는 결함이 존재함을 밝히는 활동
완벽 테스팅은 불가능	무한 경로(한 프로그램 내의 내부 조건은 무수히 많을 수 있음), 무한 입력값(입력이 가질 수 있는 모든 값의 조합이 무수히 많음)으로 인한 완벽한 테스트가 어렵다는 원리
초기 집중	개발 초기에 체계적인 분석 및 설계가 수행되면 테스팅 기간 단축, 재작업을 줄여 개발 기간을 단축 및 결함을 예방할 수 있는 원리
결함 집중	• 적은 수의 모듈(20% 모듈)에서 대다수 결함(80% 결함)이 발견된다는 원리 • 파레토 법칙(Pareto Principle)의 내용인 80 대 20 법칙 적용
살충제 패러독스	동일한 테스트 케이스에 의한 반복적 테스트는 새로운 버그를 찾지 못한다는 원리
정황 의존성	소프트웨어의 성격에 맞게 테스트를 수행해야 한다는 원리
오류-부재의 궤변	요구사항을 충족시켜주지 못한다면, 결함이 없다고 해도 품질이 높다고 볼 수 없다는 원리

02 다음은 소프트웨어 테스트 원리에 대한 설명이다. 괄호( ) 안에 들어갈 원리를 보기에서 골라서 쓰시오.

- (①) 원리는 적은 수의 모듈(20% 모듈)에서 대다수 결함(80% 결함)이 발견된다는 원리로 파레토 법칙(Pareto Principle)의 내용인 80 대 20 법칙 적용한다.
- (②) 원리는 소프트웨어의 성격에 맞게 테스트를 수행해야 한다는 원리이다.

㉠ 결함 존재 증명 ㉡ 완벽 테스팅은 불가능
㉢ 초기 집중 ㉣ 결함 집중
㉤ 살충제 패러독스 ㉥ 정황 의존성
㉦ 오류-부재의 궤변

①

②

03 소프트웨어 테스트 산출물 중에서 애플리케이션의 테스트 되어야 할 기능 및 특징, 테스트가 필요한 상황을 작성한 문서는 무엇인가?

해설
- 하나의 단일 테스트 시나리오가 하나 또는 여러 개의 테스트 케이스들을 포함할 수 있다.
- 테스트 시나리오가 테스트 케이스와 일 대 다의 관계를 갖는다.

예상문제

04 소프트웨어 테스트 산출물의 종류는 다양하다. 그중에서 테스트 케이스를 실행환경에 따라 구분해 놓은 테스트 케이스의 집합으로 시나리오가 포함되지 않은 단순한 테스트 케이스들의 모음을 (①)라고 부르고, 테스트 케이스의 실행 순서(절차)를 작성한 문서는 (②)라고 부른다. 괄호 ( ) 안에 들어갈 정확한 용어를 작성하시오. (영문 Full-name으로 작성하시오.)

①
②

> **해설**
>
> | 테스트 슈트 (Test Suites) | • Test Case를 실행환경에 따라 구분해 놓은 Test Case의 집합
• 시나리오가 포함되지 않은 단순한 테스트 케이스들의 모음 |
> |---|---|
> | 테스트 시나리오 (Test Scenario) | • 애플리케이션의 테스트 되어야 할 기능 및 특징, 테스트가 필요한 상황을 작성한 문서
• 하나의 단일 테스트 시나리오가 하나 또는 여러 개의 테스트 케이스들을 포함할 수 있음
• 테스트 시나리오가 테스트 케이스와 일 대 다의 관계를 가짐 |
> | 테스트 스크립트 (Test Script) | • 테스트 케이스의 실행 순서(절차)를 작성한 문서
• 테스트 스텝(Test Step), 테스트 절차서(Test Procedure)라고도 함 |

05 다음이 설명하는 테스트는 무엇인지 쓰시오.

> 선택된 사용자(회사 내의 다른 사용자 또는 실제 사용자)가 개발자 환경에서 통제된 상태로 개발자와 함께 수행하는 인수 테스트이다.

> **해설**
>
> | 알파 테스트 | 선택된 사용자(회사 내의 다른 사용자 또는 실제 사용자)가 개발자 환경에서 통제된 상태로 개발자와 함께 수행하는 인수 테스트 |
> |---|---|
> | 베타 테스트 | 실제 환경에서 일정 수의 사용자에게 대상 소프트웨어를 사용하게 하고 피드백을 받는 인수 테스트 |

06 결정 포인트 내의 전체 조건식이 적어도 한 번은 참(T)과 거짓(F)의 결과를 수행하는 테스트 커버리지를 무엇이라고 하는가?

> **해설** 결정 커버리지는 (각 분기의) 결정 포인트 내의 전체 조건식이 적어도 한 번은 참(T)과 거짓(F)의 결과를 수행하는 테스트 커버리지이다.

07 아래에서 설명하는 테스트는 무엇인지 쓰시오.

> • 프로그램 외부 사용자의 요구사항 명세를 보면서 수행하는 기능 테스트
> • 소프트웨어의 특징, 요구사항, 설계 명세서 등에 초점을 맞춰 테스트가 이루어짐
> • 기능 및 동작 위주의 테스트를 진행하기 때문에 내부 구조나 작동 원리를 알지 못해도 가능

08 등가 분할 후 경곗값 부분에서 오류 발생 확률이 높기 때문에 경곗값을 포함하여 테스트 케이스를 설계하여 테스트하는 기법은 무엇인가?

> **해설** 최솟값 바로 위, 최대치 바로 아래 등 입력값의 극한 한계를 테스트하는 기법으로 한곗값 테스트라고도 한다.

09 다음은 애플리케이션 테스트에 대한 설명이다. 괄호 ( ) 안에 들어갈 가장 올바른 테스트 유형을 쓰시오.

- 김 PM은 온라인 예약시스템 개발 PM을 맡고 있다. 사용자 요구사항에 따라 시스템에 고의로 실패를 유도하고, 온라인 예약시스템의 정상적 복귀 여부를 확인하는 테스트를 수행해야 한다. 김 PM이 수행해야 하는 테스트는 (①)이다.
- 이 대리는 내부 인트라넷 급여시스템 개발자이다. 일정에 맞춰 커버리지 테스트를 수행해야 한다. 이 대리는 전체 조건식뿐만 아니라 개별 조건식도 참 한 번, 거짓 한 번 결과가 되도록 수행하는 커버리지 테스트를 수행해야 한다. 이 코드 커버리지 유형은 (②)이다.

① _____
② _____

해설

회복 테스트	시스템에 고의로 실패를 유도하고, 시스템의 정상적 복귀 여부를 테스트하는 기법
조건/결정 커버리지	전체 조건식뿐만 아니라 개별 조건식도 참 한 번, 거짓 한 번 결과가 되도록 수행하는 테스트 커버리지 기법

10 다음은 테스트 유형에 대한 설명이다. 괄호 ( ) 안에 들어갈 가장 정확한 테스트 유형을 쓰시오.

- (①): 사용자가 실제로 사용될 환경에서 요구사항들이 모두 충족되는지 사용자의 입장에서 확인하는 테스트로 알파, 베타 테스트가 있다.
- (②): 시스템 처리 능력 이상의 부하, 즉 임계점 이상의 부하를 가하여 비정상적인 상황에서의 처리를 테스트하는 기법이다.
- (③): 오류를 제거하거나 수정한 시스템에서 오류 제거와 수정에 의해 새로이 유입된 오류가 없는지 확인하는 일종의 반복 테스트 기법이다.

① _____
② _____
③ _____

해설 강도 테스트(스트레스 테스트)는 성능 테스트의 한 유형이다.

11 다음은 블랙박스 테스트 유형에 대한 설명이다. 괄호 ( ) 안에 들어갈 가장 정확한 테스트 유형을 쓰시오.

- (①): 테스트 데이터값들 간에 최소한 한 번씩을 조합하는 방식이며, 이는 커버해야 할 기능적 범위를 모든 조합에 비해 상대적으로 적은 양의 테스트 세트를 구성하기 위한 테스트 기법
- (②): 그래프를 활용하여 입력 데이터 간의 관계 및 출력에 미치는 영향을 분석하여 효율성이 높은 테스트 케이스를 선정하여 테스트하는 기법

① _____
② _____

12 다음은 성능 테스트에 대한 설명이다. 괄호 ( ) 안에 들어갈 원리를 보기에서 골라서 쓰시오.

- (①)은/는 시스템에 부하를 계속 증가시키면서 시스템의 임계점을 찾는 테스트이다.
- (②)은/는 짧은 시간에 사용자가 몰릴 때 시스템의 반응을 측정하는 테스트이다.

㉠ Load Testing ㉡ Stress Testing
㉢ Spike Testing ㉣ Endurance Testing

① _____
② _____

해설

부하 테스트 (Load Testing)	• 시스템에 부하를 계속 증가시키면서 시스템의 임계점을 찾는 테스트 • 부하 테스트를 통해 병목 지점을 찾아서 병목 현상을 제거하는 과정을 반복
강도 테스트 (Stress Testing)	• 시스템 처리 능력 이상의 부하, 즉 임계점 이상의 부하를 가하여 비정상적인 상황에서 시스템의 동작 상태를 확인하는 테스트
스파이크 테스트 (Spike Testing)	• 짧은 시간에 사용자가 몰릴 때 시스템의 반응을 측정하는 테스트
내구성 테스트 (Endurance Testing)	• 오랜 시간 동안 시스템에 높은 부하를 가하여 시스템의 반응을 테스트

예상문제

13 아래 프로그램에 대해 구문 커버리지를 수행할 때 각각의 테스트 케이스는 몇 %를 만족하는지 쓰시오.

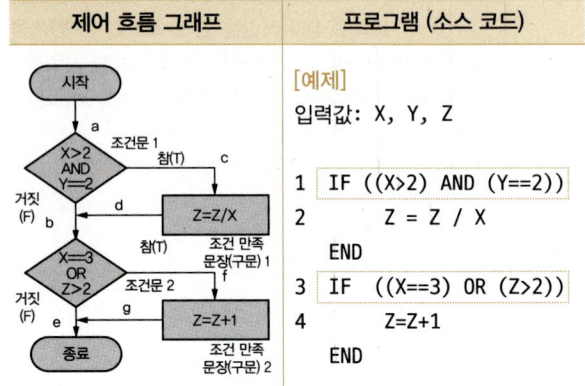

- 테스트 케이스 1: X=4, Y=1, Z=0 → (①)% 만족
- 테스트 케이스 2: X=3, Y=2, Z=9 → (②)% 만족

①

②

> **해설**
> - X=4, Y=1, Z=0 → (a → b → e) = 수행된 구문 2 / 전체 구문 4 = 2/4 = 50% 만족
> - X=3, Y=2, Z=9 → (a → c → d → f → g) = 수행된 구문 4 / 전체 구문 4 = 4/4 = 100% 만족

14 아래의 명세 조건을 만족하는 경곗값 분석의 테스트 케이스를 만들 수 있는 날짜를 모두 쓰시오. (2-Value 방식 기준)

> [명세 조건]
> - 신규 출시된 예금 상품은 날짜에 따라서 이자가 아래와 같이 다르게 계산된다.
>
>   1일~10일: 1,000원
>   11일~20일: 2,000원
>   21일~30일: 3,000원
>
> - 경계 설정: 1일, 11일, 21일, 30일

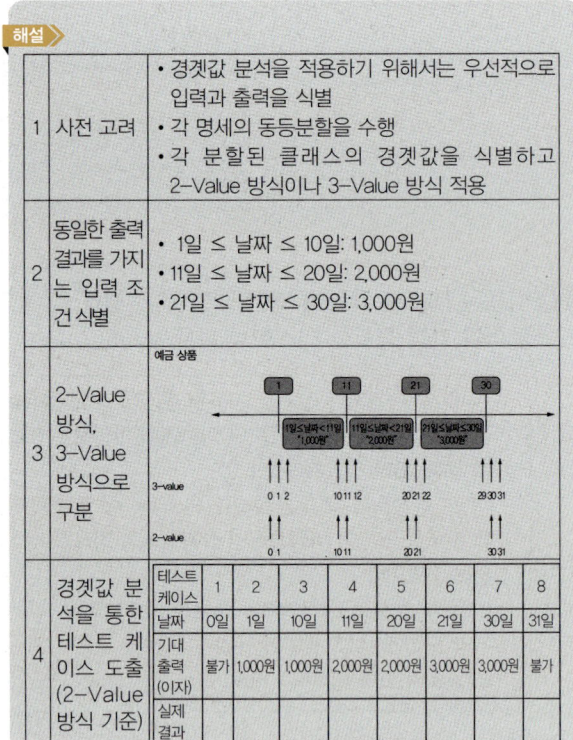

예상문제

15 다음이 설명하는 테스트 레벨의 종류는 무엇인가?

- 사용자 요구사항에 대한 단위 모듈, 서브루틴 등을 테스트하는 단계
- 인터페이스 테스트, 자료 구조 테스트, 실행 경로 테스트, 오류 처리 테스트 등의 기법이 존재

해설 › 사용자 요구사항에 대한 단위 모듈, 서브루틴 등을 테스트하는 단계 인터페이스 테스트, 자료구조 테스트, 실행 경로 테스트, 오류 처리 테스트 등의 기법이 존재하는 테스트 레벨은 단위 테스트이다.

정답
01. 단위(Unit) 02. ① ㉣ 결함 집중, ② ㉥ 정황 의존성 03. 테스트 시나리오(Test Scenario) 04. ① Test Suites, ② Test Script 또는 Test Step 또는 Test Procedure 05. 알파테스트 06. 결정 커버리지(Decision Coverage) 또는 선택 커버리지 또는 분기 커버리지(Branch Coverage) 07. 블랙박스 테스트(Black-Box Test) 또는 명세 테스트 08. 경곗값 분석 테스트(Boundary Value Analysis Testing) 09. ① 회복 테스트, ② 조건/결정 커버리지 10. ① 인수 테스트, ② 강도(Stress) 테스트, ③ 회귀(Regression) 테스트 11. ① 페어와이즈 테스트(Pairwise Testing), ② 원인-결과 그래프 테스트(Cause-Effect Graph Testing) 12. ① ㉠ Load Testing, ② ㉢ Spike Testing 13. ① 50, ② 100 14. 0일, 1일, 10일, 11일, 20일, 21일, 30일, 31일 15. 단위 테스트

CHAPTER 02 애플리케이션 통합 테스트

1 애플리케이션 테스트 수행 ★★★

(1) 단위 테스트

1 단위 테스트(Unit Test) 개념
- 단위(컴포넌트) 테스트는 개별적인 모듈(또는 컴포넌트)을 테스트한다.
- 구현 단계에서 각 모듈을 구현한 후 수행한다.
- 개별적인 모듈에 대해 컴포넌트 테스트를 수행하려면 모듈을 단독으로 실행할 수 있는 테스트 베드(Test Bed)라는 환경이 필요하다.

2 단위 테스트 수행 도구 [24년 2회]

▼ 단위 테스트 수행 도구

구분	설명
테스트 드라이버 (Test Driver)	• 모듈 테스트 수행 후의 결과를 도출하는 시험용 모듈 • 필요 테스트를 인자를 통해 넘겨주고, 테스트 완료 후 그 결괏값을 받는 역할을 하는 가상의 모듈 • 하위 모듈을 호출하는 상위 모듈의 역할
테스트 스텁 (Test Stub)	• 일시적으로 필요한 조건만을 가지고 임시로 제공되는 시험용 모듈 • 상위 모듈에 의해 호출되는 하위 모듈의 역할

> **학습 Point**
> 테스트 드라이버와 테스트 스텁은 드라이버, 스텁이라고도 부릅니다.

(2) 통합 테스트

1 통합 테스트(Integration Test) 개념
- 통합 테스트는 소프트웨어 각 모듈 간의 인터페이스 관련 오류 및 결함을 찾아내기 위한 체계적인 테스트 기법이다.
- 단위 테스트가 끝난 모듈 또는 컴포넌트 단위의 프로그램이 설계 단계에서 제시한 애플리케이션과 동일한 구조와 기능으로 구현된 것인지를 확인하는 테스트이다.

2 통합 테스트 방식 [23년 1회]

① 하향식 통합 테스트(Top Down Integration Test)
- 하향식 통합 테스트는 프로그램의 상위 모듈에서 하위 모듈 방향으로 통합하면서 테스트하는 기법이다.
- 하향식 통합 테스트는 하위 모듈에서 반환 값을 전달하기 위한 더미 모듈인 스텁(Stub)을 사용한다.

② 상향식 통합 테스트(Bottom Up Integration Test)
- 상향식 통합 테스트는 프로그램의 하위 모듈에서 상위 모듈 방향으로 통합하면서 테스트하는 기법이다.
- 상향식 통합 테스트는 상위 모듈에서 데이터의 입력과 출력을 확인하기 위한 더미 모듈인 드라이버(Driver)를 사용한다.

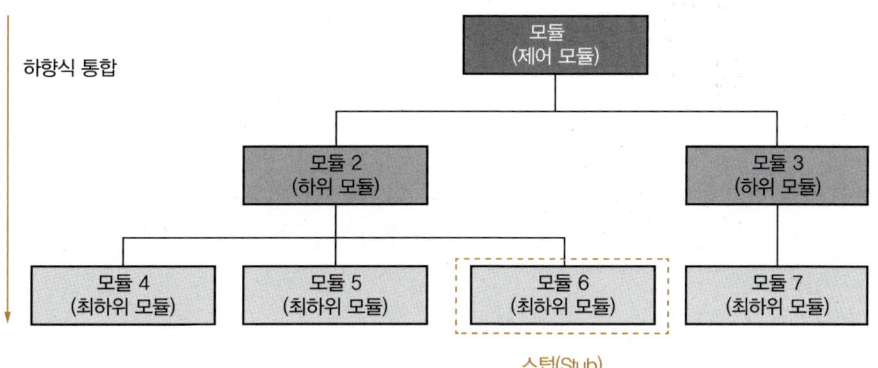

▲ 하향식 방식의 통합 테스트

③ 빅뱅 통합 테스트(Big Bang Integration Test)
- 빅뱅 통합 테스트는 모든 모듈을 동시에 통합한 후 테스트하는 기법이다.
- 빅뱅 통합 테스트는 작은 시스템에 유리하다.
- 빅뱅 통합 테스트는 드라이버/스텁 없이 실제 모듈로 테스트를 수행한다.

④ 샌드위치 통합 테스트(Sandwich Integration Test)
- 샌드위치 통합 테스트는 상향식 통합 테스트와 하향식 통합 테스트 방식을 결합한 테스트 방식이다.
- 샌드위치 통합 테스트는 하위 프로젝트가 있는 큰 규모의 통합 테스트에서 사용하는 방식이다.
- 병렬 테스트가 가능하고 시간 절약이 가능하다.
- 스텁과 드라이버의 필요성이 매우 높은 방식이다.

학습 Point
하향식 통합 테스트는 스텁을 이용한다는 것을 두음을 통해서 꼭 기억해두세요.

두음쌤 한마디
하향식 및 상향식 통합 수행 방식
「하스 상드」
하향식 (스텁) / 상향식 (드라이버)
→ 하얀 스타킹을 상으로 드렸다.

학습 Point
빅뱅 통합 테스트와 샌드위치 통합 테스트의 큰 차이는 드라이버/스텁의 유무입니다.

(3) 테스트 자동화 도구

1 테스트 자동화 개념
테스트 자동화는 테스트 도구를 활용하여 반복적인 테스트 작업을 스크립트 형태로 구현함으로써, 쉽고 효율적인 테스트를 수행할 수 있는 방법이다.

2 테스트 자동화 도구의 장단점

▼ 테스트 자동화 도구의 장단점

장점	단점
• 반복되는 테스트 데이터 재입력 작업의 자동화 • 사용자 요구 기능의 일관성 검증에 유리 • 테스트 결괏값에 대한 객관적인 평가 기준 제공 • 테스트 결과의 통계 작업과 그래프 등 다양한 표시 형태 제공 • UI가 없는 서비스의 경우에도 정밀한 테스트 가능	• 도구 도입 후 도구 사용 방법에 대한 교육 및 학습 필요 • 도구를 프로세스 단계별로 적용하기 위한 시간, 비용, 노력이 필요 • 상용 도구의 경우 고가, 유지 관리 비용이 높아 추가 투자가 필요

3 테스트 자동화 도구 유형

① **정적 분석 도구(Static Analysis Tools)**
- 정적 분석 도구는 만들어진 애플리케이션을 실행하지 않고 분석하는 도구이다.
- 대부분의 경우 소스 코드에 대한 코딩 표준, 코딩 스타일, 코드 복잡도 및 남은 결함을 발견하기 위하여 사용한다.
- 테스트를 수행하는 사람이 작성된 소스 코드에 대한 이해를 바탕으로 도구를 이용해서 분석하는 것을 말한다.

② **성능 테스트 도구(Performance Test Tools)**
- 성능 테스트 도구는 애플리케이션의 처리량, 응답 시간, 경과 시간, 자원 사용률에 대해 가상의 사용자를 생성하고 테스트를 수행함으로써 성능 목표를 달성하였는지를 확인하는 도구이다.

4 테스트 하네스

① **테스트 하네스(Test Harness) 개념**
테스트 하네스는 시스템 모듈의 테스트를 위해 테스트를 자동화하거나 제어하기 위한 코드 및 도구의 집합이다.

② 테스트 하네스 구성요소

▼ 테스트 하네스 구성요소

구성요소	설명
테스트 드라이버 (Test Driver)	• 상위 모듈에서 데이터의 입력과 출력을 확인하기 위한 더미 모듈
테스트 스텁 (Test Stub)	• 하위 모듈에서 반환 값을 전달하기 위한 더미 모듈
테스트 슈트 (Test Suites)	• 테스트 대상 컴포넌트나 모듈, 시스템에 사용되는 테스트 케이스의 집합
테스트 케이스 (Test Case)	• 입력값, 실행 조건, 기대 결과 등의 집합
테스트 시나리오 (Test Scenario)	• 애플리케이션의 테스트 되어야 할 기능 및 특징, 테스트가 필요한 상황을 작성한 문서 • 하나의 단일 테스트 시나리오가 하나 또는 여러 개의 테스트 케이스들을 포함할 수 있음
테스트 스크립트 (Test Script)	• 자동화된 테스트 실행 절차에 대한 명세
목 오브젝트 (Mock Object)	• 사용자의 행위를 조건부로 사전에 입력해 두면, 그 상황에 예정된 행위를 수행하는 객체

두음쌤 한마디

테스트 하네스 구성요소
「드 스슈 케시스목」
드라이버 / 스텁 / 슈트 / 케이스 / 시나리오 / 스크립트 / 목 오브젝트

2 애플리케이션 테스트 결함 ★

(1) 결함

1 결함(Defect)
- 결함은 개발자 오류로 인해 만들어지는 문서 또는 코딩상의 결점으로 소프트웨어가 개발자가 설계한 것과 다르게 동작하거나 다른 결과가 발생하는 현상이다.

2 결함 관련 용어
- 소프트웨어의 결함을 말할 때 오류(Error), 결점(Fault), 버그(Bug), 고장(Failure) / 문제(Problem)와 같은 용어가 사용된다.

▼ 결함 관련 용어

용어	설명
오류(Error)	결함(Defect)의 원인이 되는 것으로, 일반적으로 사람(소프트웨어 개발자, 분석가 등)에 의해 생성된 실수(Human Mistake)
결점(Fault)	소프트웨어 개발 활동을 수행함에 있어서 시스템이 고장(Failure)을 일으키게 하며, 오류(Error)가 있는 경우 발생하는 현상
버그(Bug)	프로그램 오류로 인해 예상치 못한 결과가 나는 현상
고장(Failure) / 문제(Problem)	소프트웨어 제품에 포함된 결함이 실행될 때 발생하는 현상

(2) 결함 관리

1 결함 관리 개념

결함 관리는 단계별 테스트 수행 후 발생한 결함의 재발 방지와 유사 결함 발견 시 처리 시간 단축을 위해 결함을 추적하고 관리하는 활동이다.

2 결함 생명주기

결함 생명주기를 구성하는 대표적인 결함의 상태로는 결함 등록, 결함 검토, 결함 할당, 결함 수정, 결함 종료, 결함 재등록, 결함 조치 보류가 있다.

▼ 결함 생명주기별 결함 상태

결함 상태	설명
결함 등록 (Open)	• 테스터가 테스트 절차를 실행하여 발견한 결함을 분석 후 구체화, 고립화, 일반화한 결함으로서 보고된 상태 • 결함 보고서에 기록되어 결함 추적의 대상이 된 상태
결함 검토 (Reviewed)	• Open 된 결함의 처리 방안을 검토하는 상태 • 각 결함은 위험성(발생 가능성, 심각성, 긴급성)을 바탕으로 이번에 수정되거나(Assigned 상태로 이동), 다음 릴리스에서 수정(Deferred 상태로 이동)되거나 무시(Closed 상태로 이동)될 수 있음
결함 할당 (Assigned)	• 결함을 수정할 개발자가 결정되고, 그 개발자에게 결함 해결이 요구된 상태
결함 수정 (Resolved)	• 개발자가 자신에게 할당된 수정 사항에 대한 해결을 처리한 상태
결함 확인 (Verified)	• 개발자의 결함 처리가 합당한지, 정확한지 검증이 완료된 상태
결함 종료 (Closed)	• 수정된 사항에 대하여 정확한 수정이 이루어졌다고 판단되어 종료된 상태
결함 재등록 (Reopen)	• 결함이 정확하게 수정되지 않아서 다시 수정을 요구하는 상태
결함 조치 보류 (Deferred)	• Open 된 결함을 곧바로 수정하지 않고 다음 릴리스에서 해결하기로 연기된 상태 • Deferred 된 결함은 적절한 시점에 Reopen 되어 결함 처리가 시작될 수 있음

NCS 지/피/지/기 기출문제

▶ 20년 2회

01 애플리케이션을 실행하지 않고, 소스 코드에 대한 코딩 표준, 코딩 스타일, 코드 복잡도 및 남은 결함을 발견하기 위해 사용하는 도구는 무엇인지 작성하시오.

> **해설**
> - 테스트 자동화 도구 중 정적 분석 도구는 만들어진 애플리케이션을 실행하지 않고 분석하는 도구이다.
> - 대부분의 경우 소스 코드에 대한 코딩 표준, 코딩 스타일, 코드 복잡도 및 남은 결함을 발견하기 위하여 사용한다.
> - 테스트를 수행하는 사람이 작성된 소스 코드에 대한 이해를 바탕으로 도구를 이용해서 분석하는 것을 말한다.

▶ 21년 3회

02 (①) 테스트는 최하위 모듈로부터 위쪽 방향으로 제어의 경로를 따라 이동하면서 테스트와 통합을 수행하는 방식이고, 하위 모듈을 포함하는 (②)이/가 필요하다. 괄호 ( ) 안에 들어갈 알맞은 용어를 쓰시오.

①

②

> **해설**
> - 상향식(Bottom Up) 테스트는 애플리케이션 구조에서 최하위 레벨의 모듈 또는 컴포넌트로부터 위쪽 방향으로 제어의 경로를 따라 이동하면서 구축과 테스트를 수행하는 방식이다.
> - 상향식 테스트를 위해서는 하위 모듈을 포함하는 테스트 드라이버가 필요하다.
> - 테스트 드라이버(Driver)는 상위의 모듈에서 데이터의 입력과 출력을 확인하기 위한 더미 모듈이다.

▶ 21년 2회

03 테스트 하네스 구성요소 중 모듈 통합 테스트에서 사용하는 요소로 상향식 통합 테스트에서는 테스트 드라이버, 하향식 통합 테스트에서는 테스트 ( )을/를 사용한다. 괄호 ( ) 안에 들어갈 알맞은 용어를 쓰시오.

> **해설**
> - 테스트 하네스 구성요소 중 모듈 통합 테스트에 사용하는 요소로 하향식 통합 테스트에 사용하는 구성요소는 스텁(Stub)이다.
> - 테스트 하네스 구성요소는 아래와 같다.
>
> | | |
> |---|---|
> | 테스트 드라이버 (Test Driver) | 테스트 대상 하위 모듈을 호출하고, 파라미터를 전달하고, 모듈 테스트 수행 후의 결과를 도출하는 등 상향식 테스트에 필요 |
> | 테스트 스텁 (Test Stub) | 제어 모듈이 호출하는 타 모듈의 기능을 단순히 수행하는 도구로 하향식 테스트에 필요 |
> | 테스트 슈트 (Test Suites) | 테스트 대상 컴포넌트나 모듈, 시스템에 사용되는 테스트 케이스의 집합 |
> | 테스트 케이스 (Test Case) | 입력값, 실행 조건, 기대 결과 등의 집합 |
> | 테스트 시나리오 (Test Scenario) | • 애플리케이션의 테스트 되어야 할 기능 및 특징, 테스트가 필요한 상황을 작성한 문서
• 하나의 단일 테스트 시나리오가 하나 또는 여러 개의 테스트 케이스들을 포함할 수 있음 |
> | 테스트 스크립트 (Test Script) | 자동화된 테스트 실행 절차에 대한 명세 |
> | 목 오브젝트 (Mock Object) | 사용자의 행위를 조건부로 사전에 입력해 두면, 그 상황에 예정된 행위를 수행하는 객체 |

기출문제

04 다음이 설명하는 테스트 기법은 무엇인지 쓰시오. ▶ 23년 1회

> 통합 테스트의 기법 중 하나로 모든 모듈을 동시에 통합 후 테스트 수행하는 기법이다. 장점으로는 단시간에 테스트 가능하지만, 단점으로는 장애 위치 파악이 어렵고, 모든 모듈이 개발되어야 가능하다.

해설

빅뱅 테스트	모든 모듈을 동시에 통합 후 테스트 수행
상향식 테스트	최하위 모듈부터 점진적으로 상위 모듈과 함께 테스트
하향식 테스트	최상위 모듈부터 하위 모듈들을 통합하면서 테스트
샌드위치 테스트	상위는 하향식+하위는 상향식 테스트

05 다음 중 블랙박스 테스트와 화이트박스 테스트를 올바르게 구분하시오. ▶ 23년 2회

> |보기|
> ㉠ 제어 흐름 테스트
> ㉡ INPUT, OUTPUT 테스트
> ㉢ 구조 기반 테스트
> ㉣ 명세 기반 테스트

① 블랙박스 테스트:

② 화이트 박스 테스트 :

해설
- 블랙박스 테스트는 명세기반 테스트라고 하며, 시스템의 내부 동작을 고려하지 않고 오로지 시스템의 입력, 출력에 중점을 둔다.
- 화이트박스 테스트는 구조기반 테스트라고 하며, 시스템 내부의 동작, 코드, 구조, 알고리즘 등의 제어 흐름을 검사하는 데 중점을 둔다.

06 상향식 통합 테스트는 프로그램의 하위 모듈에서 상위 모듈 방향으로 통합하면서 테스트하는 기법으로, 상위 모듈에서 데이터의 입력과 출력을 확인하기 위한 더미 모듈인 ( )을/를 사용한다. 빈칸에 들어갈 용어는 무엇인가? ▶ 24년 2회

해설
- 드라이버는 상위 모듈에서 데이터의 입력과 출력을 확인하기 위한 더미 모듈이다.

상향식 및 하향식 통합 수행 방식	
하스 상드	하향식(스텁), 상향식(드라이버)

정답
01. 정적 분석 도구   02. ① 상향식, ② 테스트 드라이버   03. 스텁(Stub)   04. 빅뱅 테스트(Big Bang Test)   05. ①: ㉣, ㉡ ②: ㉠, ㉢   06. 드라이버(Driver)

NCS 천/기/누/설 예상문제

01 통합 테스트에 대한 설명이다. 괄호 ( ) 안에 들어갈 알맞은 용어를 쓰시오.

- (①)은/는 상위의 모듈에서 데이터의 입력과 출력을 확인하기 위한 더미 모듈로 상향식 통합 테스트 수행 시 사용된다.
- (②)은/는 모듈 및 모든 하위 컴포넌트를 대신하는 더미 모듈로 하향식 통합 테스트 수행 시 사용된다.
- (③) 테스트는 모든 모듈을 동시에 통합 후 테스트를 수행하는 방식으로 단시간에 통합 테스트가 가능하다.

①
②
③

해설

상향식 및 하향식 통합 수행 방식	
하스 상드	하향식(스텁), 상향식(드라이버)

02 아래에서 설명하고 있는 통합 테스트 유형은 무엇인지 쓰시오.

- 상향식 통합 테스트와 하향식 통합 테스트 방식을 결합한 테스트 방식이다.
- 하위 프로젝트가 있는 큰 규모의 통합 테스트에서 사용하는 방식으로 병렬 테스트가 가능하고 시간 절약이 가능하다.
- 스텁과 드라이버의 필요성이 매우 높은 방식이고, 비용이 많이 소요된다.

해설 상향식 통합 테스트와 하향식 통합 테스트 방식을 결합한 테스트 방식은 샌드위치 통합 테스트이다.

03 다음이 설명하는 테스트 기법은 무엇인지 쓰시오.

통합 테스트 기법 중 하나로서 모든 모듈을 동시에 통합 후 테스트 수행하는 기법이다. 장점으로는 단시간에 테스트가 가능하지만, 단점으로는 장애 위치 파악이 어렵고, 모든 모듈이 개발되어야 가능하다.

해설

하향식 통합 테스트	프로그램의 상위 모듈에서 하위 모듈 방향으로 통합하면서 테스트하는 기법
상향식 통합 테스트	프로그램의 하위 모듈에서 상위 모듈 방향으로 통합하면서 테스트하는 기법
빅뱅 통합 테스트	모든 모듈을 동시에 통합한 후 테스트하는 기법
샌드위치 통합 테스트	상향식 통합 테스트와 하향식 통합 테스트 방식을 결합한 테스트 방식

정답
01. ① 드라이버(Driver), ② 스텁(Stub), ③ 빅뱅 02. 샌드위치 통합 테스트 03. 빅뱅 통합 테스트(Big Bang Integration Test)

CHAPTER 03 애플리케이션 성능 개선

1 애플리케이션 성능 분석

(1) 애플리케이션 성능 점검 개요

1 애플리케이션 성능 측정 지표

▼ 애플리케이션 성능 측정 지표

지표	설명
처리량 (Throughput)	• 애플리케이션이 주어진 시간에 처리할 수 있는 트랜잭션의 수 • 웹 애플리케이션의 경우 시간당 페이지 수로 표현
응답 시간 (Response Time)	• 사용자 입력이 끝난 후, 애플리케이션의 응답 출력이 개시될 때까지의 시간 • 애플리케이션의 경우 메뉴 클릭 시 해당 메뉴가 나타나기까지 걸리는 시간
경과 시간 (Turnaround Time)	• 애플리케이션에 사용자가 요구를 입력한 시점부터 트랜잭션을 처리 후 그 결과의 출력이 완료할 때까지 걸리는 시간
자원 사용률 (Resource Usage)	• 애플리케이션이 트랜잭션을 처리하는 동안 사용하는 CPU 사용량, 메모리 사용량, 네트워크 사용량

두음쌤 한마디

애플리케이션 성능 측정 지표
「처응경자」
처리량 / 응답 시간 / 경과 시간 / 자원 사용률
→ 처의 응원을 받은 경호 자원봉사자

2 유형별 성능 분석 도구

성능 분석 도구는 애플리케이션의 성능을 점검하는 도구와 시스템 자원 사용량을 모니터링 하는 도구로 분류할 수 있다.

▼ 유형별 성능 분석 도구

구분	설명
성능/부하/스트레스 (Performance/Load/ Stress) 점검 도구	• 애플리케이션의 성능 점검을 위해 가상의 사용자를 점검 도구 상에서 인위적으로 생성한 뒤, 시스템의 부하나 스트레스를 통해 성능 측정 지표인 처리량, 응답 시간, 경과 시간 등을 점검하기 위한 도구
모니터링(Monitoring) 도구	• 애플리케이션 실행 시 자원 사용량을 확인하고 분석 가능한 도구 • 성능 모니터링, 성능 저하 원인 분석, 시스템 부하량 분석, 장애 진단, 사용자 분석, 용량 산정 등의 기능을 제공하여, 시스템의 안정적 운영을 지원하는 도구

2 애플리케이션 성능 개선 ★★

(1) 소스 코드 최적화

소스 코드 최적화는 읽기 쉽고 변경 및 추가가 쉬운 클린 코드를 작성하는 것으로, 소스 코드 품질을 위해 기본적으로 준수해야 할 원칙과 기준을 정의하고 있다.

1 배드 코드(Bad Code)

① 배드 코드 개념
- 배드 코드는 다른 개발자가 로직(Logic)을 이해하기 어렵게 작성된 코드이다.
- 처리 로직의 제어가 정제되지 않고 서로 얽혀 있는 스파게티 코드, 변수나 메서드에 대한 이름 정의를 알 수 없는 코드, 동일한 처리 로직이 중복되게 작성된 코드 등이 있다.

② 배드 코드 유형
배드 코드 유형에는 외계인 코드, 스파게티 코드 등이 있다.

▼ 배드 코드 유형

유형	설명
외계인 코드 (Alien Code)	• 오래되거나 참고문서 또는 개발자가 없어 유지보수 작업이 어려운 코드
스파게티 코드 (Spaghetti Code)	• 작동은 정상적으로 하지만, 사람이 코드를 읽으면서 그 코드의 작동을 파악하기는 어려운 코드 • 컴퓨터 프로그램의 소스 코드가 복잡하게 얽힌 모습을 스파게티의 면발에 비유한 표현

2 클린 코드(Clean Code)

① 클린 코드 개념
- 클린 코드는 잘 작성되어 가독성이 높고, 단순하며, 의존성을 줄이고, 중복을 최소화하여 깔끔하게 잘 정리된 코드이다.

② 클린 코드 특징
- 중복 코드 제거로 애플리케이션의 설계가 개선된다.
- 가독성이 높으므로 애플리케이션의 기능에 대해 쉽게 이해할 수 있다.
- 버그를 찾기 쉬워지며, 프로그래밍 속도가 빨라진다.

학습 Point
애플리케이션 성능 개선 부분은 배드 코드, 클린 코드의 개념을 잘 알아두세요.

학습 Point
배드 코드의 유형인 외계인 코드, 스파게티 코드는 개념 위주로 알아두세요.

③ 클린 코드 작성 원칙

클린 코드의 작성 원칙을 준수하고, 배드 코드 형식으로 작성된 소스 코드는 클린 코드로 수정하여 성능을 개선해야 한다.

▼ 클린 코드의 작성 원칙

작성 원칙	설명
가독성	이해하기 쉬운 용어를 사용, 코드 작성 시 들여쓰기 기능을 사용
단순성	한 번에 한 가지 처리만 수행, 클래스/메서드/함수를 최소 단위로 분리
의존성 최소	영향도를 최소화, 코드의 변경이 다른 부분에 영향이 없게 작성
중복성 제거	중복된 코드를 제거, 공통된 코드를 사용
추상화	클래스/메서드/함수에 대해 동일한 수준의 추상화 구현, 상세 내용은 하위 클래스/메서드/함수에서 구현

두음쌤 한마디
클린 코드 작성 원칙
「가단의 중추」
가독성 / 단순성 / 의존성 최소 / 중복성 제거 / 추상화
→ 가구 단지는 중추절에 논다.

3 리팩토링

① 리팩토링(Refactoring)의 개념
- 리팩토링은 유지보수 생산성 향상을 목적으로 기능을 변경하지 않고, 복잡한 소스 코드를 수정, 보완하여 가용성 및 가독성을 높이는 기법이다.
- 소프트웨어 모듈의 외부적 기능은 수정하지 않고 내부적으로 구조, 관계 등을 단순화하여 소프트웨어의 유지 보수성을 향상시키는 기법이다.

② 리팩토링의 목적

목적	설명
유지 보수성 향상	복잡한 코드의 단순화, 소스의 가독성 향상
유연한 시스템	소프트웨어 요구사항 변경에 유연한 대응
생산성 향상	정제 및 최적화된 소스의 재사용
품질향상	소프트웨어 오류발견이 용이하여 품질향상

(2) 소스 코드 품질분석 [24년 1회]

1 소스 코드 품질분석 개념
- 소스 코드 품질분석은 소스 코드에 대한 코딩 스타일, 설정된 코딩 표준, 코드의 복잡도, 코드 내에 존재하는 메모리 누수 현황, 스레드의 결함 등을 발견하기 위한 활동이다.
- 정적 분석 도구와 동적 분석 도구가 있다.

학습 Point
사전에 정의된 코드 작성 규칙을 기반으로 소스 코드를 점검하여 규칙에 위반되는 소스 코드를 추출하는 정적 분석 기법인 코드 인스펙션(Code Inspection) 기법도 시험에 출제된 적이 있습니다. 잘 챙겨두세요.

2 소스 코드 품질분석 도구 유형

▼ 소스 코드 품질분석 도구 유형

유형	설명
정적 분석 도구	작성된 소스 코드를 실행시키지 않고, 코드 자체만으로 코딩 표준 준수 여부, 코딩 스타일 적정 여부, 잔존 결함 발견 여부를 확인하는 코드 분석 도구
동적 분석 도구	애플리케이션을 실행하여 코드에 존재하는 메모리 누수 현황을 발견하고, 발생한 스레드의 결함 등을 분석하기 위한 도구

기출문제

▶ 24년 1회

01 다음에서 설명하는 기법을 보기에서 고르시오.

> 소프트웨어의 품질을 향상하기 위해 프로그램을 실행하지 않고 소스 코드를 점검해서 규칙에 위반되는 소스 코드를 추출하는 정적 분석 기법이다.

| 보기 |
㉠ COCOMO
㉡ V 모형(V Model)
㉢ 코드 인스펙션(Code Inspection)
㉣ 애자일(Agile)
㉤ 워크 스루(Walk Through)
㉥ 나선형 모형(Sprial Model)

해설 • 코드 인스펙션은 사전에 정의된 코드 작성 규칙을 기반으로 소스 코드를 점검하여 규칙에 위반되는 소스 코드를 추출하는 정적 분석 기법이다.

정답
01. ㉢ 코드 인스펙션

예상문제

01 다음은 애플리케이션 성능 측정 지표에 대한 설명이다. 괄호 ( ) 안에 들어갈 알맞은 용어를 쓰시오.

> - 처리량: 애플리케이션이 주어진 시간에 처리할 수 있는 트랜잭션의 수로 웹 애플리케이션의 경우 시간당 페이지 수로 표현
> - (①): 사용자 입력이 끝난 후, 애플리케이션의 응답 출력이 개시될 때까지의 시간으로 애플리케이션의 경우 메뉴 클릭 시 해당 메뉴가 나타나기까지 걸리는 시간
> - (②): 애플리케이션에 사용자가 요구를 입력한 시점부터 트랜잭션을 처리 후 그 결과의 출력이 완료할 때까지 걸리는 시간
> - 자원 사용률: 애플리케이션이 트랜잭션을 처리하는 동안 사용하는 CPU 사용량, 메모리 사용량, 네트워크 사용량

①
②

해설 애플리케이션 성능 측정 지표

처응경자	처리량 / 응답 시간 / 경과 시간 / 자원 사용률

02 배드 코드 중에서 작동은 정상적으로 하지만, 사람이 코드를 읽으면서 그 코드의 작동을 파악하기는 어려운 코드는 무엇인가?

해설 배드 코드 유형에는 외계인 코드, 스파게티 코드 등이 있다.

외계인 코드 (Alien Code)	• 오래되거나 참고문서 또는 개발자가 없어 유지보수 작업이 어려운 코드
스파게티 코드 (Spaghetti Code)	• 작동은 정상적으로 하지만, 사람이 코드를 읽으면서 그 코드의 작동을 파악하기는 어려운 코드 • 컴퓨터 프로그램의 소스 코드가 복잡하게 얽힌 모습을 스파게티의 면발에 비유한 표현

03 다음은 클린 코드 작성 원칙에 대한 설명이다. 괄호 ( ) 안에 들어갈 알맞은 용어를 쓰시오.

> [클린 코드 작성 원칙]
> - 가독성: 이해하기 쉬운 용어를 사용, 코드 작성 시 들여쓰기 기능을 사용
> - ( ): 한 번에 한 가지 처리만 수행, 클래스/메서드/함수를 최소 단위로 분리
> - 의존성: 영향도를 최소화, 코드의 변경이 다른 부분에 영향이 없게 작성
> - 중복성: 중복된 코드를 제거, 공통된 코드를 사용
> - 추상화: 클래스/메서드/함수에 대해 동일한 수준의 추상화 구현, 상세 내용은 하위 클래스/메서드/함수에서 구현

해설 클린 코드 작성 원칙

가단의 중추	가독성 / 단순성 / 의존성 최소 / 중복성 제거 / 추상화

04 유지보수 생산성 향상을 목적으로 기능을 변경하지 않고, 복잡한 소스 코드를 수정, 보완하여 가용성 및 가독성을 높이는 기법은 무엇인가?

해설 리팩토링은 소프트웨어 모듈의 외부적 기능은 수정하지 않고 내부적으로 구조, 관계 등을 단순화하여 소프트웨어의 유지보수성을 향상시키는 기법이다.

정답
01. ① 응답 시간, ② 경과 시간   02. 스파게티 코드(Spaghetti Code)   03. 단순성   04. 리팩토링(Refactoring)

단원종합문제

01 다음은 소프트웨어 테스트 원리에 대한 설명이다. 괄호 ( ) 안에 들어갈 원리를 보기에서 골라서 쓰시오.

- (①) 원리는 동일한 테스트 케이스에 의한 반복적 테스트는 새로운 버그를 찾지 못한다는 원리이다.
- (②) 원리는 요구사항을 충족시켜주지 못한다면, 결함이 없다고 해도 품질이 높다고 볼 수 없다는 원리이다.

㉠ 결함 존재 증명   ㉡ 완벽 테스팅은 불가능
㉢ 초기 집중   ㉣ 결함 집중
㉤ 살충제 패러독스   ㉥ 정황 의존성
㉦ 오류-부재의 궤변

①
②

해설

결함 존재 증명	테스트는 결함이 존재함을 밝히는 활동
완벽 테스팅은 불가능	무한 경로(한 프로그램 내의 내부 조건은 무수히 많을 수 있음), 무한 입력값(입력이 가질 수 있는 모든 값의 조합이 무수히 많음)으로 인한 완벽한 테스트가 어렵다는 원리
초기 집중	개발 초기에 체계적인 분석 및 설계가 수행되면 테스팅 기간 단축, 재작업을 줄여 개발 기간을 단축 및 결함을 예방할 수 있는 원리
결함 집중	• 적은 수의 모듈(20% 모듈)에서 대다수 결함(80% 결함)이 발견된다는 원리 • 파레토 법칙(Pareto Principle)의 내용인 80 대 20 법칙 적용
살충제 패러독스	동일한 테스트 케이스에 의한 반복적 테스트는 새로운 버그를 찾지 못한다는 원리
정황 의존성	소프트웨어의 성격에 맞게 테스트를 수행해야 한다는 원리
오류-부재의 궤변	요구사항을 충족시켜주지 못한다면, 결함이 없다고 해도 품질이 높다고 볼 수 없다는 원리

02 소프트웨어 테스트 산출물 중에서 ( )은/는 테스트를 위한 설계 산출물로, 응용 소프트웨어가 사용자의 요구사항을 준수하는지 확인하기 위해 설계된 입력값, 실행 조건, 기대 결과로 구성된 테스트 항목의 명세서이다. 괄호 ( ) 안에 들어갈 가장 정확한 용어는 무엇인가?

해설 소프트웨어 테스트 산출물에는 테스트 계획서, 테스트 케이스, 테스트 시나리오, 테스트 스크립트, 테스트 결과서가 있다.

03 프로그램 실행 여부에 따른 테스트의 분류 중 테스트 대상을 실행하지 않고 구조를 분석하여 논리성을 검증하는 테스트로 유형에는 리뷰, 정적 분석이 있는 테스트를 무엇이라고 하는가?

해설 프로그램 실행 여부에 따른 테스트의 분류

정적 테스트	• 테스트 대상을 실행하지 않고 구조를 분석하여 논리성을 검증하는 테스트 • 리뷰, 정적 분석
동적 테스트	• 소프트웨어를 실행하는 방식으로 테스트를 수행하여 결함을 검출하는 테스트 • 화이트박스 테스트, 블랙박스 테스트, 경험 기반 테스트

단원종합문제

04 다음에서 설명하고 있는 소프트웨어 테스트 산출물은 무엇인가?

- 테스트 케이스의 실행 순서(절차)를 작성한 문서이다.
- 테스트 스텝(Test Step), 테스트 절차서(Test Procedure)라고도 한다.

해설

테스트 슈트 (Test Suites)	• Test Case를 실행환경에 따라 구분해 놓은 Test Case의 집합 • 시나리오가 포함되지 않은 단순한 테스트 케이스의 모음
테스트 시나리오 (Test Scenario)	• 애플리케이션의 테스트 되어야 할 기능 및 특징, 테스트가 필요한 상황을 작성한 문서 • 하나의 단일 테스트 시나리오가 하나 또는 여러 개의 테스트 케이스를 포함할 수 있음 • 테스트 시나리오가 테스트 케이스와 일 대 다의 관계를 가짐
테스트 스크립트 (Test Script)	• 테스트 케이스의 실행 순서(절차)를 작성한 문서 • 테스트 스텝(Test Step), 테스트 절차서(Test Procedure)라고도 함

05 아래는 화이트박스 테스트 유형에 대한 설명이다. 괄호 ( ) 안에 들어갈 가장 정확한 테스트 유형을 쓰시오.

(①)	(각 분기의) 결정 포인트 내의 개별 조건식이 적어도 한 번은 참과 거짓의 결과가 되도록 수행하는 테스트 커버리지
(②)	전체 조건식뿐만 아니라 개별 조건식도 참 한 번, 거짓 한 번 결과가 되도록 수행하는 테스트 커버리지
(③)	개별 조건식이 다른 개별 조건식에 영향을 받지 않고 전체 조건식에 독립적으로 영향을 주도록 함으로써 조건/결정 커버리지를 향상시킨 커버리지

①
②
③

06 블랙박스 테스트 유형 중에서 SW의 일부 또는 전체를 트리 구조로 분석 및 표현하여 테스트 케이스를 설계하여 테스트하는 기법을 무엇이라고 하는가?

해설 블랙박스 테스트 유형 중에서 SW의 일부 또는 전체를 트리 구조로 분석 및 표현하여 테스트 케이스를 설계하여 테스트하는 기법은 분류 트리 테스트이다.

07 다음은 소프트웨어 테스트에 대한 설명이다. 괄호 ( ) 안에 들어갈 테스트를 보기에서 골라서 쓰시오.

- (①)는 시스템에 고의로 실패를 유도하고, 시스템의 정상적 복귀 여부를 테스트하는 기법이다.
- (②)는 오류를 제거하거나 수정한 시스템에서 오류 제거와 수정에 의해 새로이 유입된 오류가 없는지 확인하는 일종의 반복 테스트 기법이다.

㉠ Recovery Testing ㉡ Security Testing
㉢ Performance Testing ㉣ Structure Testing
㉤ Regression Testing ㉥ Parallel Testing

①
②

해설

회복 테스트 (Recovery Testing)	시스템에 고의로 실패를 유도하고, 시스템의 정상적 복귀 여부를 테스트하는 기법
안전 테스트 (Security Testing)	불법적인 소프트웨어가 접근하여 시스템을 파괴하지 못하도록 소스 코드 내의 보안적인 결함을 미리 점검하는 테스트 기법
성능 테스트 (Performance Testing)	사용자의 이벤트에 시스템이 응답하는 시간, 특정 시간 내에 처리하는 업무량, 사용자 요구에 시스템이 반응하는 속도 등을 측정하는 테스트 기법
구조 테스트 (Structure Testing)	시스템의 내부 논리 경로, 소스 코드의 복잡도를 평가하는 테스트 기법
회귀 테스트 (Regression Testing)	오류를 제거하거나 수정한 시스템에서 오류 제거와 수정에 의해 새로이 유입된 오류가 없는지 확인하는 일종의 반복 테스트 기법
병행 테스트 (Parallel Testing)	변경된 시스템과 기존 시스템에 동일한 데이터를 입력 후 결과를 비교하는 테스트 기법

08 사용자의 이벤트에 시스템이 응답하는 시간, 특정 시간 내에 처리하는 업무량, 사용자 요구에 시스템이 반응하는 속도 등을 측정하는 테스트 기법인 성능(Performance) 테스트의 세부 유형 중 (①)는/은 시스템 처리 능력 이상의 부하, 즉 임계점 이상의 부하를 가하여 비정상적인 상황에서 시스템의 동작 상태를 확인하는 테스트 기법이고, (②)는/은 오랜 시간 동안 시스템에 높은 부하를 가하여 시스템 반응을 테스트하는 기법이다. 괄호 ( ) 안에 들어갈 가장 올바른 테스트 유형을 쓰시오.

①
②

해설 성능 테스트의 유형에는 부하 테스트, 강도 테스트, 스파이크 테스트, 내구성 테스트가 있다.

09 다음은 정적 테스트에 대한 설명이다. 괄호 ( ) 안에 들어갈 기법을 보기에서 골라서 쓰시오.

① 소프트웨어 요구, 설계, 원시 코드 등의 저작자 외의 다른 전문가 또는 팀이 검사하여 문제를 식별하고 문제에 대한 올바른 해결을 찾아내는 형식적인 검토 기법
② 검토 자료를 회의 전에 배포해서 사전 검토한 후 짧은 시간 동안 회의를 진행하는 형태로 리뷰를 통해 문제 식별, 대안 조사, 개선 활동, 학습 기회를 제공하는 가장 비형식적인 검토 기법
③ 2~3명이 진행하는 리뷰의 형태로 요구사항 명세서 작성자가 요구사항 명세서를 설명하고, 이해관계자들이 설명을 들으면서 결함을 발견하는 형태로 진행하는 검토 기법

㉠ Peer Review
㉡ Inspection
㉢ Walk Throughts

①
②
③

해설

동료 검토 (Peer Review)	2~3명이 진행하는 리뷰의 형태로 요구사항 명세서 작성자가 요구사항 명세서를 설명하고, 이해관계자들이 설명을 들으면서 결함을 발견하는 형태로 진행하는 검토 기법
인스펙션 (Inspection)	소프트웨어 요구, 설계, 원시 코드 등의 저작자 외의 다른 전문가 또는 팀이 검사하여 문제를 식별하고 문제에 대한 올바른 해결을 찾아내는 형식적인 검토 기법
워크 스루 (Walk Throughts)	검토 자료를 회의 전에 배포해서 사전 검토한 후 짧은 시간 동안 회의를 진행하는 형태로 리뷰를 통해 문제 식별, 대안 조사, 개선 활동, 학습 기회를 제공하는 가장 비형식적인 검토 기법

10 새로 구입한 파일 서버는 최대 1,000명이 동시에 접속해서 파일 업로드가 가능하도록 시스템을 설계해서 구성을 완료했다. 실제 1,000명이 접속할 수 있는 임계점을 찾기 위해서 시행해야 하는 테스트는 무엇인가?

해설
• 부하 테스트는 시스템에 부하를 계속 증가시키면서 시스템의 임계점을 찾는 테스트이다.
• 부하 테스트는 실제 환경을 가정하고 일반적으로 요구사항에서 제시하는 부하의 최대치를 발생시켜 시스템이 안정적으로 작동하는지를 확인하는 테스트이다.

단원종합문제

11 다음 프로그램에 대해 100% 조건 커버리지를 만족하기 위해서 사용해야 하는 테스트 케이스를 모두 고르시오. (단, TC는 순차 실행)

제어 흐름 그래프	프로그램 (소스 코드)

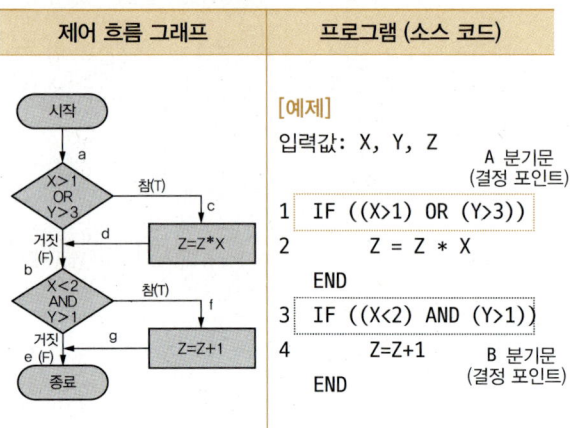

```
[예제]
입력값: X, Y, Z
                              A 분기문
                             (결정 포인트)
1  IF ((X>1) OR (Y>3))
2     Z = Z * X
   END
3  IF ((X<2) AND (Y>1))
4     Z=Z+1                   B 분기문
   END                       (결정 포인트)
```

㉮ 테스트 케이스1: X=3, Y=0.5, Z=2
㉯ 테스트 케이스2: X=1, Y=3, Z=3
㉰ 테스트 케이스3: X=0.5, Y=4, Z=1

해설

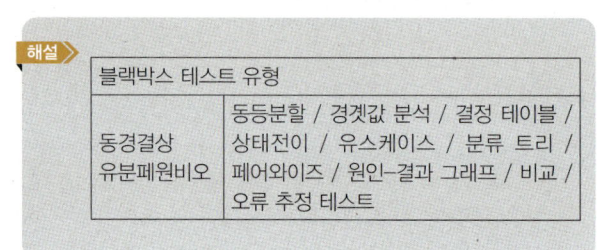

테스트 케이스	A 분기문		B 분기문	
	X>1	Y>3	X<2	Y>1
TC 1 1) X=3, Y=0.5, Z=2	T	F	F	F
TC 2 2) X=1, Y=3, Z=3	F	F	T	T
TC 3 3) X=0.5, Y=4, Z=1	F	T	T	T

- 조건 커버리지의 경우 2개의 결정 포인트 내의 개별 조건식이 적어도 한 번은 참(T)과 거짓(F)의 결과가 되는 테스트 케이스를 가져야 한다.
- TC 1, TC 2까지의 테스트 케이스를 수행하면, 2개의 결정 포인트 내의 전체 조건식이 적어도 한 번은 참(T)과 짓(F)의 결과가 되는 결정 커버리지를 100% 만족하게 된다.
- 하지만 이 테스트 집합은 조건 Y > 3이 True가 되는 경우는 전혀 테스트하지 못한다.
- 그렇기 때문에 TC 1, TC 2, TC 3의 테스트 케이스를 모두 수행해야지, 구문 커버리지를 만족한 상태에서 2개의 결정 포인트 내의 개별 조건식이 적어도 한 번은 참(T)과 거짓(F)의 결과가 되는 조건 커버리지를 100% 만족하게 된다.
- 하지만, TC는 순차 실행이라는 조건이 없었다면 TC1, TC3만 수행해도 100% 조건 커버리지를 만족할 수 있다.

12 아래 테스트 기법 중 블랙박스 테스트 기법을 모두 고르시오.

① 문장 커버리지(Statement Coverage)
② 분류 트리 테스트(Classification Tree Method Testing)
③ 제어 흐름 테스트(Control Flow Testing)
④ 비교 테스트(Comparison Testing)
⑤ 데이터 흐름 테스트(Data Flow Testing)

해설

블랙박스 테스트 유형	
동경결상 유분페원비오	동등분할 / 경곗값 분석 / 결정 테이블 / 상태전이 / 유스케이스 / 분류 트리 / 페어와이즈 / 원인-결과 그래프 / 비교 / 오류 추정 테스트

13 다음 아래 코드에서 분기(Branch) 커버리지를 100% 달성하는 최소 테스트 케이스의 수는 몇 개인가?

[예제]
입력값: X, Y

1 IF (X+Y 〉 300) THEN
2   Print "A"
3 END
4 IF (X+Y 〉 200) THEN
5   Print "B"
6 ENDIF

> **해설**
> - 분기 커버리지는 (각 분기의) 결정 포인트 내의 전체 조건식이 적어도 한 번은 참(T)과 거짓(F)의 결과를 수행하는 테스트 커버리지이다.
> - 따라서 분기 커버리지를 100% 커버하기 위해서는 결정 포인트인 IF 절 문장의 전체 조건식을 참 한 번, 거짓 한 번을 달성하면 된다.
> - 아래처럼 제어 흐름 그래프를 그려보면 a, b, e의 경로를 수행하는 테스트 케이스와 a, c, d, b, f, g, e의 경로를 수행하는 테스트 케이스 2개를 가지거나 a, c, d, b, e의 경로를 수행하는 테스트 케이스와 a, b, f, g, e의 경로를 수행하는 테스트 케이스 2개를 가지면 분기 커버리지를 100% 커버할 수 있다.
> - 따라서 분기 커버리지를 100% 커버할 수 있는 최소 테스트 케이스는 2개이다.

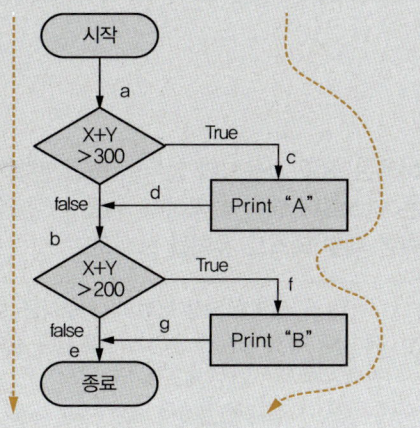

14 A 회사에서 병원에서 내시경 환자들을 위한 대기표 인식 프로그램을 개발 중이다. 내시경 검사는 하루에 30명까지 할 수밖에 없어서 대기표 번호는 1번부터 30번까지 자동으로 출력될 수 있도록 설정해야 한다. 경곗값 분석 테스트(Boundary Value Analysis)를 이용한 테스트를 수행할 때 테스트 케이스로 설정할 수 있는 모든 값을 쓰시오. (2-value 방식 기준)

> **해설**
> - 경곗값 테스트는 경계에 있는 유효한 값과 유효하지 않은 값을 모두 선택해야 한다.
> - 1~30의 값을 동등한 특징을 갖는 등가 집합으로 보고 유효 경곗값 1, 30을 선택하고, 경곗값 1보다 작은 유효하지 않은 경곗값 0과 최대 경곗값인 30보다 큰 유효하지 않은 경곗값 31을 테스트 케이스의 값으로 선택해야 한다.

15 아래 그림에서 맥케이브(McCabe)의 순환 복잡도 측정 방식에 따라 복잡도를 구하시오.

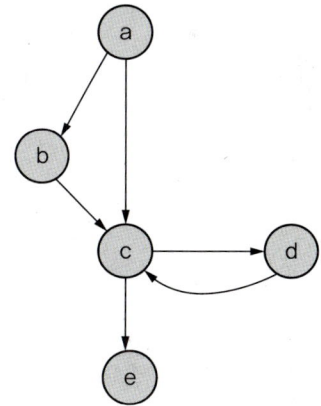

> **해설**
> - 복잡도 V(G)는 노드(N) 수와 간선(E) 수로 계산
> - 노드(N) 수는 5개, 간선(E) 수는 6개
> - 복잡도 V(G)=E-N+2=6-5+2=3

단원종합문제

16 아래의 설명은 경험 기반 테스트의 유형 중 어떤 테스트에 대한 설명인가?

- 테스트 스크립트 또는 테스트 케이스를 문서로 작성하지 않고 경험에 바탕을 두고 탐색적으로 기능을 수행해 보면서 테스트하는 기법이다.
- 사전에 구체적으로 테스트 케이스를 설계하고 이를 바탕으로 테스트를 수행하는 방식이 아니라, 테스트 대상에 대한 이해, 테스트 케이스 설계, 테스트 실행을 병행하는 방식이다.
- 구성요소는 테스트 차터(Test Charter), 시간 제한(Time Boxing), 노트(Note), 회고(Debriefing)가 있다.

해설 테스트 스크립트 또는 테스트 케이스를 문서로 작성하지 않고 경험에 바탕을 두고 탐색적으로 기능을 수행해 보면서 테스트하는 기법으로 차터, 시간 제한, 노트, 회고라는 구성요소가 있는 경험 기반 테스트는 탐색적 테스트이다.

17 아래는 테스트 오라클(Test Oracle)의 종류에 대한 설명이다. 괄호 ( ) 안에 들어갈 가장 올바른 종류를 쓰시오.

- (①): 모든 입력값에 대하여 기대하는 결과를 생성함으로써 발생한 오류를 모두 검출할 수 있는 오라클
- (②): 애플리케이션 변경이 있을 때, 수행 전과 후의 결괏값이 동일한지 확인하는 오라클

①
②

해설

참(True) 오라클	모든 입력값에 대하여 기대하는 결과를 생성함으로써 발생된 오류를 모두 검출할 수 있는 오라클
샘플링(Sampling) 오라클	특정한 몇 개의 입력값에 대해서만 기대하는 결과를 제공해 주는 오라클
휴리스틱(Heuristic) 오라클	샘플링 오라클을 개선한 오라클로, 특정 입력값에 대해 올바른 결과를 제공하고, 나머지 값들에 대해서는 휴리스틱(추정)으로 처리하는 오라클
일관성 검사 (Consistent) 오라클	애플리케이션 변경이 있을 때, 수행 전과 후의 결괏값이 동일한지 확인하는 오라클

18 테스트 레벨(Test Level) 중 소프트웨어 각 모듈 간의 인터페이스 관련 오류 및 결함을 찾아내기 위한 체계적인 테스트 기법은 무엇인가?

해설
- 통합 테스트는 소프트웨어 각 모듈 간의 인터페이스 관련 오류 및 결함을 찾아내기 위한 체계적인 테스트 기법이다.
- 단위 테스트가 끝난 모듈 또는 컴포넌트 단위의 프로그램이 설계 단계에서 제시한 애플리케이션과 동일한 구조와 기능으로 구현된 것인지를 확인하는 테스트이다.

19 아래는 최종 사용자와 업무의 이해 관계자들이 수행하는 테스트에 대한 설명이다. 괄호 ( ) 안에 들어갈 정확한 세부 테스트 유형을 쓰시오.

- (①): 선택된 사용자(회사 내의 다른 사용자 또는 실제 사용자)가 개발자 환경에서 통제된 상태로 개발자와 함께 수행하는 인수 테스트
- (②): 실제 환경에서 일정 수의 사용자에게 대상 소프트웨어를 사용하게 하고 피드백을 받는 인수 테스트

①
②

20 애플리케이션 구조에서 최하위 레벨의 모듈 또는 컴포넌트로부터 위쪽 방향으로 제어의 경로를 따라 이동하면서 구축과 테스트를 수행하는 상향식 통합 수행 방식에서는 상위의 모듈에서 데이터의 입력과 출력을 확인하기 위한 더미 모듈인 (   ) 작성이 필요하다. 괄호 ( ) 안에 들어갈 알맞은 용어를 쓰시오.

> **해설**
> - 드라이버는 상위의 모듈에서 데이터의 입력과 출력을 확인하기 위한 더미 모듈이다.
> - 드라이버는 상위 모듈 흐름을 작성해야 하기 때문에 스텁을 개발하기 쉽다.

21 다음은 샌드위치 통합 방식에 대한 설명이다. 괄호 ( ) 안에 들어갈 정확한 용어를 쓰시오.

> - 샌드위치 통합은 상향식 통합 테스트와 하향식 통합 테스트 방식을 결합한 테스트 방식이다.
> - 하위 프로젝트가 있는 큰 규모의 통합 테스트에서 사용하는 방식이다.
> - (   )이/가 가능하고 시간 절약이 가능하다.

22 다음 설명에 적합한 용어를 쓰시오.

> 주어진 테스트 케이스에 의해 수행되는 소프트웨어의 테스트 범위를 측정하는 테스트 품질 측정 기준이며, 테스트의 정확성과 신뢰성을 향상시키는 역할을 한다.

> **해설** 테스트 커버리지는 주어진 테스트 케이스에 의해 수행되는 소프트웨어의 테스트 범위를 측정하는 테스트 품질 측정 기준이며, 테스트의 정확성과 신뢰성을 향상시키는 역할을 한다.

23 다음은 테스트 시각에 따른 분류에 대한 설명이다. 다음이 설명하는 용어를 쓰시오.

> - 소프트웨어 개발 과정을 테스트
> - 올바른 제품을 생산하고 있는지 검증
> - 이전 단계에서 설정된 개발 규격과 요구를 충족시키는지 판단
> - 개발자 혹은 시험자의 시각으로 소프트웨어가 명세화된 기능을 올바로 수행하는지 알아보는 과정

> **해설**
> - 테스트 시각에 따른 분류에는 검증(Verification)과 확인(Validation)이 있다.
> - 검증(Verification)은 소프트웨어 개발 과정을 테스트하고, 확인(Validation)은 소프트웨어 개발 결과물을 테스트한다.
> - 확인 단계에서는 단위 테스트, 통합 테스트, 시스템 테스트, 인수 테스트를 통해 결과를 테스트한다.

정답
01. ① ⑩ 살충제 패러독스, ② Ⓐ 오류-부재의 궤변 02. 테스트 케이스(Test Case) 03. 정적 테스트 04. 테스트 스크립트(Test Script) 05. ① 조건 커버리지(Condition Coverage), ② 조건/결정 커버리지(Condition/Decision Coverage), ③ 변경 조건/결정 커버리지(Modified Condition/Decision Coverage) 06. 분류 트리 테스트(Classification Tree Method Testing) 07. ① ㉠ Recovery Testing, ② ㉤ Regression Testing 08. ① 강도 테스트(Stress Testing), ② 내구성 테스트(Endurance Testing) 09. ① ㉡ Inspection, ② ㉢ Walk Throughts, ③ ㉠ Peer Review 10. 부하 테스트(Load Testing) 11. ㉮, ㉯, ㉰ 12. ②, ④ 13. 2개 14. 0, 1, 30, 31 15. 3 16. 탐색적 테스트(Exploratory Test) 17. ① 참(True) 오라클, ② 일관성 검사(Consistent) 오라클 18. 통합 테스트(Integration Test) 19. ① 알파 테스트 ② 베타 테스트 20. 드라이버(Driver) 21. 병렬 테스트 22. 테스트 커버리지 23. 검증(Verification)

미리보기

접근 전략

제품소프트웨어 패키징 단원은 제품소프트웨어 패키징, 매뉴얼 작성, 버전관리로 구성됩니다. 출제 비중에 비해 중요도가 높지 않은 기능이 대거 포함되어 핵심적인 내용을 중점으로 한다면 고득점이 가능합니다. 주요 개념으로는 배포, 모니터링, 버전관리, 빌드 도구와 DRM 솔루션 등 도구를 전략적으로 학습하시길 권장합니다.

미리 알아두기

★ 릴리즈 노트(Release Note)
조직의 최종 사용자인 고객과 잘 정리된 릴리즈 정보를 공유하는 문서이다.

★ 제품 소프트웨어의 패키징 도구
패키징 작업 진행 시에 암호화/보안 기능을 고려하여 패키징할 수 있도록 도와준다. 특히 디지털 콘텐츠의 불법 사용, 복제 방지, 과금 서비스를 통한 정상 사용자를 검증 가능한 저작권 기술을 감안한 도구를 통해 패키징하는 것이 중요하다.

★ 제품 소프트웨어 매뉴얼
제품 소프트웨어 개발단계부터 적용한 기준이나 패키징 이후 설치 및 사용자 측면의 주요 내용 등을 기록한 문서이다.

★ 제품 소프트웨어 설치 매뉴얼
개발이 완료된 제품 소프트웨어를 고객에게 전달하기 위한 형태로 패키징하고, 설치와 사용에 필요한 제반 절차 및 환경 등 전체 내용을 포함하는 매뉴얼이다.

★ 소프트웨어 버전관리 도구
형상 관리 지침을 활용하여 제품 소프트웨어의 신규 개발, 변경, 개선과 관련된 수정 사항을 관리하는 도구이다.

NCS 학습 모듈의 목표

개발이 완료된 제품 소프트웨어를 고객에게 전달하기 위한 형태로 패키징하고, 설치와 사용에 필요한 제반 절차 및 환경 등 전체 내용을 포함하는 매뉴얼을 작성하며, 제품 소프트웨어에 대한 패치 개발과 업그레이드를 위해 버전 관리를 수행할 수 있어야 한다.

핵심키워드 베스트 일레븐(Best Eleven)

소프트웨어 패키징, 소프트웨어 빌드, 모듈화, 형상 관리, 버전 관리, 설치 매뉴얼, 사용자 매뉴얼, DRM, 릴리즈 노트, 제품 소프트웨어의 패키징 도구, 통합 버전 현황 관리

제품 소프트웨어 패키징

Chapter 01   제품 소프트웨어 패키징

Chapter 02   제품 소프트웨어 매뉴얼 작성 및 버전 등록

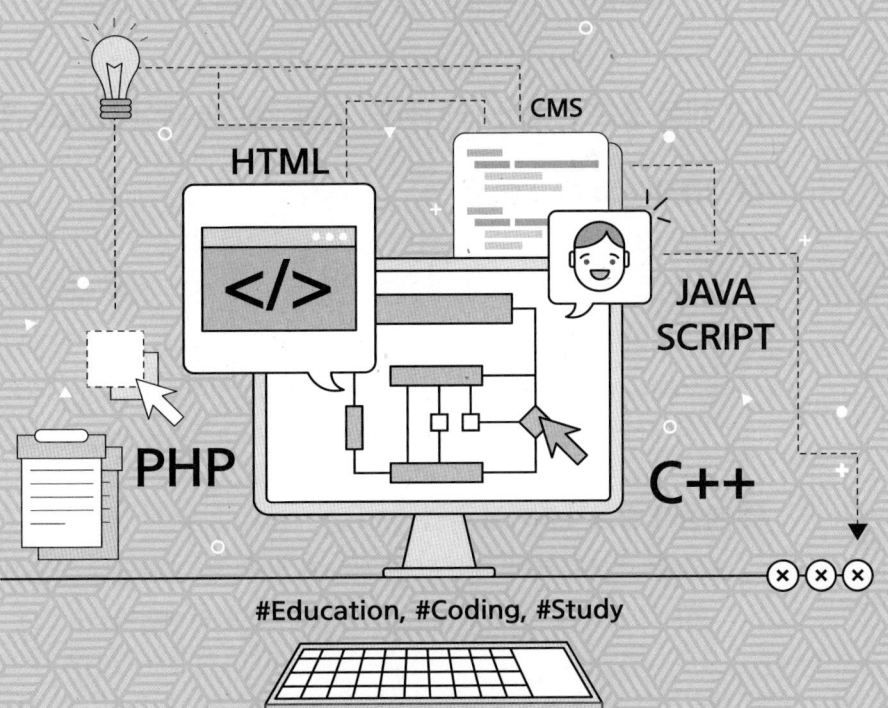

CHAPTER 01 제품 소프트웨어 패키징

1 사용자 중심의 패키징 수행

(1) 제품 소프트웨어 패키징(Product Software Packaging)의 개념
- 제품 소프트웨어 패키징은 개발이 완료된 제품 소프트웨어를 고객에게 전달하기 위한 형태로 포장하는 과정이다.
- 제품 소프트웨어 패키징 적용 시 특성은 다음과 같다.

▼ 제품 소프트웨어 패키징 적용 시 특성

특성	설명
전체 내용을 포함	• 설치와 사용에 필요한 과정 및 환경 등의 전체 내용을 포함하는 매뉴얼을 작성
버전 관리 / 릴리즈 노트	• 제품 소프트웨어에 대한 패치 개발과 업그레이드 수행 • 고객의 편의성을 위해, 신규/변경 이력을 확인하고, 이를 버전 관리 및 릴리즈 노트를 통해 지속적으로 관리
고객 중심	• 제품 소프트웨어 패키징은 개발자가 아닌 사용자 중심, 고객 편의성 중심으로 진행
모듈화	• 신규 및 변경 개발 소스를 식별하고, 이를 모듈화하여 상용 제품으로 패키징

(2) 제품 소프트웨어 패키징을 위한 소프트웨어 모듈화 및 패키징

1 모듈화(Modularization)
- 모듈화는 모듈을 이용하여 소프트웨어의 성능을 향상시키거나 시스템의 디버깅, 시험, 통합 및 수정을 용이하도록 하는 모듈 중심의 소프트웨어 설계 기법이다.
- 모듈 간 결합도를 최소화(Loose Coupling)하고 모듈 내 요소들 간의 응집도를 최대화(Strong Cohesion)해야 한다.

2 사용자 중심의 패키징 작업
- 제품 소프트웨어 패키징은 사용자를 위해 진행되는 작업으로서, 고객 편의성 및 사용자 실행 환경을 우선 고려하여 진행한다.

잠깐! 알고가기

모듈(Module)
소프트웨어 설계에서 기능 단위로 분해하고 추상화되어 재사용 및 공유 가능한 수준으로 만들어진 단위이다.

결합도(Coupling)
소프트웨어 구조에서 모듈 간 연관성을 측정하는 척도이다.

응집도(Cohesion)
모듈의 독립성을 나타내는 개념으로 하나의 모듈 내부 처리 요소들 간에 기능적 연관도를 측정하는 척도이다.

▼ 사용자 중심의 패키징 작업 시 고려 사항

고려 사항	설명
시스템 환경	• OS, CPU, 메모리 등이 수행하기 위한 최소 환경을 정의
직관적 UI	• 사용자가 직관적으로 확인할 수 있는 UI를 제공 • 매뉴얼과 일치시켜 패키징 작업
관리 서비스	• 제품 소프트웨어는 하드웨어와 함께 통합 적용될 수 있도록 패키징 제공
안정적 배포	• 제품 소프트웨어는 고객 편의성을 위해 안정적 배포가 중요 • 다양한 사용자의 요구사항을 반영하기 위해 항상 패키징의 변경 및 개선 관리를 고려하여 패키징 배포

2 제품 릴리즈 노트 작성 ★

(1) 릴리즈 노트(Release Note)의 개념

• 릴리즈 노트는 최종 사용자인 고객에게 개발 과정에서 정리된 제품의 릴리즈 정보를 제공하는 문서이다.

(2) 릴리즈 노트 특징

특징	설명
릴리즈 정보 제공	• 테스트 진행 과정, 테스트 결과, 개발팀의 제공 사양 준수 정도를 파악할 수 있음 • 사용자에게 자세하고 확실한 정보를 제공 • 제품의 수정, 변경, 개선하는 일련의 작업들에 대한 정보를 제공
관리의 용이성	• 전체적인 버전 관리 및 릴리즈 정보를 체계적으로 관리
구체적인 작성	• 현재 시제로 작성 • 배포 시부터 신규 소스, 빌드 등 이력을 정확하게 작성 • 최초 및 변경, 개선 항목까지 연결되어 다음 항목에 대한 정보들을 작성

(3) 릴리즈 노트 작성 항목

• 릴리즈 노트는 특정 소프트웨어의 최근 변경 사항, 개선 사항 및 버그 수정을 간결히 요약한다.
• 릴리즈 노트 작성 시 다음 항목들이 포함되어야 한다.

> **학습 Point**
> 릴리즈 노트 작성 항목은 설명을 보고 어떤 작성 항목인지 유추가 가능할 정도로 봐주시면 좋겠습니다.

▼ 릴리즈 노트 작성 항목

작성 항목	설명
헤더	문서 이름(릴리즈 노트 이름), 제품 이름, 버전 번호, 릴리즈 날짜, 참고 날짜, 노트 버전 등의 정보
개요	제품 및 변경에 대한 간략한 전반적 개요
목적	릴리즈 버전의 새로운 기능목록과 릴리즈 노트의 목적에 대한 개요, 버그 수정 및 새로운 기능 기술
이슈 요약	버그의 간단한 설명 또는 릴리즈 추가 항목 요약
재현 항목	버그 발견에 따른 재현 단계 기술
수정·개선 내용	수정·개선의 간단한 설명 기술
사용자 영향도	버전 변경에 따른 최종 사용자 기준의 기능 및 응용 프로그램상의 영향도 기술
소프트웨어 지원 영향도	버전 변경에 따른 소프트웨어의 지원 프로세스 및 영향도 기술
노트	소프트웨어 및 하드웨어 설치 항목, 제품, 문서를 포함한 업그레이드 항목 메모
면책 조항	회사 및 표준 제품과 관련된 메시지, 프리웨어 및 불법 복제 방지, 중복 등 참조에 대한 고지 사항
연락 정보	사용자 지원 및 문의에 관련한 연락처 정보

3 패키징 도구를 활용한 설치, 배포 수행 ★★

(1) 제품 소프트웨어의 패키징 도구

- 제품 소프트웨어 패키징 도구는 배포를 위한 패키징 시에 디지털 콘텐츠의 지적 재산권을 보호하고 관리하는 기능을 제공하며, 안전한 유통과 배포를 보장하는 도구이다.
- 패키징 도구는 불법 복제로부터 디지털 콘텐츠의 지적 재산권을 보호해 주는 사용 권한 제어 기술, 패키징 기술, 라이선스 관리, 권한 통제 기술 등을 포함한다.

(2) 제품 소프트웨어 저작권 보호

1 저작권(Copyright) 개념

저작권은 창작물인 저작물에 대한 배타적 독점적 권리로 타인의 침해를 받지 않을 고유한 권한이다.

> **학습 Point**
> 패키징 도구에서는 저작권과 저작권 보호기술에 대해 다룹니다. 관련된 개념과 활용기술들을 유심히 봐주세요.

> **학습 Point**
> 디지털 콘텐츠의 불법 사용, 복제 방지, 과금 서비스를 통한 정상 사용자를 검증 가능한 저작권 도구를 통해 패키징하는 것이 중요합니다.

2 저작권 보호 기술의 개념

- 저작권 보호 기술은 콘텐츠 및 컴퓨터 프로그램과 같이 복제가 용이한 저작물에 대해 불법 복제 및 배포 등을 막기 위한 기술적인 방법이다.
- 저작권 보호 기술은 다음과 같은 특성을 가진다.

▼ 저작권 보호 기술의 특성

특성	설명
콘텐츠 복제 제한적 허용	• 복제는 허용하나 사용자 확인을 거쳐 과금, 제품 소프트웨어 패키징 시에 사용자 확인에 대해 상용화 과금 정책 수립이 연계
종량제	• 종량제 제품 소프트웨어의 경우 요금 부과는 클리어링 하우스를 통한 이용시간에 비례한 과금
암호화/보안 기능	• 패키징 도구는 암호화/보안 등의 기능을 고려 • 패키징 제작자가 지정한 Business Rule과 암호가 함께 패키징되어 배포

(3) 패키징 도구 활용을 통한 저작권 보호

1 디지털 저작권 관리(DRM)

① 디지털 저작권 관리(DRM; Digital Right Management) 개념
- 디지털 저작권 관리는 암호화 기술을 이용하여 허가되지 않은 사용자로부터 디지털 콘텐츠를 안전하게 보호하도록 관리하는 기술이다.

② 디지털 저작권 관리 구성요소
- 디지털 저작권 관리 구성요소는 다음과 같다.

▼ DRM 구성요소

구성요소	설명
콘텐츠 제공자 (Contents Provider)	• 콘텐츠를 제공하는 저작권자
콘텐츠 소비자 (Contents Customer)	• 콘텐츠를 구매해서 사용하는 주체
콘텐츠 분배자 (Contents Distributor)	• 암호화된 콘텐츠를 유통하는 곳이나 사람
클리어링 하우스 (Clearing House)	• 저작권에 대한 사용 권한, 라이센스 발급/관리, 사용량에 따른 관리 등을 수행하는 곳
DRM 콘텐츠 (DRM Contents)	• 서비스하고자 하는 암호화된 콘텐츠, 콘텐츠와 관련된 메타데이터, 콘텐츠 사용정보를 패키징하여 구성된 콘텐츠
패키저 (Packager)	• 콘텐츠를 메타데이터와 함께 배포 가능한 단위로 묶는 도구

구성요소	설명
DRM 컨트롤러 (DRM Controller)	• 배포된 디지털 콘텐츠의 이용 권한을 통제
보안 컨테이너 (Security Container)	• 원본 콘텐츠를 안전하게 유통하기 위한 전자적 보안장치

③ 암호화/보안 기능 중심의 패키징 도구 기술 활용

• 패키징 도구는 암호화, 키 관리, 식별 기술, 저작권 표현, 암호화 파일 생성, 정책 관리, 크랙 방지, 인증이 있다.

▼ 패키징 도구 구성

구성요소	설명
암호화 (Encryption)	일반 텍스트, 콘텐츠, 라이선스 등의 암호화 및 전자서명에 사용하는 기술 예 공개키 기반구조(PKI), 대칭 및 비대칭 암호화, 전자서명
키 관리 (Key Management)	콘텐츠를 암호화한 키에 대한 저장 및 배포 기술(중앙 집중형, 분산형)
식별 기술 (Identification)	콘텐츠에 대한 식별 체계 표현 기술 예 DOI, URI
저작권 표현 (Right Expression)	라이선스의 내용 표현 기술 예 XrML, MPEG-21
암호화 파일 생성 (Packager)	콘텐츠의 암호화를 통해 콘텐츠를 보호하는 기술 예 Pre-packaging, On-the-fly Packaging
정책 관리 (Policy Management)	라이선스 발급 및 사용에 대한 정책표현 및 관리기술 예 XML, 콘텐츠 관리 시스템(CMS)
크랙 방지 (Tamper Resistance)	크랙에 의한 콘텐츠 사용 방지 기술 예 난독화, Secure DB
인증 (Authentication)	라이선스 발급 및 사용의 기준이 되는 사용자 인증 기술 예 사용자/장비 인증, SSO

학습 Point
패키징 도구의 구성요소 및 기술요소가 곧 DRM의 기술요소입니다.

두음쌤 한마디
패키징 도구 구성요소
「암키식저 파정크인」
암호화 / 키 관리 / 식별 기술 / 저작권 표현 / 암호화 파일 생성 / 정책 관리 / 크랙 방지 / 인증

▼ 패키징 도구 구성 세부 기술

구분	기술	설명
암호화	공개키 기반구조 (PKI)	• 인증기관에서 공개키 암호 방식 기반의 전자 서명된 인증서를 발급받아 네트워크상에서 안전하게 비밀통신을 가능하도록 하는 기술
	대칭 및 비대칭 암호화	• 대칭 암호화는 암호화와 복호화를 위해 동일한 키를 사용하는 암호화 방식 • 비대칭 암호화는 데이터를 암호화할 때와 이를 복호화할 때 서로 다른 키를 사용하는 방식
	전자서명	• 서명자를 확인하고 서명자가 해당 전자문서에 서명했다는 사실을 나타내기 위해 특정 전자문서에 첨부되거나 논리적으로 결합된 전자적 형태의 정보
식별 기술	DOI(Digital Object Identifier)	• 디지털 저작물의 저작권 보호 및 정확한 위치 추적을 위해 특정한 번호를 부여하는 일종의 바코드 시스템
	URI(Uniform Resource Identifier)	• 인터넷에 있는 자원을 고유하게 식별할 수 있도록 나타내는 주소 • URI=URL(Uniform Resource Location)+URN(Uniform Resource Name)으로 구성
저작권 표현	XrML(eXtensible Right Markup Language)	• 디지털 콘텐츠 / 웹 서비스 권리 조건을 표현한, XML 기반의 마크업 언어
	MPEG-21	• 멀티미디어 관련 요소 기술들이 통일된 형태로 상호 운용성을 보장하는 멀티미디어 표준 규격
암호화 파일 생성	Pre-packaging	• 콘텐츠를 등록하자마자 암호화하는 방법
	On-the-fly Packaging	• 사용자가 콘텐츠를 요청한 시점에 콘텐츠를 암호화하는 방법
정책 관리	XML(eXtensible Markup Language)	• 다른 특수한 목적을 갖는 마크업 언어를 만드는 데 사용하는 다목적 언어
	CMS(Contents Management System)	• 다양한 미디어 포맷에 따라 각종 콘텐츠를 작성, 수집, 관리, 배급하는 콘텐츠 생산에서 활용, 폐기까지 전 공급 과정을 관리하는 기술
크랙 방지	코드 난독화(Code Obfuscation)	• 역공학을 통한 공격을 막기 위해 프로그램의 소스 코드를 알아보기 힘든 형태로 바꾸는 기술
	Secure DB	• 커널 암호화 방식으로 데이터베이스 파일을 직접 암호화하고, 접근 제어와 감사 기록 기능이 추가된 데이터베이스 보안 강화 기술
인증	SSO(Single Sign On)	• 한 번의 시스템 인증을 통하여 여러 정보시스템에 재인증 절차 없이 접근할 수 있는 통합 로그인 기술

> **학습 Point**
> 패키징 도구 구성 세부 항목에 있는 기술은 모두 나올만한 주요 개념들입니다. 최소한 단답형 문제로 나왔을 때를 위해 학습하셔야 합니다.

2 템퍼 프루핑

① 템퍼 프루핑(Tamper-Proofing) 개념
- 템퍼 프루핑은 소프트웨어, 시스템을 외부에서의 악의적인 조작으로부터 보호하는 보안 기술이다.
- 위·변조와 같은 이상 조작을 검출하고, 이상 감지 시 프로그램을 오작동하도록 만드는 기술이다.

② 템퍼 프루핑 주요 기술
- 템퍼 프루핑의 주요 기술은 다음과 같다.

▼ 템퍼 프루핑 주요 기술

구분	주요 기술	설명
템퍼 프루핑 생성 기술	해시 함수 (Hash Function)	일정한 크기의 문자열을 생성하여 무결성을 검증할 수 있는 함수
	워터마크 (Watermark)	디지털 콘텐츠에 저작권자 정보를 삽입하여, 불법 복제 시 워터마크를 추출, 원소유자를 증명할 수 있는 콘텐츠 보호 기술
	핑거 프린트 (Fingerprint)	멀티미디어 콘텐츠에 저작권 정보와 구매한 사용자 정보를 삽입하여 콘텐츠 불법 배포자에 대한 위치 추적이 가능한 기술
외부 공격에 대한 방어 기술	소프트웨어 원본 비교	소프트웨어의 원본에 대한 메시지 다이제스트 알고리즘을 비교하여 변조를 찾아내는 기술
	프로그램 체킹	프로그램 체킹을 수행하면서 중간의 산출물 검증을 통해 변조를 방지하는 기술
	실행코드 난독화	실행 코드를 알아보기 힘든 형태로 난독화하여 처리하는 기술

예상문제

01 저작권 관리를 위한 요소 중 소비자와 유통업자 사이에 발생하는 거래에 대해 디지털 저작권 라이선싱을 중개하고 라이선스 발급을 수행하는 정산소를 무엇이라고 하는가?

> **해설** 저작권 관리를 위한 요소 중 소비자와 유통업자 사이에 발생하는 거래에 대해 디지털 저작권 라이센싱을 중개하고 라이선스 발급을 수행하는 정산소는 클리어링 하우스이다.

02 인증기관에서 공개키 암호 방식 기반의 전자 서명된 인증서를 발급받아 네트워크상에서 안전하게 비밀통신을 가능하도록 하는 기술은 무엇인가?

> **해설**
>
> | 공개키 기반 구조(PKI) | • 인증기관에서 공개키 암호 방식 기반의 전자 서명된 인증서를 발급받아 네트워크상에서 안전하게 비밀통신을 가능하도록 하는 기술 |
> |---|---|
> | 대칭 및 비대칭 암호화 | • 대칭 암호화는 암호화와 복호화를 위해 동일한 키를 사용하는 암호화 방식
• 비대칭 암호화는 데이터를 암호화할 때와 이를 복호화할 때 서로 다른 키를 사용하는 방식 |
> | 전자서명 | • 서명자를 확인하고 서명자가 해당 전자문서에 서명했다는 사실을 나타내기 위해 특정 전자문서에 첨부되거나 논리적으로 결합된 전자적 형태의 정보 |

03 디지털 저작물의 저작권 보호 및 정확한 위치 추적을 위해 특정한 번호를 부여하는 일종의 바코드 시스템을 무엇이라고 하는가?

> **해설** 패키징 도구 구성 기술 중 식별 기술은 다음과 같다.
>
> | DOI | 디지털 저작물의 저작권 보호 및 정확한 위치 추적을 위해 특정한 번호를 부여하는 일종의 바코드 시스템 |
> |---|---|
> | URI | 인터넷에 있는 자원을 고유하게 식별할 수 있도록 나타내는 주소 |

04 서명자를 확인하고 서명자가 해당 전자문서에 서명했다는 사실을 나타내기 위해 특정 전자문서에 첨부되거나 논리적으로 결합된 전자적 형태의 정보를 무엇이라고 하는가?

> **해설** 패키징 도구 구성 기술 중 암호화 기법에 속하는 기술들은 다음과 같다.
>
> | 공개키 기반 구조(PKI) | • 인증기관에서 공개키 암호 방식 기반의 전자 서명된 인증서를 발급받아 네트워크상에서 안전하게 비밀통신을 가능하도록 하는 기술 |
> |---|---|
> | 대칭 및 비대칭 암호화 | • 대칭 암호화는 암호화와 복호화를 위해 동일한 키를 사용하는 암호화 방식
• 비대칭 암호화는 데이터를 암호화할 때와 이를 복호화할 때 서로 다른 키를 사용하는 방식 |
> | 전자서명 | • 서명자를 확인하고 서명자가 해당 전자문서에 서명했다는 사실을 나타내기 위해 특정 전자문서에 첨부되거나 논리적으로 결합된 전자적 형태의 정보 |

정답
01. 클리어링 하우스(Clearing House) 02. 공개키 기반구조(PKI) 03. DOI(Digital Object Identifier) 04. 전자서명(Digital Signature)

CHAPTER 02 제품 소프트웨어 매뉴얼 작성 및 버전 등록

1 제품 소프트웨어 매뉴얼 작성 ★

(1) 제품 소프트웨어 매뉴얼 개념

- 제품 소프트웨어 매뉴얼은 사용자 측면에서 패키징 이후 설치, 제품 소프트웨어를 사용하는 데 필요한 주요 내용을 기록한 문서이다.
- 사용자 중심의 기능 및 방법을 나타낸 설명서와 안내서를 의미한다.
- 제품 소프트웨어 매뉴얼은 설치 매뉴얼과 사용자 매뉴얼이 있다.

(2) 제품 소프트웨어 설치 매뉴얼

1 제품 소프트웨어 설치 매뉴얼 개념

- 제품 소프트웨어 설치 매뉴얼은 사용자가 제품을 구매한 후 설치 시 참조하는 문서이다.
- 제품 소프트웨어 설치 매뉴얼에는 제품 소프트웨어 소개, 설치 파일, 설치 절차 등이 포함된다.

2 제품 소프트웨어 설치 매뉴얼 기본 작성 항목

- 제품 소프트웨어 설치 매뉴얼 기본 작성 항목은 목차 및 개요, 문서 이력 정보, 설치 매뉴얼 주석, 설치 도구로 구성되어 있다.

▼ 제품 소프트웨어 설치 매뉴얼 기본 작성 항목

작성 항목	설명
목차 및 개요	• 매뉴얼 전체 내용을 순서대로 요약 • 설치 매뉴얼의 주요 특징, 구성과 설치 방법, 순서 등에 대해 기술
문서 이력 정보	• 매뉴얼 변경 이력에 대한 정보를 버전별로 표시
설치 매뉴얼 주석	• 설치 매뉴얼 주석으로는 주의 사항, 참고 사항이 존재 **주의 사항**: 사용자가 제품 설치 시 반드시 숙지해야 하는 중요한 정보 주석 표시 **참고 사항**: 설치 관련하여 영향을 미치는 특별한 사용자 환경 및 상황에 대한 내용 주석 표시
설치 도구의 구성	• exe / dll / ini / chm 등 해당 설치 관련 파일 설명 • 폴더 및 설치 프로그램 실행 파일 설명

학습 Point

제품 소프트웨어 매뉴얼에서는 기본 개념과 두음쌤을 기준으로 짧고 굵게 넘어갑시다. 큰 비중을 두지 않아도 좋습니다.

두음쌤 한마디

제품 소프트웨어 설치 매뉴얼 기본 작성 항목
「목이주구」
목차 및 개요 / 문서 이력 정보 / 설치 매뉴얼 주석 / 설치 도구의 구성

(3) 제품 소프트웨어 사용자 매뉴얼

1 제품 소프트웨어 사용자 매뉴얼 개념

- 제품 소프트웨어 사용자 매뉴얼은 사용자가 소프트웨어 사용에 필요한 내용, 제반 절차, 환경 등의 내용을 포함하는 문서이다.
- 제품 소프트웨어 사용자 매뉴얼에는 개발된 컴포넌트 사용 시에 알아야 할 내용을 기술하며 패키지의 기능, 패키지의 인터페이스, 포함하고 있는 메서드나 오퍼레이션과 메서드의 파라미터 등의 설명이 포함되어 있다.

2 제품 소프트웨어 사용자 매뉴얼 작성 항목

▼ 제품 소프트웨어 사용자 매뉴얼 작성 항목

작성 항목	설명
목차 및 개요	• 매뉴얼 전체 내용을 순서대로 요약 • 제품 소프트웨어의 주요 특징 정리 • 사용자 매뉴얼에서의 구성과 실행 방법, 메뉴에 대한 설명을 비롯하여 사용법, 각 항목에 따른 점검 기준, 설정 방법 등에 대해 기술
문서 이력 정보	• 버전, 작성자, 작성일, 검토자, 일시, 검수인 등을 일자별로 기록
사용자 매뉴얼 주석	• 주의 사항과 참고 사항으로 구성 **주의 사항** 사용자가 반드시 숙지해야 하는 중요한 정보의 주석 표시 **참고 사항** 특별한 사용자 환경 및 상황에 대한 내용의 주석 표시
기록항목	• 제품 명칭, 모델명, 문서 번호, 제품 번호 등의 기록항목이 있음
기본사항	• 제품 소프트웨어 기본사항에는 개요, 사용방법 및 관리 방법, 모델, 버전별 특징, 제품 소프트웨어 기능 및 인터페이스 특징, 구동환경 등이 있음
고객 지원 방법 및 FAQ	• 설치 관련하여 기술적인 지원이나 제품 서비스를 받을 수 있는 유선 및 이메일, 홈페이지 주소 • 설치 시 자주 발생하는 오류 및 처리 방법에 대한 요약 설명
준수 정보 및 제한 보증	• 시리얼 보존, 불법 사용 금지 등의 준수 사항 권고 • 저작권 정보 관련 사항 작성

예상문제

01 제품 소프트웨어 설치 매뉴얼 기본 작성 항목 중 주의 사항, 참고 사항이 존재하는 작성 항목은 무엇인가?

해설 • 제품 소프트웨어 설치 매뉴얼 기본 작성 항목은 다음과 같다.

목차 및 개요	• 매뉴얼 전체 내용을 순서대로 요약 • 설치 매뉴얼의 주요 특징, 구성과 설치 방법, 순서 등에 대해 기술
문서 이력 정보	• 매뉴얼 변경 이력에 대한 정보를 버전별로 표시
설치 매뉴얼 주석	• 설치 매뉴얼 주석으로는 주의 사항, 참고 사항이 존재
설치 도구의 구성	• exe / dll / ini / chm 등 해당 설치 관련 파일 설명 • 폴더 및 설치 프로그램 실행 파일 설명

02 제품 소프트웨어 사용자 매뉴얼 작성 항목 중 버전, 작성자, 작성일, 검토자, 일시, 검수인 등을 일자별로 기록하는 항목은 무엇인가?

해설 • 제품 소프트웨어 사용자 매뉴얼 작성 항목은 다음과 같다.

목차 및 개요	• 매뉴얼 전체 내용을 순서대로 요약 • 제품 소프트웨어의 주요 특징 정리
문서 이력 정보	• 버전, 작성자, 작성일, 검토자, 일시, 검수인 등을 일자별로 기록
사용자 매뉴얼 주석	• 주의 사항과 참고 사항으로 구성
기록항목	• 제품 명칭, 모델명, 문서 번호, 제품 번호 등의 기록항목이 있음
기본사항	• 제품 소프트웨어 기본사항에는 개요, 사용 방법 및 관리 방법, 모델, 버전별 특징, 제품 소프트웨어 기능 및 인터페이스 특징, 구동 환경 등이 있음
고객 지원 방법 및 FAQ	• 설치 관련하여 기술적인 지원이나 제품 서비스를 받을 수 있는 유선 및 이메일, 홈페이지 주소 • 설치 시 자주 발생하는 오류 및 처리 방법에 대한 요약 설명
준수 정보 & 제한 보증	• 시리얼 보존, 불법 사용 금지 등의 준수 사항 권고 • 저작권 정보 관련 사항 작성

정답
01. 주석 또는 설치 매뉴얼 주석   02. 문서 이력 정보

단원종합문제

01 다음은 DRM에 대한 설명이다. 다음 설명에 해당하는 것을 보기에서 골라서 쓰시오.

① 저작권 관리를 위한 요소 중 소비자와 유통업자 사이에 발생하는 거래에 대해 디지털 저작권 라이센싱을 중개하고 라이선스 발급을 수행하는 정산소
② 콘텐츠를 메타데이터와 함께 배포 가능한 단위로 묶는 도구

| 보기 |
㉠ 콘텐츠 제공자(Contents Provider)
㉡ 콘텐츠 소비자(Contents Customer)
㉢ 콘텐츠 분배자(Contents Distributor)
㉣ 클리어링 하우스(Clearing House)
㉤ DRM 콘텐츠(DRM Contents)
㉥ 패키저(Packager)
㉦ DRM 컨트롤러(DRM Controller)
㉧ 보안 컨테이너(Security Container)

①
②

해설
• 클리어링 하우스는 저작권 관리를 위한 요소 중 소비자와 유통업자 사이에 발생하는 거래에 대해 디지털 저작권 라이센싱을 중개하고 라이선스 발급을 수행하는 정산소이다.
• 클리어링 하우스는 콘텐츠 권한 정책과 콘텐츠 라이선스를 관리한다.
• 패키저는 콘텐츠를 메타데이터와 함께 배포 가능한 단위로 묶는 도구이다.

02 한 번의 시스템 인증을 통하여 여러 정보시스템에 재인증 절차 없이 접근할 수 있는 통합 로그인 기술은 무엇인가?

해설
• SSO는 한 번의 시스템 인증을 통하여 여러 정보시스템에 재인증 절차 없이 접근할 수 있는 통합 로그인 기술이다.

03 인터넷에 있는 자원을 고유하게 식별할 수 있도록 나타내는 주소를 무엇이라고 하는가?

해설
• 패키징 도구 구성 기술 중 식별 기술들은 다음과 같다.

DOI	디지털 저작물의 저작권 보호 및 정확한 위치 추적을 위해 특정한 번호를 부여하는 일종의 바코드 시스템
URI	인터넷에 있는 자원을 고유하게 식별할 수 있도록 나타내는 주소

04 다음이 설명하는 저작권 표현 기술은 무엇인가?

멀티미디어 관련 요소 기술들이 통일된 형태로 상호 운용성을 보장하는 멀티미디어 표준 규격

해설
• 패키징 도구 구성 기술 중 저작권 표현 기술들은 다음과 같다.

XrML	디지털 콘텐츠 / 웹 서비스 권리 조건을 표현한 XML 기반의 마크업 언어
MPEG-21	멀티미디어 관련 요소 기술들이 통일된 형태로 상호 운용성을 보장하는 멀티미디어 표준 규격

단원종합문제

05 역공학을 통한 공격을 막기 위해 프로그램의 소스 코드를 알아보기 힘든 형태로 바꾸는 기술을 무엇이라고 하는가?

> **해설** • 패키징 도구 구성 기술 중 크랙 방지 기술들은 다음과 같다.
>
> | 코드 난독화 | 역공학을 통한 공격을 막기 위해 프로그램의 소스 코드를 알아보기 힘든 형태로 바꾸는 기술 |
> |---|---|
> | Secure DB | 커널 암호화 방식으로 데이터베이스 파일을 직접 암호화하고, 접근 제어와 감사 기록 기능이 추가된 데이터베이스 보안 강화 기술 |

06 사용자가 사용하기 편하도록 배포 정보를 포함하여 개발된 컴포넌트 또는 패키지가 제품화된 형태는 무엇인가?

> **해설**
>
> | 제품 소프트웨어 매뉴얼 | 사용자 측면에서 패키징 이후 설치, 제품 소프트웨어를 사용하는 데 필요한 주요 내용을 기록한 문서 |
> |---|---|
> | 제품 소프트웨어 설치 매뉴얼 | 사용자가 제품을 구매한 후 설치 시 참조하는 문서 |
> | 제품 소프트웨어 사용자 매뉴얼 | 사용자가 소프트웨어 사용에 필요한 내용, 제반 절차, 환경 등의 내용을 포함하는 문서 |
> | 제품 소프트웨어 배포본 | 사용자가 사용하기 편하도록 배포 정보를 포함하여 개발된 컴포넌트 또는 패키지가 제품화된 형태 |

07 패키징 도구 구성 기술 중 크랙 방지 기술 중 하나로서, 커널 암호화 방식으로 데이터베이스 파일을 직접 암호화하고, 접근 제어와 감사 기록 기능이 추가된 데이터베이스 보안 강화 기술은 무엇인지 쓰시오.

> **해설** • 패키징 도구 구성 기술 중 크랙 방지 기술들은 다음과 같다.
>
> | 코드 난독화 | 역공학을 통한 공격을 막기 위해 프로그램의 소스 코드를 알아보기 힘든 형태로 바꾸는 기술 |
> |---|---|
> | Secure DB | 커널 암호화 방식으로 데이터베이스 파일을 직접 암호화하고, 접근 제어와 감사 기록 기능이 추가된 데이터베이스 보안 강화 기술 |

08 패키징 도구 구성 기술 중 저작권 표현 기술로 디지털 콘텐츠/웹 서비스 권리 조건을 표현한 XML 기반의 마크업 언어는 무엇인지 쓰시오.

> **해설** • 패키징 도구 구성 기술 중 크랙 방지 기술들은 다음과 같다.
>
> | XrML | 디지털 콘텐츠 / 웹 서비스 권리 조건을 표현한 XML 기반의 마크업 언어 |
> |---|---|
> | MPEG-21 | 멀티미디어 관련 요소 기술들이 통일된 형태로 상호 운용성을 보장하는 멀티미디어 표준 규격 |

> **정답**
> 01. ① ⓔ 클리어링 하우스(Clearing House), ② ⓗ 패키저(Packager) 02. SSO(Single Sign On) 03. URI(Uniform Resource Identifier) 04. MPEG-21 05. 코드 난독화(Code Obfuscation) 06. 제품 소프트웨어 배포본 07. Secure DB 08. XrML

특별문제 및 기출문제

- 유비무환 특별문제
- 최종모의고사 1회, 2회
- 백전백승 기출문제
  - 2024년 1회, 2회, 3회

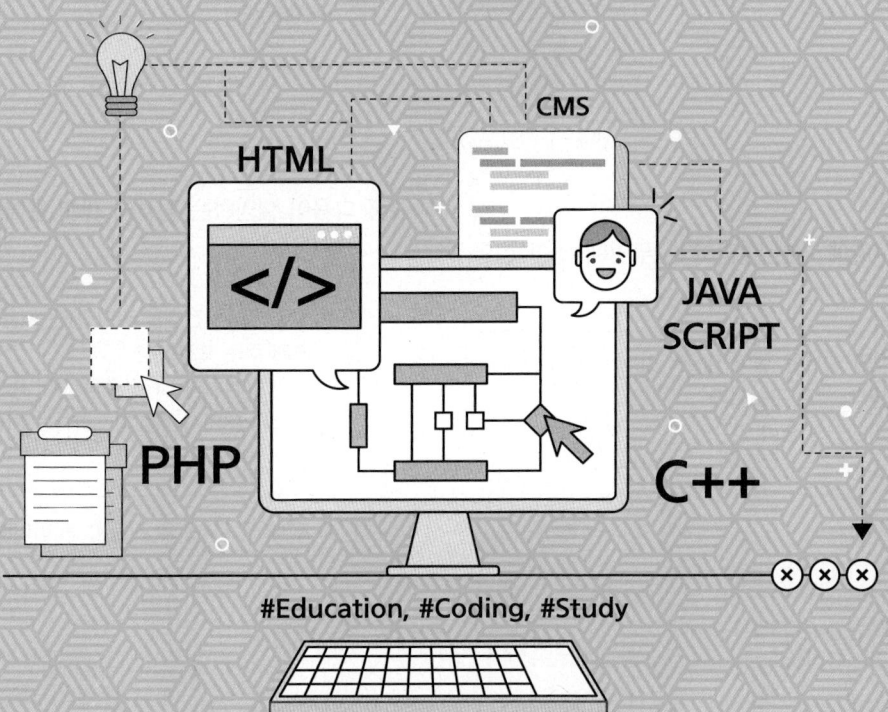

유비무환 특별문제

01 다음이 설명하는 보안 솔루션은 무엇인지 쓰시오. ▶ 22년 1회

- ( )은/는 일반적인 네트워크 방화벽(Firewall)과는 달리 웹 애플리케이션 보안에 특화된 솔루션의 영문 약자이다.
- 네트워크 패킷이 아닌 사용자의 URL이 정상이고 올바른 요청인지를 판단한다.
- SQL Injection, Cross-Site Scripting(XSS)등과 같은 웹 공격을 탐지하고 차단할 수 있다.

해설 WAF(Web Application Firewall; 웹 방화벽)는 웹의 비정상 트래픽을 탐지하고 차단하기 위한 보안 솔루션이다.

03 다음 ( ) 괄호 안에 공통으로 들어갈 알맞은 용어를 쓰시오. ▶ 22년 1회

( )은/는 의사결정 지원 시스템으로, 사용자가 동일한 다양한 방식으로 바라보면서 다차원 데이터 분석을 할 수 있도록 도와주는 기술이다.
데이터 웨어하우스(Data Warehouse)에서 OLTP(On-Line Transaction Processing)는 데이터 소스를 제공하고, ( )은/는 해당 데이터를 분석한다.

해설

OLAP	의사결정 지원 시스템으로, 사용자가 동일한 데이터를 여러 기준을 이용하는 다양한 방식으로 바라보면서 다차원 데이터 분석을 할 수 있도록 도와주는 기술
OLTP	온라인 사용자들의 데이터베이스에 대한 트랜잭션을 처리하는 기술

02 다음은 자료 구조에 대한 설명이다. 무엇에 대한 설명인지 쓰시오. ▶ 22년 1회

- 한 쪽 끝에서만 자료를 넣고 뺄 수 있는 LIFO(Last In First Out) 형식의 자료 구조이다.
- 입력 연산인 PUSH와 출력 연산인 POP을 가진다.

해설 스택은 한 방향으로만 자료를 넣고 꺼낼 수 있는 LIFO(Last-In First-Out) 형식의 자료 구조이다.

04 다음이 설명하는 컴퓨터 관련 용어를 [보기]에서 찾아서 쓰시오. ▶ 24년 1회

① 컴퓨터에서 전원을 켜고 가장 처음, 기본적인 기능을 처리해 주는 프로그램
② 입출력 장치와 CPU 간의 처리 속도 차이에서 발생하는 CPU의 대기시간을 최소화하는 기능

| 보기 |
㉠ ROM ㉡ RAM ㉢ 스풀링 ㉣ 버퍼링 ㉤ BIOS ㉥ BUS

①
②

▶ 24년 2회

05 다음은 패리티 검사(Parity Check) 방식에 대한 설명이다. 다음 설명을 읽고 괄호 ( ) 안에 있는 선택지 중 하나를 고르시오.

- 데이터 1010110을 홀수 패리티 방식으로 전송할 경우, 추가할 패리티 비트는 (0 / 1)이다.
- 데이터 1010110을 짝수 패리티 방식으로 전송할 경우, 추가할 패리티 비트는 (0 / 1)이다.
- 패리티 검사를 사용할 경우, 데이터에 2개의 오류가 발생했을 때 오류를 검출할 수 (있다 / 없다).
- 패리티 검사를 사용할 경우, 검출된 오류 데이터를 수정할 수 (있다 / 없다).

① _____
② _____
③ _____
④ _____

해설

BIOS	• 컴퓨터에서 전원을 켜고 가장 처음, 기본적인 기능을 처리해 주는 프로그램 • 컴퓨터를 켜면 가장 먼저 시스템을 자가 진단해서 고장 유무를 확인하고 하드디스크, 드라이버, 모니터, 키보드 등 각종 주변장치와 기본적인 연결을 해주는 프로그램 • BIOS 정보는 ROM에 저장되어 있음
버퍼링 (Buffering)	• 입출력 장치와 CPU 간의 처리 속도 차이에서 발생하는 CPU의 대기시간을 최소화하기 위해서 주기억장치를 활용하는 기능
ROM (Read Only Memory)	• 기억된 내용을 읽을 수만 있는 기억장치로서 일반적으로 쓰기는 불가능 • 전원이 꺼져도 기억된 내용이 지워지지 않는 비 파괴적이고, 비휘발성 메모리
RAM (Random Access Memory)	• 자유롭게 읽고 쓸 수 있는 기억장치 • 전원이 꺼지면 기억된 내용이 모두 사라지는 휘발성 메모리
버스 (Bus)	• CPU, 메모리, I/O 장치 등과 상호 필요한 정보를 교환하기 위해 연결하는 공동의 전송선

해설

- 패리티 검사는 데이터 블록에 1비트의 검사 비트인 패리티 비트(Parity Bit)를 추가하여 오류를 검출하는 방식이다.
- 패리티 검사는 짝수 개의 오류를 검출할 수 없고, 오류 데이터를 수정할 수 없다.
- 전송 비트 중 값이 1인 비트의 개수가 짝수 또는 홀수가 되도록 패리티 비트를 부여해서 오류를 검출한다.

짝수 패리티 (Even Parity)	전송하려는 데이터의 비트 수를 기준으로, 1의 개수가 짝수가 되도록 패리티 비트를 설정하는 방식
	예) 전송할 데이터 비트: 1010101 → 전송할 데이터 비트의 1의 개수가 짝수이므로, 패리티 비트를 0으로 설정해서 "10101010"을 전송(마지막 비트가 패리티 비트)
홀수 패리티 (Odd Parity)	전송하려는 데이터의 1의 개수가 홀수가 되도록 패리티 비트를 설정하는 방식
	예) 전송할 데이터 비트: 1010101 → 전송할 데이터 비트의 1의 개수를 홀수로 만들어야 하므로 패리티 비트를 1로 설정해서 "10101011"을 전송(마지막 비트가 패리티 비트)

유비무환 특별문제

▶ 24년 2회

06 HTML을 브라우저에서 실행한 결과를 쓰시오.

```
01  <html>
02    <head>
03    </head>
04    <body>
05      <script>
06        var arr = [ 'green', 'red', 'red', 'yellow' ];
07        for(let i=0;i<4;i++){
08          if( i == 3 )
09            document.write("<br>");
10          document.write( arr[i] + " " );
11        }
12      </script>
13    </body>
14  </html>
```

해설

06	• green, red, red, yellow로 arr를 선언 및 초기화
07~11	• i는 0부터 3까지 반복을 수행 태그로 개행 <table><tr><td>i</td><td>출력</td></tr><tr><td>0</td><td>green</td></tr><tr><td>1</td><td>green red</td></tr><tr><td>2</td><td>green red red</td></tr><tr><td>3</td><td>green red red yellow</td></tr></table>

▶ 24년 3회

07 FTP(File Transfer Protocol)와 TFTP(Trivial File Transfer Protocol)가 사용하는 전송 계층 프로토콜은 무엇인지 쓰시오.

① FTP:

② TFTP:

해설
• FTP은 신뢰성 있는 데이터 전송을 위해 연결 지향적 특성을 가진 TCP(Transmission Control Protocol)를 사용한다.
• TFTP는 간단하고 빠른 파일 전송을 목표로 하며, 신뢰성보다는 속도를 우선하여 UDP(User Datagram Protocol)를 사용해서 연결 과정 없이 데이터를 전송하며, 오류 검출 및 재전송 기능은 지원하지 않는다.

정답

01. WAF(Web Application Firewall) 02. 스택(Stack) 03. OLAP(On-Line Analytical Processing) 04. ①: ⓑ BIOS, ②: ⓓ 버퍼링 05. ① 1, ② 1, ③ 없다, ④ 없다 06. green red red yellow 07. ① TCP, ② UDP

최종모의고사 1회

01 다음 '사원' 테이블을 생성하는 SQL 문에서 부서의 속성값을 '인사', '전산'으로 제한하고자 한다. 밑줄에 들어갈 쿼리문을 쓰시오.

```
CREATE TABLE 사원(
  사원번호      NUMBER   NOT NULL,
  이름          CHAR(15),
  부서          CHAR(15), ___①___
                (부서 ___②___ ('인사', '전산')));
```

①
②

02 다음은 C언어 소스 코드이다. 출력 결과를 쓰시오.

```
#include <stdio.h>

void main(){
  int a = 5;
  int b = 8;

  a /= 3;
  switch(++a){
  case 2: b -= 3;
  case 5: b++;
  case 3:
    if(b % 2 == 0){
      b += 2;
    }
    else{
      b--;
    }
  default: b *= 2;
  }
  printf("%d\n", b++);
}
```

03 [학생] 테이블과 [성적] 테이블을 이용해서 [결과]에 맞도록 조회하려고 한다. [쿼리]의 안에 알맞은 구문을 쓰시오.

[쿼리]
```
SELECT 학번, 이름, 학과
  FROM 학생
 WHERE 학번 = (SELECT ( ① )
                FROM 성적
               WHERE ( ② ) = ( ③ ));
```

[학생] 테이블

학번	이름	학과	학년
20191001	강은미	컴퓨터학과	2
20192002	김정미	정보통신학과	2
20183003	홍길동	정보보호학과	3
20174004	장길산	인공지능학과	4

[성적] 테이블

학번	과목	학점
20183003	운영체제	A
20174004	운영체제	B

[쿼리 결과]

학번	이름	학과
20183003	홍길동	정보보호학과

①
②
③

최종모의고사 1회

04 디지털 저작권 관리(DRM) 구성요소 중 (①)은/는 콘텐츠를 메타 데이터와 함께 배포 가능한 단위로 묶는 기능을 하고, (②)은/는 소비자와 유통업자 사이에 발생하는 거래에 대해 디지털 저작권 라이선싱을 중개하고 라이선스 발급을 수행하는 정산소이다. ( ) 안에 들어갈 가장 올바른 구성요소를 쓰시오.

①
②

05 다음은 C언어 소스 코드이다. 출력 결과를 쓰시오.

```
#include <stdio.h>
#define ROW 3
#define COL 2

void main( )
  int i, j;
  int a[ROW][COL] = {{1, 2}, {3, 4}, {5, 6}};
  int sum = 0;
  for(i=0; i<ROW; i++){
    for(j=0; j<COL; j++){
      sum += a[i][j];
    }
  }
  printf("%.2f", (float)sum/(ROW*COL));
}
```

06 다음은 응용 계층 프로토콜에 대한 설명이다. ( ) 안에 들어갈 프로토콜을 쓰시오.

(①)은/는 인터넷에서 TCP 포트 번호 25번을 사용하여 이메일을 보내기 위해 이용되는 프로토콜이다.

07 릴레이션 R에서 조건을 만족하는 튜플을 반환하는 순수 관계 연산자의 기호를 쓰시오.

08 다음이 설명하는 프로토콜은 무엇인가?

- 호스트 컴퓨터와 인접 라우터가 멀티캐스트 그룹 멤버십을 구성하는 데 사용하는 통신 프로토콜이다.
- 화상회의, IPTV에서 활용된다.
- 주요 기능에는 그룹 가입, 멤버십 감시, 멤버십 응답, 멤버십 탈퇴가 있다.

09 데이터를 데이터베이스에 저장할 때 불필요하게 중복되어 릴레이션 조작 시 예기치 못한 곤란한 현상이 발생하는 현상은 무엇인지 쓰시오.

10 다음 JAVA 프로그램이 실행되었을 때의 결과는?

```java
public class Soojebi{
  public static void main(String[] args){
    int cnt = 0;
    do{
      cnt++;
    } while (cnt < 0);
    if(cnt==1)
      cnt++;
    else
      cnt = cnt + 3;
    System.out.printf("%d", cnt);
  }
}
```

11 다음 JAVA 프로그램이 실행되었을 때의 결과를 쓰시오.

```java
public class Soojebi{
  public static void main(String[] args){
    int arr[];
    int i=0;
    arr = new int[10];
    arr[0] = 0;
    arr[1] = 1;
    while(i<8){
      arr[i+2] = arr[i+1] + arr[i];
      i++;
    }
    System.out.println(arr[9]);
  }
}
```

12 주어진 테이블의 Cardinality, Degree를 구하시오.

학번	이름	학년	학과
202201	임꺽정	3	컴퓨터공학
202202	장길산	2	전기공학
202203	홍길동	1	건축공학

① Cardinality : (   )

② Degree   : (   )

13 정규화에 대한 설명이다. (   ) 안에 들어갈 알맞은 용어를 쓰시오.

> 5정규형은 테이블 R이 4정규형이고, (   )을/를 제거한 정규형이다.

14 사용성 테스트 수행 시 우선적으로 (   )을/를 실시해야 한다. (   )은/는 주로 컴퓨터 프로그램 등의 최신 기술을 개발하여, 실제 상황에서 실현하기 전에 소규모로 시험 작동해보는 것을 의미한다. 대규모 프로젝트를 실행하거나 플랜트를 본격적으로 가동하기 전에, 발생할 수 있는 여러 가지 변인들을 미리 파악해서 수정 보완하기 위해, 모의로 시행해 보는 것을 말한다. (   ) 안에 공통으로 들어갈 용어는 무엇인가?

최종모의고사 1회

15 소프트웨어 테스트의 원리 중 요구사항을 충족시켜주지 못한다면, 결함이 없다고 해도 품질이 높다고 볼 수 없는 소프트웨어 테스트 원리는 무엇인가?

16 UI 설계 원칙 중 사용자의 인터랙션을 최대한 포용하고, 실수를 방지할 수 있도록 제작해야 한다는 원칙은 무엇인가?

17 (　　　　)은/는 경쟁사 사이트, 벤치마킹 사이트 또는 이전 디자인과 비교하여 현재 나의 UX 디자인 수준을 평가하는 방법으로 설문 형태의 조사(Survey)가 대표적이며, 리서치 한 회당 20명 정도의 참가자가 수행한다. (　) 안에 들어갈 용어를 쓰시오.

18 다음은 C언어 코드이다. 출력 결과를 쓰시오.

```
#include <stdio.h>
void main(){
  char *p = "soojebi";
  printf("%s", p+3);
  printf("%c", *(p+3));
}
```

19 사용자의 직접적인 관리 없이 컴퓨터 시스템 리소스를 필요 시 바로 제공하는 기술로, 정보를 자신의 컴퓨터가 아닌 연결된 다른 컴퓨터로 처리하는 기술을 무엇이라 하는가?

20 성능 테스트 유형 중 (　①　)은/는 시스템에 부하를 계속 증가시키면서 시스템의 임계점을 찾는 테스트이고, (　②　)은/는 시스템 처리 능력 이상의 부하, 즉 임계점 이상의 부하를 가하여 비정상적인 상황에서의 처리를 테스트이다. 또한 (　③　)은/는 짧은 시간에 사용자가 몰릴 때 시스템의 반응 측정 테스트이다. (　) 안에 들어갈 테스트 유형을 쓰시오.

①

②

③

NCS 명견만리 최종모의고사 2회

01 다음은 자바 코드이다. 결과를 쓰시오.

```java
public class Soojebi{
  public static void main(String[] args){
    int x=3;
    System.out.print(x++);
  }
}
```

02 다음은 자바 코드이다. 결과를 쓰시오.

```java
public class Soojebi{
  public static void main(String[] args) {
    int sum=0;
    for(int i=1; i<=10; i+) {
      if(i%2=0){
        sum += i;
      }
    }
    System.out.println(sum);
  }
}
```

03 다음은 자바 코드이다. 결과를 쓰시오.

```java
public class Soojebi{
  public static void main(String[] args) {
    int sum=0;
    for(int i=1; i<=10; i++) {
      sum += i;
    }
    System.out.println(sum);
  }
}
```

04 트랜잭션의 병행 제어 기법 중 트랜잭션이 어떠한 검증도 수행하지 않고 일단 트랜잭션을 수행하고, 트랜잭션 종료 시 검증을 수행하여 데이터베이스에 반영하는 기법은 무엇인가?

05 다음은 형상 관리 도구의 기능에 대한 설명이다. ( ) 안에 들어갈 용어를 쓰시오.

- (①): 개발자가 수정한 소스를 형상 관리 저장소로 업로드하는 기능
- (②): 형상 관리 저장소로부터 최신 버전을 개발자 PC로 다운로드 받는 기능
- (③): 개발자가 소스를 형상 관리 저장소에 업로드 후 최종적으로 업데이트가 되었을 때 형상 관리 서버에서 반영하도록 하는 기능

①
②
③

06 리눅스 커널을 기반으로 스마트 폰을 위한 미들웨어와 사용자 인터페이스 및 중요 애플리케이션이 포함된 구글이 개발한 운영체제는 무엇인가?

07
다음은 C언어 코드이다. 프로그램의 출력 결과를 쓰시오.

```c
#include <stdio.h>
void main(){
  int s = 0;
  int i;
  for(i=0; i<=10; i+=2){
    if(i==2)
      continue;
    else if(i==4)
      break;
    s += i;
  }
  printf("%d %d", i, s);
}
```

08
다음은 자바 코드이다. 결괏값이 [결과]와 같도록 밑줄 친 곳에 들어갈 코드를 쓰시오.

```java
public static Soojebi {
  public static void main(String[] args){
    for(int i = 0; i <= 10; i++) {
      int x = _____ ;
      System.out.println(i + ": " + x);
    }
  }
}
```

[결과]

```
0: 0
1: 1
2: 0
3: 1
4: 0
5: 1
6: 0
7: 1
8: 0
9: 1
```

09
다음에서 설명하는 프로세스 교착상태 발생 조건을 쓰시오.

프로세스가 자원을 배타적으로 점유하여 다른 프로세스가 그 자원을 사용할 수 없는 상태

10 다음은 [학생] 테이블이다. [학생] 테이블에서 이름이 '최남선'인 튜플의 상태를 '매국노'로 변경하는 쿼리를 작성하시오.

[학생]

학번	이름	상태
321219	윤봉길	애국자
100326	안중근	애국자
571010	최남선	애국자

11 제품과 시스템, 서비스 등을 사용자가 직·간접적으로 경험하면서 느끼고 생각하는 총체적 경험은 무엇인가?

12 다음은 테이블 및 칼럼 명에 대한 명세이다. 학점이 2.0을 초과하는 학번, 과목 코드를 조회하는 쿼리문을 작성하고자 한다. ( ) 안에 들어갈 가장 적합한 쿼리문을 쓰시오.

```
테이블명: STUDENT_GRADE(성적)
컬럼명: STUDENT_NO(학번), SUBJECT_NO(과목코드),
        GRADE(학점)
```

```
SELECT (  ①  )
  FROM STUDENT_GRADE
 WHERE (  ②  );
```

①
②

13 다음 프로그램에 대하여 100% 문장 커버리지를 만족하는 테스트 케이스를 구하시오.

```
IF (( X > 2 ) AND ( Y == 2 ))
    Z = Z * X
END
IF (( X == 3 ) OR ( Z > 4 ))
    Z = Z + 1
END
```

TC1 : X = 5, Y = 2, Z = 10
TC2 : X = 1, Y = 1, Z = 2
TC3 : X = 2, Y = 2, Z = 5

14 다음은 데이터 모델 표시 요소에 대한 설명이다. ( ) 안에 들어갈 용어를 쓰시오.

- (①)은/는 데이터베이스에 저장된 실제 데이터를 처리하는 작업에 대한 명세이다.
- (②)은/는 데이터베이스에 논리적으로 표현될 대상으로서의 개체 타입과 개체 타입 간의 관계이다.

①
②

15 다음에서 설명하는 테스트 기법을 [보기]에서 골라서 쓰시오.

- (①)은/는 전체 조건식뿐만 아니라 개별 조건식도 참 한번, 거짓 한 번 결과가 되도록 수행하는 테스트이다.
- (②)은/는 입력 데이터의 영역을 유사한 도메인별로 유횻값/무효 값을 그룹핑하여 대푯값을 테스트하는 기법이다.

| 보기 |
경곗값 분석 테스트, 동등 분할 테스트, 결정 테이블 테스트, 상태 전이 테스트, 구문 커버리지, 결정 커버리지, 조건 커버리지, 조건/결정 커버리지

① _____
② _____

16 다음은 통합 테스트에 대한 설명이다. ( ) 안에 들어갈 올바른 용어를 쓰시오.

- (①)은/는 애플리케이션 구조에서 최하위 레벨의 모듈 또는 컴포넌트로부터 위쪽 방향으로 제어의 경로를 따라 이동하면서 구축과 테스트를 수행한다.
- 이때 상위의 모듈에서 데이터의 입력과 출력을 확인하기 위한 더미 모듈인 (②)이/가 필요하다.

① _____
② _____

17 전송 계층의 프로토콜 중 (①)은/는 근거리 통신망이나 인트라넷, 인터넷에 연결된 컴퓨터에서 실행되는 프로그램 간에 일련의 옥텟을 안정적으로, 순서대로, 에러 없이 교환할 수 있게 해주는 프로토콜이고, (②)은/는 비 연결성이고, 신뢰성이 없으며, 순서화되지 않은 데이터 그램 서비스를 제공하는 프로토콜이다. ( ) 안에 들어갈 프로토콜을 쓰시오.

① _____
② _____

18 다음이 설명하는 가장 적합한 용어를 쓰시오.

SQL을 가장 빠르고 효율적으로 수행할 최적의 처리경로를 생성해 주는 DBMS 내부의 핵심엔진

_____

19 데이터베이스 무결성 중 외래키가 참조하는 다른 개체의 기본키에 해당하는 값이 기본키 값이나 NULL이어야 한다는 무결성은 무엇인가?

_____

20 데이터베이스 무결성의 종류 중 (①) 무결성은 속성의 값은 기본값, NULL 여부, 도메인(데이터 타입, 길이)이 지정된 규칙을 준수해야 한다는 제약 조건이고, (②) 무결성은 한 엔티티에서 같은 기본키(PK)를 가질 수 없거나, 기본키(PK)의 속성이 NULL을 허용할 수 없는 제약 조건이다. ( ) 안에 들어갈 용어를 쓰시오.

① _____
② _____

최종모의고사 정답 및 해설

1회 정답 및 해설

01 정답) ① CHECK, ② IN
해설) • CREATE TABLE 제약조건 중 CHECK는 개발자가 정의하는 제약조건으로 참(TRUE)이어야 하는 조건을 지정할 수 있다.
• IN은 컬럼이 IN 안에 포함된 경우의 데이터 조회를 나타낸다.

02 정답) 16
해설) • a/=3을 풀어쓰면 a = a / 3이고, a는 5이기 때문에 5/3=1.6660이지만, a는 정수형이므로 소수점을 버려서 1이 된다.
• switch(++a)에서 a 값을 1 증가시킨 후에 해당 case로 접근하게 되므로, case 2로 진입하게 된다.
• b는 8이므로 b-=3을 만나면 b가 5가 되고, break;문이 없으므로 다음 문장인 b++;을 만나 b는 6이 된다.
• 역시 break;문이 없으므로 다음 문장인 if(b%2==0)이라는 문장을 만나고 b는 짝수이므로 b 안에 있는 b+=2를 만나게 된다.
• 그러면 b가 8이 되고, break;가 없기 때문에 b *=2;라는 문장을 만나게 되어 b는 최종적으로 16이 된다.
• printf("%d\n", b++);에서 b라는 값을 출력한 후에 값을 증가시키게 되어 출력은 16이 되고, 최종적으로 b 값은 17이 된다.

03 정답) ① 학번, ② 학점, ③ 'A'
해설) 학생 테이블의 WHERE 조건식에서 서브 쿼리로 성적 테이블에서 학번을 찾은 뒤 학생 테이블의 학번과 일치하는 튜플의 학번, 이름, 학과를 출력한다.

04 정답) ① 패키저(Packager), ② 클리어링 하우스(Clearing House)
해설) 디지털 저작권 관리(DRM) 구성요소는 다음과 같다.

콘텐츠 제공자 (Contents Provider)	콘텐츠를 제공하는 저작권자
콘텐츠 분배자 (Contents Distributor)	쇼핑몰 등으로서 암호화된 콘텐츠 제공
패키저(Packager)	콘텐츠를 메타 데이터와 함께 배포 가능한 단위로 묶는 기능
보안 컨테이너 (Security Container)	원본을 안전하게 유통하기 위한 전자적 보안 장치
DRM 컨트롤러 (DRM Controller)	배포된 콘텐츠의 이용 권한을 통제
클리어링 하우스 (Clearing House)	• 소비자와 유통업자 사이에 발생하는 거래에 대해 디지털 저작권 라이선싱을 중개하고 라이선스 발급을 수행하는 정산소 • 모니터링 서비스를 지원하여 디지털 저작물의 이용 내역을 근거로 신뢰할 수 있는 저작권료의 정산 및 분배가 이루어짐

05 정답) 3.50
해설) • #define ROW 3의 의미는 소스 코드 내에서 ROW라고 정의되어 있는 부분을 3으로 바꾸겠다는 의미이다.
• #define COL 2는 COL이라고 정의되어 있는 부분을 2로 바꾸겠다는 의미이다.
• 다음은 소스 코드와 완전히 동일하다.

```c
#include <stdio.h>

void main(   ){
  int i, j;
  int a[3][2] = {{1, 2}, {3, 4}, {5, 6}};
  int sum = 0;
  for(i=0; i<3; i++){
    for(j=0; j<2; j++){
      sum += a[i][j];
    }
  }
  printf("%.2f", (float)sum/(3*2));
}
```

• 이중 for문을 돌게 되면 sum은 3*2 사이즈 이차원 행렬 안의 모든 요소 값의 합이 되고 1+2+3+4+5+6=21이 된다.
• 마지막 printf에서 %.2의 의미가 중요한데, %f는 실수를 출력한다.
• 여기에 .2라고 붙이면 소숫점 뒤에 2자리를 출력하라는 의미가 된다.
• 그렇기 때문에 (float)21/6=3.50000이 되는데 소수점 2자리를 출력해야 하므로 3.50이 된다.

06 정답) SMTP(Simple Mail Transfer Protocol)
해설) 응용 계층 프로토콜은 다음과 같다.

HTTP	텍스트 기반의 통신규약으로 인터넷에서 데이터를 주고받을 수 있는 프로토콜
FTP	서버와 클라이언트 사이의 파일을 전송하기 위한 프로토콜
SMTP	이메일을 보내기 위해 이용하는 프로토콜
POP3	원격 서버로부터 TCP/IP 연결을 통해 이메일을 가져오는 데 사용하는 프로토콜
IMAP	원격 서버로부터 이메일을 가져오는데 사용하는 프로토콜
Telnet	인터넷이나 로컬 영역에서 네트워크 연결에 사용되는 네트워크 프로토콜

07 정답) σ
해설) 순수 관계 연산자는 다음과 같다.

NCS 명견만리 최종모의고사 정답 및 해설

연산자	기호	표현	설명
셀렉트 (Select)	σ	$\sigma_{조건}(R)$	릴레이션 R에서 조건을 만족하는 튜플 반환
프로젝트 (Project)	π	$\pi_{속성리스트}(R)$	릴레이션 R에서 주어진 속성들의 값으로만 구성된 튜플 반환
조인 (Join)	⋈	$R ⋈ S$	공통 속성을 이용해 R과 S의 튜플들을 연결해 만들어진 튜플 반환
디비전 (Division)	÷	$R ÷ S$	릴레이션 S의 모든 튜플과 관련 있는 R의 튜플 반환

08 정답 IGMP(Internet Group Management Protocol)

해설
- 호스트 컴퓨터와 인접 라우터가 멀티캐스트 그룹 멤버십을 구성하는 데 사용하는 통신 프로토콜은 IGMP이다.
- IGMP는 네트워크 계층의 프로토콜이다.

09 정답 이상 현상(Anomaly)

해설
- 이상 현상은 데이터의 중복성으로 인해 릴레이션을 조작할 때 발생하는 비합리적 현상이다.
- 삽입, 삭제, 갱신 이상이 있다.

10 정답 2

해설
- do-while 구문은 1번은 실행하므로 cnt++이 실행되어 1이 된다.
- if문에서 cnt가 1이므로 cnt++이 실행되어 2가 된다.

```
public class Soojebi{
    public static void main(String[] args){
        int cnt = 0;

        do{
            cnt++;
        } while (cnt < 0);
        if(cnt==1)
            cnt++;
        else
            cnt = cnt + 3;
        System.out.printf("%d", cnt);
    }
}
```

- Soojebi 클래스 선언
- main 메서드 선언
- 정수형 변수 cnt 선언과 동시에 0을 대입
- do-while 구문을 수행
- cnt 값을 1 증가시킴
- cnt가 0보다 작을 때까지 반복
- cnt가 1이면 cnt 값을 1 증가시킴
- cnt가 1이 아니면 cnt에 3을 더한 후 cnt에 대입
- cnt가 1이므로 cnt 값이 2가 되기 때문에, cnt 값 2를 출력함

11 정답 34

해설 while문은 i < 8을 만족할 때까지 반복하므로 i는 0부터 7까지 동작한다.

i	arr
0	arr[2] = arr[1] + arr[0]; ⇒ arr[2] = 1 + 0; ⇒ arr[2] = 1;
1	arr[3] = arr[2] + arr[1]; ⇒ arr[3] = 1 + 1; ⇒ arr[3] = 2;
2	arr[4] = arr[3] + arr[2]; ⇒ arr[4] = 2 + 1; ⇒ arr[4] = 3
3	arr[5] = arr[4] + arr[3]; ⇒ arr[5] = 3 + 2; ⇒ arr[5] = 5
4	arr[6] = arr[5] + arr[4]; ⇒ arr[6] = 5 + 3; ⇒ arr[5] = 8
5	arr[7] = arr[6] + arr[5]; ⇒ arr[6] = 8 + 5; ⇒ arr[5] = 13
6	arr[8] = arr[7] + arr[6]; ⇒ arr[6] = 13 + 8; ⇒ arr[5] = 21
7	arr[9] = arr[8] + arr[7]; ⇒ arr[9] = 21 + 13; ⇒ arr[5] = 34

System.out.println에서 arr[9]를 출력하라고 했으므로 34가 출력된다.

12 정답 ① 3, ② 4

해설

릴레이션(Relation)	행(Row)과 열(Column)로 구성된 테이블
튜플(Tuple)	릴레이션의 행(Row)에 해당되는 요소
속성(Attribute)	릴레이션의 열(Column)에 해당되는 요소
카디널리티(Cardinality)	튜플(Tuple)의 수
차수(Degree)	속성(Attribute)의 수

13 정답 조인 종속

해설 데이터베이스 정규화 단계는 다음과 같다.

1정규형(1NF)	원자값으로 구성
2정규형(2NF)	부분 함수 종속 제거(완전 함수적 종속 관계)
3정규형(3NF)	이행함수 종속 제거
보이스-코드 정규형(BCNF)	결정자 후보키가 아닌 함수 종속 제거
4정규형(4NF)	다치(다중 값) 종속 제거
5정규형(5NF)	조인 종속 제거

- 이상 현상은 데이터의 중복성으로 인해 릴레이션을 조작할 때 발생하는 비합리적 현상으로 삽입, 삭제, 갱신 이상이 있다.

14 정답 파일럿 테스트(Pilot Test)

해설 파일럿 테스트(Pilot Test)는 주로 컴퓨터 프로그램 등의 최신 기술을 개발하여, 실제 상황에서 실현하기 전에 소규모로 시험 작동해보는 테스트이다.

15 정답▶ 오류-부재의 궤변

해설▶ 소프트웨어 테스트의 원리는 다음과 같다.

결함 존재 증명	결함이 존재함을 밝히는 활동
완벽 테스팅은 불가능	무한 경로(한 프로그램 내의 내부 조건은 무수히 많을 수 있음), 무한 입력값(입력이 가질 수 있는 모든 값의 조합이 무수히 많음)으로 인한 테스트 어려움
초기 집중	조기 테스트 설계 시 장점: 테스팅 결과를 단시간에 알 수 있고, 테스팅 기간 단축, 재작업을 줄여 개발 기간 단축 및 결함 예방
결함 집중	적은 수의 모듈에서 대다수의 결함이 발견됨 소프트웨어 테스트에서 오류의 80%는 전체 모듈의 20% 내에서 발견
살충제 패러독스	• 동일한 테스트 케이스에 의한 반복적 테스트는 새로운 버그를 찾지 못함 • 테스트 케이스의 정기적 리뷰와 개선 및 다른 시각에서의 접근이 필요
정황 의존성	소프트웨어의 성격에 맞게 테스트 실시
오류-부재의 궤변	요구사항을 충족시켜주지 못한다면, 결함이 없다고 해도 품질이 높다고 볼 수 없음

16 정답▶ 유연성(Flexibility)

해설▶ UI 설계 원칙은 다음과 같다.

직관성 (Intuitiveness)	누구나 쉽게 이해하고, 쉽게 사용할 수 있어야 함
유효성 (Efficiency)	정확하고 완벽하게 사용자의 목표가 달성될 수 있도록 제작
학습성 (Learnability)	초보와 숙련자 모두가 쉽게 배우고 사용할 수 있게 제작
유연성 (Flexibility)	사용자의 인터랙션을 최대한 포용하고, 실수를 방지할 수 있도록 제작

17 정답▶ 정량적 리서치(Quantitative Research)

해설▶ UI 개선 방법은 다음과 같다.

정량적 리서치 (Quantitative Research)	• 경쟁사 사이트, 벤치마킹 사이트 또는 이전 디자인과 비교하여 현재 나의 UX 디자인 수준을 평가하는 방법 • 설문 형태의 서베이(Survey)가 대표적이며, 리서치 한 회당 20명 정도의 참가자가 수행
정성적 리서치 (Qualitative Research)	• 확실성이나 반복성보다는 사용자의 행동과 관련된 컨텍스트(Context)와 인사이트를 얻는 방법으로 테스트를 통해 사람들의 반응을 보고 인사이트를 얻어 현재의 안을 개선하는 것이 목적인 방법 • 리서치 한 세트당 5~8명으로 구성하며, 한 세트 이상 수행하는 것이 이상적

18 정답▶ jebij

해설▶
• char *타입의 포인터 변수 p를 선언과 동시에 문자열 "soojebi"로 초기화한다.
• printf 함수에서 문자열 출력을 위한 포맷스트링 "%s"를 이용하여 p+3가 가리키는 문자열 "jebi"를 화면에 출력한다.
• printf 함수에서 문자 출력을 위한 포맷 스트링 "%c"를 이용하여 *(p+3) 값인 'j'가 화면에 출력된다. 포인터 변수에 '*'를 붙이면 가리키는 값을 접근할 수 있다.

*p	*(p+1)	*(p+2)	*(p+3)	*(p+4)	*(p+5)	*(p+6)
s	o	o	j	e	b	i

19 정답▶ 클라우드 컴퓨팅(Cloud Computing)

해설▶ • 클라우드 컴퓨팅은 인터넷을 통해 가상화된 컴퓨터 시스템 리소스(IT 리소스)를 제공하고, 정보를 자신의 컴퓨터가 아닌 클라우드(인터넷)에 연결된 다른 컴퓨터로 처리하는 기술이다.
• 구성 가능한 컴퓨팅 자원(컴퓨터 네트워크, 데이터베이스, 서버, 스토리지, 애플리케이션, 서비스 등)에 대해 어디서나 접근할 수 있다.

20 정답▶ ① 부하 테스트(Load Testing), ② 스트레스 테스트(Stress Testing), ③ 스파이크 테스트(Spike Testing)

해설▶ 성능 테스트 유형은 다음과 같다.

부하 테스트 (Load Testing)	시스템에 부하를 계속 증가시키면서 시스템의 임계점을 찾는 테스트
강도 테스트 (Stress Testing)	시스템 처리 능력 이상의 부하, 즉 임계점 이상의 부하를 가하여 비정상적인 상황에서의 처리를 테스트
스파이크 테스트 (Spike Testing)	짧은 시간에 사용자가 몰릴 때 시스템의 반응 측정 테스트
내구성 테스트 (Endurance Testing)	오랜 시간 동안 시스템에 높은 부하를 가하여 시스템 반응 테스트

NCS 명견만리 최종모의고사 정답 및 해설

2회 정답 및 해설

01 **정답** 3
해설
- x는 선언과 동시에 3을 대입한다.
- x++ 연산자는 System.out.print( )가 실행이 되고 나서 x 값을 1 증가시키므로 화면에는 3이 출력된다.

02 **정답** 30
해설 for 반복문은 1부터 시작하여 10까지 1씩 증가한다. i 값을 2로 나눈 나머지가 0인 경우, 즉 짝수인 경우 sum 변수에 누적한다. for 반복문이 종료되고 sum 값을 화면에 출력한다.

03 **정답** 55
해설 1부터 10까지의 합을 구한다. for 반복문은 i가 1부터 시작하여 1씩 증가하며, sum 변수는 반복될 때마다 값을 누적하여 저장한다. for 반복문이 종료된 후 sum 변수를 화면에 출력한다.

04 **정답** 낙관적 검증(Optimistic Validation)
해설
- 다수 사용자 환경에서 여러 트랜잭션을 수행할 때, 데이터베이스 일관성 유지를 위해 상호작용을 제어하는 병행제어 기법이 필요하다.
- 병행 제어 기법에는 로킹, 낙관적 검증, 타임 스탬프 순서, 다중 버전 동시성 제거 기법이 있다.
- 낙관적 검증 기법은 트랜잭션이 어떠한 검증도 수행하지 않고 일단 트랜잭션을 수행하고, 트랜잭션 종료 시 검증을 수행하여 데이터베이스에 반영하는 기법이다.

05 **정답** ① 체크인(Check-In), ② 체크아웃(Check-Out), ③ 커밋(Commit)
해설 형상 관리 도구의 기능은 체크인, 체크아웃, 커밋이 있다.

체크인(Check-In)	개발자가 수정한 소스를 형상 관리 저장소로 업로드 하는 기능
체크아웃(Check-Out)	형상 관리 저장소로부터 최신 버전을 개발자 PC로 다운로드 받는 기능
커밋(Commit)	개발자가 소스를 형상 관리 저장소에 업로드 후 최종적으로 업데이트가 되었을 때 형상 관리 서버에서 반영하도록 하는 기능

06 **정답** 안드로이드(Android)
해설 안드로이드는 휴대 전화를 비롯한 휴대용 장치를 위한 운영 체제와 미들웨어, 사용자 인터페이스 그리고 표준 응용 프로그램(웹 브라우저, 이메일 클라이언트, SMS, MMS 등을 포함하고 있는 소프트웨어 스택이자 모바일 운영 체제이다.

07 **정답** 4 0
해설 continue문은 반복문에서 다음 반복으로 넘어갈 수 있도록 하는 명령어이고, break문은 반복문을 중지하도록 하는 명령어이다.

```
int s = 0;
int i;
for(i=0; i<=10; i+=2){
  if(i==2)
    continue;
  else if(i==4)
    break;
  s += i;
}
printf("%d %d", i, s);
```

- 정수형 변수 s는 0으로 선언
- 정수형 변수 i 선언
- for문은 0부터 10까지 반복하고 2씩 증가
- i가 0일 때 s += i 문장 실행
- i가 2일 때 continue를 만나 다음 반복
- i가 4일 때 break를 만나 반복문 종료
- i는 4 출력 s는 0 출력

08 **정답** i % 2
해설
- 출력 결과는 i 값이 짝수이면 0을 출력하고, 홀수이면 1을 출력한다.
- i % 2 연산자를 사용하여 출력하여 원하는 결과를 도출할 수 있다.

09 **정답** 상호 배제(Mutual Exclusion)
해설
- 상호 배제는 교착상태 발생 조건 중 하나이다.
- 교착상태 발생 조건은 아래와 같다.

상호 배제 (Mutual Exclusion)	프로세스가 자원을 배타적으로 점유하여 다른 프로세스가 그 자원을 사용할 수 없는 상태
점유와 대기 (Hold & Wait)	한 프로세스가 자원을 점유하고 있으면서 또 다른 자원을 요청하여 대기하고 있는 상태
비선점 (Non Preemption)	한 프로세스가 점유한 자원에 대해 다른 프로세스가 선점할 수 없고, 오직 점유한 프로세스만이 해제 가능한 상태
환형 대기 (Circular Wait)	2개 이상의 프로세스 간 자원의 점유와 대기가 하나의 원형을 구성한 상태

10 **정답** UPDATE 학생 SET 상태='매국노' WHERE 이름 = '최남선';
해설
- UPDATE는 데이터의 내용을 변경할 때 사용하는 명령어이다.
- UPDATE 명령어 문법은 다음과 같다.

UPDATE 테이블명 　SET 속성명 = 데이터, … WHERE 조건;	UPDATE 명령문은 WHERE 절을 통해 어떤 조건이 만족할 경우에만 특정 컬럼의 값을 수정하는 용도로 자주 사용됨

11 정답 ▶ UX(User Experience; 사용자 경험)

해설

UI (User Interface)	넓은 의미에서 사용자와 시스템 사이에서 의사소통할 수 있도록 고안된 물리적, 가상의 매개체
UX (User Experience)	제품과 시스템, 서비스 등을 사용자가 직/간접적으로 경험하면서 느끼고 생각하는 총체적 경험

12 정답 ▶ ① STUDENT_NO, SUBJECT_NO, ② GRADE > 2.0

해설 ▶ SELECT 구문의 쿼리 구조는 다음과 같다.

SELECT 절	검색하고자 하는 속성명, 계산식
FROM 절	질의에 의해 검색될 데이터들을 포함하는 테이블 명을 기술
WHERE 절	검색할 조건을 기술
GROUP BY 절	속성값을 그룹으로 분류하고자 할 때 사용
HAVING 절	GROUP BY에 의해 분류한 후 그룹에 대한 조건 지정
ORDER BY 절	속성값을 정렬하고자 할 때 사용

13 정답 ▶ TC1

해설
- 구문 커버리지[=문장 커버리지(Statement Coverage)]는 프로그램 내의 모든 명령문을 적어도 한 번 수행하는 커버리지 테스트이다.
- 구문 커버리지는 조건문 결과와 관계없이 구문 실행 개수로 계산한다.
- 문장 커버리지(%)=테스트 케이스 집합에 의해 실행된 문장의 수 / (전체 실행 가능한 프로그램 문장의 수)×100
- TC1일 경우, 4개의 문장을 모두 수행하는 100% 문장 커버리지를 만족할 수 있다.

14 정답 ▶ ① 연산(Operation), ② 구조(Structure)

해설 ▶ 데이터 모델 표시 요소는 아래와 같다.

연산(Operation)	• 데이터베이스에 저장된 실제 데이터를 처리하는 작업에 대한 명세 • 릴레이션을 조작하기 위한 관계 연산을 나타냄 (SELECT, PROJECT, JOIN, DIVISION)
구조(Structure)	• 데이터베이스에 논리적으로 표현될 대상으로서의 개체 타입과 개체 타입 간의 관계 • 데이터 구조 및 정적 성질을 표현하는 요소
제약 조건 (Constraint)	• 데이터베이스에 저장될 수 있는 실제 데이터의 논리적인 제약 조건 • 데이터 무결성 유지를 위한 DB의 보편적 방법 • 릴레이션의 특정 칼럼에 설정하는 제약을 의미(개체 무결성, 참조 무결성 등)

15 정답 ▶ ① 조건/결정 커버리지, ② 동등 분할 테스트

해설
- 조건/결정 커버리지는 화이트 박스 테스트 기법으로 전체 조건식뿐만 아니라 개별 조건식도 참 한번, 거짓 한 번 결과가 되도록 수행하는 테스트이다.
- 동등 분할 테스트는 블랙박스 테스트 기법으로 입력 데이터의 영역을 유사한 도메인별로 유횻값/무횻값을 그룹핑하여 대푯값을 테스트하는 기법이다.

16 정답 ▶ ① 상향식 통합(Bottom Up), ② 드라이버(Driver)

해설
- 애플리케이션 구조에서 최하위 레벨의 모듈 또는 컴포넌트로부터 위쪽 방향으로 제어의 경로를 따라 이동하면서 구축과 테스트를 수행하는 통합 테스트는 상향식 통합이다.
- 상향식 통합에서는 상위의 모듈에서 데이터의 입력과 출력을 확인하기 위한 더미 모듈인 드라이버가 필요하다.

17 정답 ▶ ① TCP(Transmission Control Protocol), ② UDP(User Datagram Protocol)

해설
- 전송 계층은 상위 계층들이 데이터 전달의 유효성이나 효율성을 생각하지 않도록 해주면서 종단 간의 사용자들에게 신뢰성 있는 데이터를 전달하는 계층이다.
- 전송 계층의 프로토콜은 다음과 같다.

TCP	전송 계층에 위치하면서 근거리 통신망이나 인트라넷, 인터넷에 연결된 컴퓨터에서 실행되는 프로그램 간의 일련의 옥텟을 안정적으로, 순서대로, 에러 없이 교환할 수 있게 해주는 프로토콜
UDP	비연결성이고, 신뢰성이 없으며, 순서화되지 않은 데이터그램 서비스를 제공하는 전송 계층(4계층)의 통신 프로토콜

18 정답 ▶ 옵티마이저(Optimizer)

해설
- 옵티마이저는 SQL을 가장 빠르고 효율적으로 수행할 최적의 처리경로를 생성해 주는 DBMS 내부의 핵심엔진이다.
- 옵티마이저의 유형으로는 RBO(Rule Based Optimizer)와 CBO(Cost Based Optimizer)가 있다.

19 정답 ▶ 참조 무결성

해설 ▶ 데이터베이스 무결성의 종류는 다음과 같다.

개체 무결성	한 엔터티에서 같은 기본키(PK)를 가질 수 없거나, 기본키(PK)의 속성이 NULL을 허용할 수 없음
참조 무결성	외래키가 참조하는 다른 개체의 기본키에 해당하는 값이 기본키 값이나 NULL이어야 함
속성 무결성	속성의 값은 기본값, NULL 여부, 도메인(데이터 타입, 길이)이 지정된 규칙을 준수해야 함
사용자 무결성	사용자의 의미적 요구사항을 준수해야 함
키 무결성	한 릴레이션에 같은 키 값을 가진 튜플들을 허용할 수 없음

NCS 명견만리 최종모의고사 정답 및 해설

20 정답 ① 속성, ② 개체

해설 데이터베이스 무결성의 종류는 다음과 같다.

개체 무결성	한 엔터티에서 같은 기본키(PK)를 가질 수 없거나, 기본키(PK)의 속성이 NULL을 허용할 수 없는 제약 조건
참조 무결성	외래키가 참조하는 다른 개체의 기본키에 해당하는 값이 기본키값이나 NULL이어야 하는 제약 조건
속성 무결성	속성의 값은 기본값, NULL 여부, 도메인(데이터 타입, 길이)이 지정된 규칙을 준수해야 하는 제약 조건
사용자 무결성	사용자의 의미적 요구사항을 준수해야 하는 제약 조건
키 무결성	한 릴레이션에 같은 키값을 가진 튜플들을 허용할 수 없는 제약 조건

2024년 제1회

01 다음은 C언어 코드이다. sOOjeBI를 입력했을 때 밑줄 친 곳의 출력 결과를 쓰시오.

```
01  #include <stdio.h>
02  #include <string.h>
03
04  void get(char *p){
05    printf("Input : ");
06    scanf("%s", p);
07  }
08
09  int print(char *p){
10    int i=0;
11    int cnt=0;
12    int len=strlen(p);
13
14    while(i<len){
15      if(p[i] >= 'A' && p[i] <= 'Z'){
16        cnt++;
17      }
18      i++;
19    }
20
21    return cnt;
22  }
23
24  int main(){
25    char temp[128];
26    get(temp);
27
28    printf("%d", print(temp));
29
30    return 0;
31  }
```

[출력]
Input : sOOjeBI
　①

02 다음은 데이터 전송 제어 절차이다. [보기]에서 올바른 순서를 찾아 기호로 나타내시오.

| 보기 |
㉠ 회선 접속　　㉡ 데이터 전송
㉢ 데이터 링크 해제　㉣ 회선 절단
㉤ 데이터 링크 연결

03 다음은 자바 코드이다. 출력 결과를 쓰시오.

```
01  public class Soojebi{
02    public static void main(String[] args) {
03      int []n = {1, 2, 3, 4, 5, 6};
04      int s = 0;
05
06      for(int i : n) {
07        s += i;
08      }
09
10      System.out.println(s);
11    }
12  }
```

04 다음에서 설명하는 기법을 [보기]에서 고르시오.

소프트웨어의 품질을 향상하기 위해 프로그램을 실행하지 않고 소스 코드를 점검해서 규칙에 위반되는 소스 코드를 추출하는 정적 분석 기법이다.

| 보기 |
㉠ COCOMO
㉡ V 모형(V Model)
㉢ 코드 인스펙션(Code Inspection)
㉣ 애자일(Agile)
㉤ 워크 스루(Walk Through)
㉥ 나선형 모형(Sprial Model)

05 다음은 관계형 데이터베이스에 대한 설명이다. ①~⑤에 알맞은 용어를 쓰시오.

- 관계형 데이터베이스는 테이블(Table)을 (①)(이)라고 부르고, (①)은/는 행에 해당하는 튜플(Tuple)과 열에 해당하는 속성(Attribute)으로 이루어져 있다. 또한, 속성에 들어갈 수 있는 값의 범위를 (②)(이)라고 한다.
- 데이터베이스를 쿼리로 나타낼 수 있는데, 예를 들어 학생 테이블이 다음과 같이 구성되어 있다고 하자.

[학생] 테이블

학번	이름	학년	전공
20300001	홍길동	1	컴퓨터공학과
20300002	장길산	1	컴퓨터공학과
20300002	이순신	4	전기공학과
20300003	안중근	3	화학과
...	...	...	...
20300589	이성계	3	컴퓨터공학과

- 전공이 '컴퓨터공학과'이며, 학년이 1학년인 학생을 조회하는 쿼리는 다음과 같이 작성한다.

```
SELECT 학생 FROM 학생 WHERE 전공="컴퓨터공학과"
    ③    학년 = 1;
```

- 또한, 학년별로 학생들을 그룹화하고, 각 그룹에 속한 학생들의 수가 5명을 초과하는 그룹에 대해 학과와 해당 그룹의 학생 수를 조회하는 쿼리는 다음과 같이 작성한다.

```
SELECT 학과, COUNT(학번)
 FROM 학생
GROUP BY 학년
    ④    COUNT(학번) > 5;
```

- 그리고 [학생] 테이블에 학번이 '20300590', 이름이 신사임당, 학년이 3학년, 전공이 '화학과'인 학생을 추가하려고 할 때의 쿼리는 다음과 같이 작성한다.

```
INSERT INTO 학생(학번, 이름, 학년, 전공)    ⑤
('20300590', '신사임당', 3, '화학과');
```

①
②
③
④
⑤

06 다음은 데이터베이스에 대한 설명이다. 빈칸에 알맞은 용어를 쓰시오.

- 관계형 데이터 모델에서 (②)은/는 데이터의 중복성으로 인해 릴레이션을 조작할 때 발생하는 비합리적 현상이다.
- (②)을/를 방지하고, 데이터의 일관성과 정확성을 유지하기 위해 무손실 분해하는 과정을 (①)(이)라고 한다.
- (②)의 종류로는 삽입 이상, 삭제 이상, (③) 이상 등이 있다.
- 또한, 릴레이션에서 속성의 의미와 속성 간 상호 관계로부터 발생하는 제약조건을 함수 종속(FD; Functional Dependency)이라 한다.
- 릴레이션에서 기본 키가 복합 키일 경우 기본 키를 구성하는 속성 중 일부에게 종속된 경우를 부분 함수 종속이라고 하며, 릴레이션에서 X→Y 관계가 있을 때 Y는 X의 전체 속성에 대해 종속하고, 부분 집합 속성에 종속하지 않는 경우를 완전 함수 종속이라 한다.
- 릴레이션에서 A→B, B→C 종속 관계가 있을 때, A→(④)이/가 성립되는 경우를 이행 함수 종속이라 한다.
- 또한, 다음과 같이 [학생수강] 테이블이 있다.

학번	과목	강사
101	수학	홍길동
102	역사	이순신
103	물리	권율
104	화학	김시민
105	수학	홍길동

- 이 테이블은 학생의 정보와 강사 정보를 같이 가지고 있다. 이러한 형태는 문제가 발생하는데, 새로운 과목이 생성됐으나, 수강 학생이 없다면 강사를 삽입할 수 없다. 수강생이 1명 있는 과목이 수강취소될 경우, 강사 정보가 사라지는 문제가 발생한다. 또한, 강사는 과목명에 영향을 주는 결정자이지만, 후보 키가 아닌 상황이다. 이를 극복하기 위해 (⑤) 정규화를 사용한다.
- 정규화 이후에는 다음과 같이 두 개의 릴레이션으로 무손실 분해가 가능하다.

[학생지도] 테이블

학번	강사
101	홍길동
102	이순신
103	권율
104	김시민
105	홍길동

[강사] 테이블

강사	담당과목
홍길동	수학
이순신	역사
권율	물리
김시민	화학

① _____
② _____
③ _____
④ _____
⑤ _____

07 다음은 V 모델에 대한 그림이다. 빈칸( )에 들어갈 내용을 [보기]에서 찾아 쓰시오.

보기
요구사항 수집   분석   구현
인수 테스트   설계   단위 테스트
시스템 테스트   통합 테스트

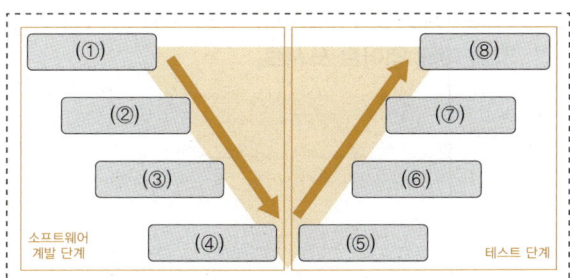

① _____   ② _____
③ _____   ④ _____
⑤ _____   ⑥ _____
⑦ _____   ⑧ _____

08 다음은 학생 테이블이다. 밑줄친 곳에 키워드를 넣어 조건에 해당하는 쿼리를 완성하시오.

[학생]

학번	이름	학과	학년	전화번호
202001	이성계	컴퓨터공학과	4	123-4567
202109	이방과	컴퓨터공학과	1	234-5678
202303	이방원	전기학과	3	345-6789
202104	이도	컴퓨터공학과	1	456-7890
202201	이향	전기학과	2	567-8901
202413	이홍위	전기학과	4	678-9012

① 학과가 '컴퓨터공학과'이면서 1학년인 학생의 이름을 출력하는 쿼리

SELECT 이름 FROM 학생 WHERE 학과='컴퓨터공학과' _____ 학년=1;

② 2학년이거나 4학년인 학생의 학과 이름을 중복되지 않도록 출력하는 쿼리

SELECT _____ 학과 FROM 학생 WHERE 학년 _____ (2, 4);

① _____
② _____

09 교환 방식 중 축적 교환(Store & Forwarding)을 사용하는 방식을 [보기]에서 모두 고르시오.

보기
㉠ 회선 교환 방식(Circuit Switching)
㉡ 메시지 교환 방식(Message Switching)
㉢ 가상 회선 방식(Virtual Circuit)
㉣ 데이터그램 방식(Datagram)

10 다음은 운영체제에 대한 설명이다. 빈칸에 알맞은 용어를 [보기]에서 골라 쓰시오.

- (①)은/는 시스템에 새로운 작업이 도착했을 때, 시작 프로세스 중에서 어떤 프로세스를 준비 큐에 보낼지 결정하는 역할을 한다.
- (②)은/는 준비 상태의 프로세스 중에서 어떤 프로세스를 선택하여 CPU를 할당할 것인지 결정하는 역할을 한다.
- 프로세스가 준비 상태에서 대기 중인 프로세스 중 선택된 어떤 프로세스를 실행상태로 옮기는 것은 (③)이/가 수행한다.
- 운영체제는 프로세스의 실행을 제어하는 것이 중요하다.
- 효과적인 제어를 위해서 스케줄러 안에 존재하는 (④)이/가 여러 프로세스의 상태를 관찰하고, 프로세스에 대한 조사와 통보를 담당한다.

|보기|
작업 스케줄러, CPU 스케줄러, 디스패처, 트래픽 제어기

① _____
② _____
③ _____
④ _____

11 다음은 OSI 7계층에 대한 설명이다. 빈칸에 알맞은 용어를 보기에서 찾아 쓰시오.

① 여러 개의 노드를 거칠 때마다 경로를 찾아주는 역할을 하는 계층
② 통신 경로상의 지점 간 회선 제어, 흐름 제어, 오류 제어를 담당하는 계층
③ 장치 간의 물리적인 접속과 비트 정보를 다른 시스템에 전송하는 데 필요한 규칙을 정의하는 계층
④ 두 사용자 사이의 신뢰성 있는 데이터 전송을 위한 종단 간 제어를 담당하는 계층

|보기|
물리, 전송, 네트워크, 비트, 세션, 표현, 세그먼트, 응용, 패킷, 데이터, 데이터링크, 프레임

계층	전송 단위
①	⑤
②	⑥
③	⑦
④	⑧

12 다음은 HDLC의 구조이다. 이중 빈칸 ( )에 들어갈 영역에 대해 영어로 쓰시오.

Bits	8	8	8	)=0	16	8
	01111110	Address	( )	Data	Checksum	01111110

Bits	1	3	1	3	
	0	Seq	P/F	Next	Information Frame
	1 0	Type	P/F	Next	Supervisory Frame
	1 1	Type	P/F	Modifier	Unnumbered Frame

13 "돼지와 오리가 합쳐서 27마리이고, 다리의 합이 102개"일 때 돼지와 오리의 수를 구하는 코드이다. 빈칸에 알맞은 코드를 쓰시오.

```
01  public class Soojebi{
02    public static void main(String[] args) {
03      int totalcnt=27;
04      int pigcnt=27, duckcnt=0;
05
06      while(duckcnt < totalcnt){
07        pigcnt = totalcnt -   ①   ;
08
09        if(   ②   * 4 + duckcnt * 2 == 102)
10          break;
11        else
12          duckcnt++;
13      }
14
15      System.out.print(pigcnt+", "+duckcnt);
16    }
17  }
```

① _____

② _____

14 다음 오류 제어 방식에 대한 설명으로 올바른 것을 [보기]에서 찾아 쓰시오.

- 데이터 전송 과정에서 발생한 오류를 검출하고 재전송 요구 없이 스스로 수정하는 방식이다.
- 송신 측에서 오류 검출을 위한 부가 정보를 추가해 전송하고, 수신 측이 이 부가 정보를 이용해 오류를 발견하고 수정한다.

| 보기 |
FEC(Forward Error Correction), BEC(Backward Error Correction), CRC(Cyclical Redundancy Check), ARQ(Automatic Repeat reQuest), Parity Check

15 다음은 파이썬 코드이다. 출력 결과를 쓰시오.

```
01  score= [1, 2, 3, 4, 5]
02  print(score.pop( ))
03  print(score.pop( ))
04  print(score.pop(1))
```

16 다음은 SQL 쿼리문이다. 밑줄을 채워 [결과]처럼 나오도록 쿼리를 완성하시오.

```
SELECT 학번, 이름
  FROM 학생
  WHERE   ①   ='컴퓨터공학과' IN
          (SELECT 학과
            FROM 학생
            WHERE 학년   ②   3);
```

[학생]

학번	이름	학과	학년	전화번호
202001	이성계	컴퓨터공학과	4	123-4567
202109	이방과	컴퓨터공학과	1	234-5678
202303	이방원	컴퓨터공학과	3	345-6789
202104	이도	법학과	1	456-7890
202201	이향	체육학과	2	567-8901
202413	이홍위	전기학과	4	678-9012

[결과]

학번	전공
202001	이성계
202303	이방원

① _____

② _____

17 다음이 설명하는 컴퓨터 관련 용어를 [보기]에서 찾아서 쓰시오.

① 컴퓨터에서 전원을 켜고 가장 처음, 기본적인 기능을 처리해 주는 프로그램
② 입출력 장치와 CPU 간의 처리 속도 차이에서 발생하는 CPU의 대기시간을 최소화하는 기능

| 보기 |
㉠ ROM ㉡ RAM ㉢ 스풀링 ㉣ 버퍼링 ㉤ BIOS ㉥ BUS

18 다음은 C언어 코드이다. 첫 번째에는 string을 입력하고, 두 번째는 test를 입력했을 때 밑줄친 곳의 출력 결과를 쓰시오.

01	`#include <stdio.h>`
02	`#include <stdlib.h>`
03	`#include <string.h>`
04	
05	`int main(){`
06	`  char temp[128];`
07	`  char *p[2];`
08	`  int size;`
09	`  int i, j;`
10	
11	`  for(i=0; i<2; i++){`
12	`    printf("입력 %d: ", i+1);`
13	`    scanf("%s", temp);`
14	`    size = strlen(temp);`
15	
16	`    p[i] = (char*)malloc(sizeof(char)*(size+1));`
17	
18	`    for(j=0; j<size; j++){`
19	`      p[i][j] = temp[size-j-1];`
20	`    }`
21	`    p[i][size] = '\0';`
22	`  }`
23	
24	`  for(i=1; i>=0; i--){`
25	`    printf("출력 %d: ", i+1);`
26	`    printf("%s\n", p[i]);`
27	`    free(p[i]);`
28	`  }`
29	
30	`  return 0;`
31	`}`

[화면]
입력1: string
입력2: test

19 다음은 C언어 코드이다. 출력 결과를 쓰시오.

01	#include<stdio.h>
02	
03	int main() {
04	int sum = 0;
05	int i = 329;
06	do {
07	sum = 999 % i;
08	i++;
09	}while (sum != 0);
10	
11	printf("%d", i);
12	return 0;
13	}

20 인사급여 테이블에서 성명이 홍길동인 직원의 호봉을 15로 수정하기 위한 쿼리를 완성하시오.

UPDATE 인사급여   ①   호봉=15   ②   성명='홍길동';

①

②

2024년 제2회

01 다음은 패리티 검사(Parity Check) 방식에 대한 설명이다. 다음 설명을 읽고 괄호 ( ) 안에 있는 선택지 중 하나를 고르시오.

- 데이터 1010110을 홀수 패리티 방식으로 전송할 경우, 추가할 패리티 비트는 (0 / 1)이다.
- 데이터 1010110을 짝수 패리티 방식으로 전송할 경우, 추가할 패리티 비트는 (0 / 1)이다.
- 패리티 검사를 사용할 경우, 데이터에 2개의 오류가 발생했을 때 오류를 검출할 수 (있다 / 없다).
- 패리티 검사를 사용할 경우, 검출된 오류 데이터를 수정할 수 (있다 / 없다).

①
②
③
④

02 완전 함수 종속성을 만족한 직후 정규형은 무엇인지 쓰시오.

03 다음은 C언어 코드이다. 출력 결과를 쓰시오.

```c
#include <stdio.h>
struct vector{
  float x, y;
};

int main() {
  struct vector a[2] = {{2.5, 3.0}, {4.5, 6.0}};
  float x=0.0, y=0.0;
  int i;

  for(i=0; i<2; i++){
    x += a[i].x;
    y += a[i].y;
  }

  printf("%.2f 그리고 %.2f", x, y);
  return 0;
}
```

04 다음은 C언어 코드이다. 출력 결과를 쓰시오.

```c
#include <stdio.h>
int main() {
  int x = 3;
  int y = 5;
  printf("%d", (x|y) - (x&y));
  return 0;
}
```

05 (　　) 무결성은 한 엔터티에서 같은 기본 키(PK)를 가질 수 없거나, 기본 키(PK)의 속성이 NULL을 허용할 수 없는 제약조건이다. 빈칸에 들어갈 알맞은 용어를 쓰시오.

_____ 무결성

06 다음은 C언어 코드이다. 출력 결과를 쓰시오.

```c
#include <stdio.h>
int main() {
  int a[5] = {3, 4, 10, 5, 2};
  int *p = a;
  int i, j, temp;

  for(i=0; i<5; i++) {
    for(j=i+1; j<5; j++) {
      if(*(p+i) > *(p+j)) {
        temp = *(p+i);
        *(p+i) = *(p+j);
        *(p+j) = temp;
      }
    }
    printf("%d ", *(p+i));
  }
  return 0;
}
```

07
학생 테이블에서 컴퓨터과이면서 서울에 사는 학생의 이름을 오름차순으로 정렬하고자 한다. 빈칸에 들어갈 알맞은 용어를 쓰시오.

[SQL]
```
SELECT 이름, 학과
  FROM 학생
 WHERE 학과 = '컴퓨터'   ①   주소 = '서울'
 ORDER BY 이름   ②   ;
```

①
②
③

08
빈칸에 들어갈 알맞은 용어를 쓰시오.

```
INSERT   ①  학생(학번, 이름, 학과, 주소)  ② (20240001, '홍길동', '컴퓨터과', '서울시');
UPDATE 학생   ③  학과 = '정보보안학과' WHERE 학번 = 20240002;
```

①
②
③

09
HTML을 브라우저에서 실행한 결과를 쓰시오.

01	`<html>`
02	`<head>`
03	`</head>`
04	`<body>`
05	`<script>`
06	`var arr = [ 'green', 'red', 'red', 'yellow' ];`
07	`for(let i=0;i<4;i++){`
08	`if( i == 3 )`
09	`document.write(" ");`
10	`document.write( arr[i] + " " );`
11	`}`
12	`</script>`
13	`</body>`
14	`</html>`

10
다음 빈칸에 들어갈 알맞은 용어를 쓰시오.

- (①)은/는 인터넷에서 같은 내용의 데이터를 여러 명의 특정한 그룹의 수신자들에게 동시에 전송할 수 있는 프로토콜이다.
- (②)은/는 하나의 송신자가 같은 서브 네트워크상의 모든 수신자에게 데이터를 전송하는 프로토콜이다.
- (③)은/는 고유 주소로 식별된 하나의 네트워크 목적지에 1:1로(One-to-One) 트래픽 또는 메시지를 전송하는 프로토콜이다.

① _____ 프로토콜
② _____ 프로토콜
③ _____ 프로토콜

2024년 제2회

11 다음은 C언어 코드이다. 출력 결과를 쓰시오.

```
01  #include <stdio.h>
02  int main(){
03      int num1 = 11;
04      int num2 = 0;
05      int *p = NULL;
06      p = &num1;
07      num2 = *p + num1;
08      printf("%d", *p - num1 + num2);
09      return 0;
10  }
```

12 IPv4의 주소체계는 총 32비트로 구성되어 있으며 네트워크 주소와 호스트 주소로 나뉜다. 클래스 분류에 따라 호스트 주소가 16비트를 갖는 클래스는 무엇인가?

( )　　　　　　　　　　　　　　클래스

13 학생(student) 테이블에 컴퓨터공학과 학생 100명, 전자공학과 학생 60명, 기계과 학생 50명이 존재한다. 출력되는 튜플의 수를 쓰시오.

① select dept from student;
② select distinct dept from student;
③ select count(distinct dept) from student where dept = "컴퓨터공학과";

①
②
③

14 다음은 파이썬 코드이다. 출력 결과를 쓰시오.

```
01  li = [1, -1, 0, 1, -1]
02
03  for a in li:
04      if(a == -1):
05          continue
06      print(a, end='')
```

15 다음은 구구단 3단을 출력하는 코드이다. 출력 결과가 나오도록 밑줄친 곳에 알맞은 코드를 쓰시오.

```
01  #include <stdio.h>
02  int main() {
03      int n = 3;
04      int i;
05
06      for(i=1; i<=9; i++) {
07          printf("%d * %d = %d\n", n, i, _____);
08      }
09      return 0;
10  }
```

[출력 결과]

```
3 * 1 = 3
3 * 2 = 6
3 * 3 = 9
3 * 4 = 12
3 * 5 = 15
3 * 6 = 18
3 * 7 = 21
3 * 8 = 24
3 * 9 = 27
```

16 다음 중 블랙박스 테스트와 화이트박스 테스트를 [보기]에서 찾아서 올바르게 분류하시오.

> |보기|
> ㉠ 변경 조건/결정 커버리지
> ㉡ 동등 분할 테스트
> ㉢ 문장 커버리지
> ㉣ 조건 커버리지
> ㉤ 원인-효과 그래프 테스트
> ㉥ 경곗값 분석 테스트

① 블랙박스 테스트:

② 화이트박스 테스트:

17 다음은 자바 코드이다. 출력 결과를 쓰시오.

```
01  class Soojebi {
02    int fn(int i, int j) {
03      System.out.print(i+j);
04      return (i*j);
05    }
06
07    public static void main(String[] args) {
08      Soojebi s = new Soojebi();
09      System.out.print(s.fn(5,5));
10    }
11  }
```

18 상향식 통합 테스트는 프로그램의 하위 모듈에서 상위 모듈 방향으로 통합하면서 테스트하는 기법으로, 상위 모듈에서 데이터의 입력과 출력을 확인하기 위한 더미 모듈인 (   )을/를 사용한다. 빈칸에 들어갈 용어는 무엇인가?

19 Windows 운영체제에서 네트워크 경로의 속도를 측정하고, 데이터가 목적지까지 도달하는 데 거치는 각 네트워크 노드의 IP 주소와 응답시간을 파악하고자 할 때 사용하는 명령어가 무엇인지 쓰시오.

20 다음에서 설명하는 프로토콜은 무엇인지 쓰시오.

> • TCP/IP의 네트워크 관리 프로토콜로, 라우터나 허브 등 네트워크 장치로부터 정보를 수집 및 관리하며, 정보를 네트워크 관리 시스템에 보내는 데 사용하는 인터넷 표준 프로토콜이다.
> • 161번 포트를 사용한다.

2024년 제3회

01 다음 중 [보기]에서 라우터의 기능에 해당하는 것을 골라서 기호로 쓰시오.

| 보기 |
㉠ 목적지 주소 확인
㉡ 라우팅 소스 정보
㉢ 경로 설정
㉣ 경로 탐색
㉤ 라우팅 정보 인증 및 검증
㉥ 패킷 전송

02 FTP(File Transfer Protocol)와 TFTP(Trivial File Transfer Protocol)가 사용하는 전송 계층 프로토콜은 무엇인지 쓰시오.

① FTP:

② TFTP:

03 OSI 7계층에서 링크의 설정과 유지 및 종료를 담당하며 노드 간의 회선 제어, 흐름 제어, 오류 제어 기능을 수행하고 프레임 단위로 전송하는 계층은 무엇인지 쓰시오.

04 다음 빈칸 ( )에 들어갈 SQL 문법을 [보기]에서 찾아 쓰시오.

SELECT 이름, 학과 FROM 학생 JOIN 학과 (   ) (학번);

[학생] 테이블

학번	이름	학과
202001	이성계	컴퓨터공학과

[학과] 테이블

학번	학과
202001	컴퓨터공학과

| 보기 |
㉠ FOREIGN KEY
㉡ PRIMARY KEY
㉢ UNIQUE
㉣ USING
㉤ OUTER
㉥ HAVING

05 다음은 C언어 코드이다. 출력 결과를 쓰시오.

```c
#include <stdio.h>
union Number {
  int i;
  float f;
};
struct Data {
  union Number x;
  union Number y;
  char z;
};
void func(struct Data *a) {
  if (a->z) {
    a->x.i += a->y.f;
  }
  else {
    a->x.f += a->y.f;
  }
}
int main() {
  struct Data a = {{.i = 5}, {.f = 3.5}, 1};
  func(&a);
  printf("%d\n", a.x.i);
  return 0;
}
```

06 지정된 조건과 일치하는 튜플의 개수를 반환하는 집계 함수는 무엇인지 쓰시오.

07 다음은 자바 코드이다. 출력 결과를 쓰시오.

```java
class Soojebi{
  public static void main (String[] args){
    int a = 17;
    a += 1;
    a -= 2;
    a *= 3;
    a /= 4;
    a %= 5;
    System.out.print(a);
  }
}
```

08 네트워크를 통해 파일을 주고받기 위한 표준 프로토콜로 TCP/IP 프로토콜을 통해 서버에 파일을 업로드하거나, 서버에서 파일을 다운로드하는 데 사용하는 프로토콜은 무엇인지 쓰시오.

2024년 제3회

09 다음은 C 프로그램이다. 출력 결과를 쓰시오.

```c
#include<stdio.h>
void swap(int *ptr1, int *ptr2) {
    int temp = *ptr1;
    *ptr1 = *ptr2;
    *ptr2 = temp;
}
void func(int *arr, int n) {
    int *ptr1 = &arr[0];
    int *ptr2 = &arr[n-1];
    while(ptr1 < ptr2) {
        swap(ptr1, ptr2);
        ptr1++;
        ptr2--;
    }
}
int main() {
    int arr[] = {1, 2, 3, 4, 5};
    func(arr, 5);
    printf("%d", arr[2]);
    return 0;
}
```

10 다음은 자바 코드이다. 출력 결과를 쓰시오.

```java
class A {
    int x = 5;
    int calculate() {
        return x * 3;
    }
}
class B extends A {
    int x = 10;
    int calculate() {
        return super.calculate();
    }
}
interface C {
    int getValue();
}
class D implements C {
    B b = new B();

    public int getValue() {
        return b.x;
    }
}
public class Soojebi{
    public static void main(String[] args) {
        D obj = new D();
        System.out.println(obj.getValue());
    }
}
```

11 다음은 C언어 코드이다. 출력 결과를 쓰시오.

```
01  #include<stdio.h>
02  int main() {
03    int x = 1, y = 2, r = 3;
04    switch (r) {
05    case 3:
06      r = r - (x + y);
07      break;
08    default:
09      r = r + (x + y);
10      break;
11    }
12    printf("%d\n", r);
13    return 0;
14  }
```

12 다음은 C언어 코드이다. 출력 결과를 쓰시오.

```
01  #include<stdio.h>
02  int main() {
03    int sum = 0;
04    int i = 0;
05    for(i = 0; i <= 10; i++) {
06      if(i % 2 != 0)
07        continue;
08      sum += i;
09    }
10    printf("%d", i + sum);
11  }
```

13 미 국방성에서 설치한 네트워크인 ARPANET(Advanced Research Projects Agency Network)에서 사용한 네트워크 교환 방식은 무엇인지 쓰시오.

교환 방식

14 다음은 중복이 없는 인덱스를 생성하기 위한 문법이다. 올바른 문법을 쓰시오

CREATE (①) (②) STD_IDX ON STUDENT(std_id)

①
②

15 프로그램의 테스트 수행 정도를 나타내는 값으로 테스트 수행의 완벽성을 측정하는 도구는 무엇인지 쓰시오.

16 컨테이너 응용 프로그램의 배포를 자동화하고 JDK(Java Development Kit)와 같은 개발 환경을 쉽게 관리할 수 있는 오픈 소스 프로젝트이자 소프트웨어는 무엇인지 쓰시오.

17 다음은 C언어 프로그램이다. 출력 결과를 쓰시오.

```
01  #include<stdio.h>
02  int factorial(int n, int from, int to, int temp) {
03    if(n == 0) {
04      return 0;
05    }
06    else {
07      return factorial(n-1, from, temp, to)+1 + fac-
08  torial(n-1, temp, to, from);
09    }
10  }
11  int main() {
12    int n = 3;
13    printf("%d", factorial(n, 3, 2, 1));
14    return 0;
15  }
```

19 다음은 C언어 코드이다. 출력 결과를 쓰시오.

```
01  #include <stdio.h>
02  struct Soojebi {
03    int x;
04    int y;
05  };
06  int main() {
07    struct Soojebi p1 = {1, 2};
08    struct Soojebi p2 = {3, 4};
09    struct Soojebi *p3 = &p1;
10    int result = p3->x + p3->y + p2.y;
11    printf("%d\n", result);
12    return 0;
13  }
```

18 [사원] 테이블의 인원이 총 20명이고, 나이가 3명은 20대, 6명은 30대, 나머지는 40대일 때, 조회 될 수 있는 튜플의 개수(인원 수)를 쓰시오.

```
SELECT 이름 FROM 사원 WHERE 나이 BETWEEN 35 AND 49;
```

최소 (①) 명 이상, 최대 (②)명 이하

20 트랜잭션이 실패했을 때 수행하는 명령어는 무엇인지 쓰시오.

백/전/백/승 기출문제 정답 및 해설

1회 정답 및 해설

01 정답 4

해설

줄	설명
25	• temp 이름의 char 배열 선언
26	• get 함수를 호출하고, 파라미터로 temp 배열의 시작 주소(&temp[0])를 전달
04	• main에서 넘겨준 temp 배열의 시작 주소를 p라는 변수에 저장(Call By Reference)
05	• "Input : "이라는 문자열 출력
06	• 입력받은 문자열인 "sOOjeBI"를 p라는 포인터 변수가 가리키는 배열에 저장(main 함수의 temp 배열에 입력받은 문자열이 저장)

p[0]	p[1]	p[2]	p[3]	p[4]	p[5]	p[6]	p[7]
s	O	O	j	e	B	I	NULL

줄	설명
28	• print 함수를 호출하고, 파라미터로 temp 배열의 시작 주소(&temp[0])를 전달
09	• main에서 넘겨준 temp 배열의 시작 주소를 p라는 변수에 저장
10~12	• i, cnt 변수는 0으로 초기화 • strlen은 문자열의 길이를 구하는 함수로 p가 가리키는 값인 p[0]부터 NULL이 나오기 전까지를 문자열 길이로 판단하므로 7을 반환하고, 7을 len 변수에 대입

p[0]	p[1]	p[2]	p[3]	p[4]	p[5]	p[6]	p[7]
s	O	O	j	e	B	I	NULL

줄	설명
14~19	• len은 7이므로 i<7을 만족할 때까지 반복하는데, p[i] 값이 'A'보다 크거나 같고, 'Z'보다 작거나 같으면(p[i]가 대문자이면) cnt 값을 1 증가 • i=1일 때 p[1], i=2일 때 p[2], i=5일 때 p[5], i=6일 때 p[6]이 대문자여서 참이 되므로 cnt++은 4번 실행하여 cnt는 4가 됨
21	• cnt 값인 4를 반환
28	• print(temp)가 4이므로 4를 출력

02 정답 ㉠ → ㉢ → ㉡ → ㉣ → ㉤

해설 • 데이터 전송 제어 절차는 다음과 같다.

데이터 통신 회선 접속	• 데이터 통신 회선에서 통신회선과 단말기를 물리적으로 접속하는 단계
데이터 링크 설정 및 확립	• 접속된 통신회선 상에서 데이터 송·수신을 위한 논리적인 경로를 구성하는 단계
정보 메시지 전송	• 설정된 데이터 링크를 통해 데이터와 확인 신호(ACK) 등을 수신 측에 전송하고, 오류 제어와 순서 제어 등을 수행하는 단계
데이터 링크 종결	• 송·수신 측 간의 논리적인 경로를 해제하여 링크 확립을 종료하는 단계
데이터 통신 회선 절단	• 통신회선과 단말기 간의 물리적인 접속을 절단하는 단계

03 정답 21

해설

줄	설명
03	• n이라는 배열에 1부터 6까지 저장

n[0]	n[1]	n[2]	n[3]	n[4]	n[5]
1	2	3	4	5	6

줄	설명
04	• s 변수는 0으로 초기화
06	• n이라는 배열의 값을 하나씩 i 변수에 대입 • n[0] 값은 1이므로 i=1
07	• s에 i 값인 1을 더함(s=1)
06	• n[1] 값은 2이므로 i=2
07	• s에 i 값인 2를 더함(s=2)
	...
06	• n[4] 값은 5이므로 i=5
07	• s에 i 값인 5를 더함(s=15)
06	• n[5] 값은 6이므로 i=6
07	• s에 i 값인 6을 더함(s=21)
10	• s 값인 21을 출력

04 정답 ⓒ 코드 인스펙션

해설 • 코드 인스펙션은 사전에 정의된 코드 작성 규칙을 기반으로 소스 코드를 점검하여 규칙에 위반되는 소스 코드를 추출하는 정적 분석 기법이다.

05 정답 ① 릴레이션(Relation), ② 도메인(Domain), ③ AND, ④ HAVING ⑤ VALUES

해설 • 관계 데이터 모델의 구성은 다음과 같다.

릴레이션 (Relation)	• 행(Row)과 열(Column)로 구성된 테이블
튜플 (Tuple)	• 릴레이션의 행(Row)에 해당되는 요소
속성 (Attribute)	• 릴레이션의 열(Column)에 해당되는 요소
카디널리티 (Cardinality)	• 튜플(Row)의 수
차수 (Degree)	• 애트리뷰트(Column)의 수
스키마 (Schema)	• 데이터베이스의 구조, 제약조건 등의 정보를 담고 있는 기본적인 구조
인스턴스 (Instance)	• 정의된 스키마에 따라 생성된 테이블에 실제 저장된 데이터의 집합
도메인 (Domian)	• 속성에 들어갈 수 있는 값의 범위

- SELECT 명령어 구문은 다음과 같다.

SELECT절	• 검색하고자 하는 속성명, 계산식을 기술
	• 속성명 별칭은 AS를 사용하며 생략 가능함
	• 2개 이상의 테이블을 대상으로 검색할 때는 '테이블명, 속성명'으로 표현
	• 술어 부분은 ALL이 기본값
	<table><tr><td>ALL</td><td>• 모든 튜플을 검색할 때 사용 • SELECT 뒤에 명시하지 않은 경우 ALL로 인식</td></tr><tr><td>DISTINCT</td><td>• 중복된 속성이 조회될 경우 그중 한 개만 검색(SELECT뒤에 명시된 속성이 중복될 경우 한 개만 검색)</td></tr></table>
FROM절	• 질의에 의해 검색될 데이터들을 포함하는 테이블명을 기술
WHERE절	• 검색할 조건을 기술
GROUP BY절	• 속성값을 그룹으로 분류하고자 할 때 사용
HAVING절	• GROUP BY에 의해 분류한 후 그룹에 대한 조건 지정
ORDER BY절	• 속성값을 정렬하고자 할 때(ASC: 오름차순, DESC: 내림차순, ASC, DESC 키워드 생략 시 오름차순 정렬) 사용

06

정답 ① 정규화, ② 이상 현상, ③ 갱신, ④ C, ⑤ BCNF

해설 • 이상 현상은 데이터의 중복성으로 인해 릴레이션을 조작할 때 발생하는 비합리적 현상이며, 이상 현상의 종류로는 삽입, 삭제, 갱신 이상이 있다.

삽입 이상	정보 저장 시 해당 정보의 불필요한 세부 정보를 입력해야 하는 경우
삭제 이상	정보 삭제 시 원하지 않는 다른 정보가 같이 삭제되는 경우
갱신 이상	중복 데이터 중에서 특정 부분만 수정되어 중복된 값이 모순을 일으키는 경우

- 정규화는 데이터의 일관성과 정확성을 유지하기 위해 무손실 분해하는 과정이다.
- 함수 종속(FD; Functional Dependency)은 릴레이션에서 속성의 의미와 속성 간 상호 관계로부터 발생하는 제약조건이다.
- 함수 종속의 종류는 다음과 같다.

부분 함수 종속 (Partial Functional Dependency)	릴레이션에서 기본 키가 복합 키일 경우 기본 키를 구성하는 속성 중 일부에게 종속된 경우
완전 함수 종속 (Full Functional Dependency)	릴레이션에서 X→Y 관계가 있을 때, Y는 X의 전체 속성에 대해 종속하고, 부분 집합 속성에 종속지 않는 경우
이행 함수 종속 (Transitive Functional Dependency)	릴레이션에서 X→Y, Y→Z 종속 관계가 있을 때, X→Z가 성립되는 경우

- 정규화 중 BCNF 정규화는 결정자이면서 후보 키가 아닌 함수 종속을 제거한다.

07

정답 ① 요구사항 수집, ② 분석, ③ 설계, ④ 구현, ⑤ 단위 테스트, ⑥ 통합 테스트, ⑦ 시스템 테스트, ⑧ 인수 테스트

해설 • V 모델과 테스트 레벨은 요구사항 → 분석 → 설계 → 구현 → 단위 테스트 → 통합 테스트 → 시스템 테스트 → 인수 테스트의 순서로 진행된다.

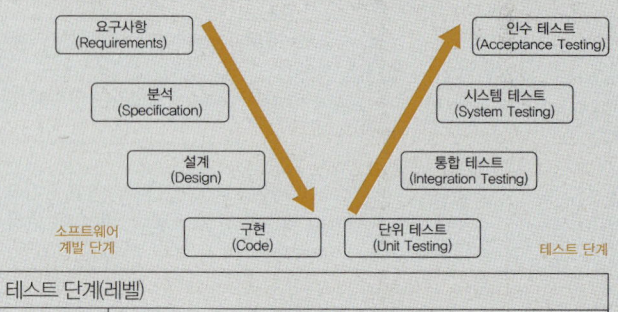

테스트 단계(레벨)	
단통시인	단위 테스트 / 통합 테스트 / 시스템 테스트 / 인수 테스트

08

정답 ① AND, ② DISTINCT, IN

해설 • 조건1과 조건2 모두를 만족하는 데이터 조회할 때는 AND 연산자를 사용한다.

조건1 AND 조건2

- 중복된 속성이 조회될 경우, 그중 한 개만 검색(SELECT 뒤에 명시된 속성이 중복될 경우 한 개만 검색)할 때는 DISTINCT 키워드를 사용한다.
- 값1, 값2, …가 포함된 경우의 데이터를 조회할 때 IN 연산자를 사용한다.

컬럼 IN (값1, 값2, …)

09

정답 ⓒ, ⓔ, ⓡ

해설 • 축적 교환망은 송신 측에서 전송한 데이터를 송신 측 교환기에 저장시켰다가 적절한 통신 경로를 선택하여 수신 측 교환기를 통해 수신 측 터미널에 전송하는 방식이다.
- 축적 교환망의 교환 방식에는 메시지 교환 방식과 패킷 교환 방식이 있다.

10 정답 ① 작업 스케줄러, ② CPU 스케줄러, ③ 디스패처, ④ 트래픽 제어기

해설 • 프로세스 스케줄러는 프로세스들이 CPU를 할당받을 수 있도록 관리해 주는 프로세스이다.

작업 스케줄러 (Job Scheduler)	• 시작 프로세스 중에서 어떤 프로세스를 준비 큐에 보낼지 결정 • 메모리에 올라가 있는 프로세스의 수를 제어 • 메모리와 디스크 사이의 스케줄링 담당
CPU 스케줄러 (CPU Scheduler)	• 준비 상태의 프로세스 중에서 어떤 프로세스를 선택하여 CPU를 할당할 것인지 결정 • CPU와 메모리 사이의 스케줄링 담당
디스패처 (Dispatcher)	• 준비 상태에서 대기 중인 프로세스 중 어떤 프로세스를 실행상태로 옮기는 작업 수행 • CPU 스케줄러가 선택한 프로세스에 실질적으로 CPU를 할당하는 역할 수행
트래픽 제어기 (Traffic Controller)	• 여러 프로세스의 상태를 관찰하고, 프로세스에 대한 조사와 통보를 담당 • 스케줄러 안에 존재

11 정답 ① 네트워크, ② 데이터 링크, ③ 물리, ④ 전송, ⑤ 패킷, ⑥ 프레임, ⑦ 비트, ⑧ 세그먼트

해설 OSI 7계층은 다음과 같다.

계층	설명	전송 단위
응용 계층	• 사용자와 네트워크 간 응용서비스 연결, 데이터 생성 계층	데이터(Data)
표현 계층	• 데이터 형식 설정, 부호교환, 암·복호화, 압축 설정 계층	
세션 계층	• 송수신 간의 논리적인 연결 계층 • 연결 접속, 동기제어	
전송 계층	• 송수신 프로세스 간의 연결 • 두 사용자 사이의 신뢰성 있는 데이터 전송을 위한 종단 간 제어를 담당하는 계층 • 데이터 분할, 재조립, 흐름 제어, 오류 제어, 혼잡 제어	세그먼트 (Segment)
네트워크 계층	• 단말기 간 데이터 전송을 위한 최적화된 경로 제공 계층 • 여러 개의 노드를 거칠 때마다 경로를 찾아주는 역할을 하는 계층	패킷 (Packet)
데이터 링크 계층	• 인접 시스템 간 데이터 전송 계층 • 통신 경로상의 지점 간 동기화, 회선 제어, 흐름 제어, 오류 제어를 담당하는 계층	프레임 (Frame)
물리 계층	• 0과 1의 비트 정보를 회선에 보내기 위한 전기적 신호로 변환하는 계층 • 장치 간의 물리적인 접속과 비트 정보를 다른 시스템에 전송하는 데 필요한 규칙을 정의하는 계층	비트 (Bit)

12 정답 Control

해설 HDLC의 프레임 구조는 다음과 같다.

주소부(Address)	• 프레임 목적지의 주소를 나타내는 영역
제어부(Control)	• 프레임의 종류를 식별하기 위해 사용하는 영역
정보부(Data)	• 실제 정보 메시지가 들어있는 영역
체크섬(FCS; Frame Check Sequence)	• 프레임에 대한 전송 오류를 검출하기 위해 사용하는 영역

13 정답 ① duckcnt, ② pigcnt

해설

03	• totalcnt라는 변수를 27로 초기화 • totalcnt는 동물의 총 마리수를 의미하는 변수
04	• pigcnt라는 변수를 27로 초기화, duckcnt라는 변수를 0으로 초기화 • pigcnt는 돼지의 마리수, duckcnt는 오리의 마리수를 의미하는 변수
06	• totalcnt가 duckcnt보다 작으면 반복 • duckcnt는 0이고, totalcnt는 27이므로 참
07	• 돼지와 오리가 합쳐서 27마리인데, totalcnt는 동물의 총 마리수로서 27마리 안 바뀌기 때문에 27마리에서 오리의 마리수를 빼면 돼지의 마리수가 됨(①은 돼지의 마리수가 되어야 함
09~12	• 다리 수가 총 102개가 되어야 하는데, 돼지는 다리가 4개이므로 ②는 돼지의 수가 되어야 함 • 돼지, 오리의 다리 수가 102개가 되면 break 문을 만나서 반복문 탈출 • 102개가 되지 않으면 오리를 1마리 증가시킴
06~12	• 오리가 1마리 증가하면서 돼지의 수는 1마리씩 감소하다가 다리의 수가 102개가 되면(돼지가 24마리, 오리가 3마리가 되면) break를 만나 반복문 종료
15	• 돼지의 수와 오리의 수를 출력 • pigcnt=24, duckcnt=3이므로 System.out.print(24+", "+3);이 되어 System.out.print("24, 3");이 되기 때문에 24, 3이 출력됨

14 정답 FEC(Forward Error Correction)

해설 • FEC는 데이터 전송 과정에서 발생한 오류를 검출하고 재전송 요구 없이 스스로 수정하는 기능으로, 송신 측에서 오류 검출을 위한 부가 정보를 추가해 전송하고, 수신 측이 부가 정보를 이용해 오류를 발견하고 수정한다.

백/전/백/승 기출문제 정답 및 해설

15 정답 5
       4
       2

해설

01	• 리스트 [1, 2, 3, 4, 5]를 score라는 변수에 대입				
	score[0]	score[1]	score[2]	score[3]	score[4]
	1	2	3	4	5

02	• pop 함수를 이용하면 score의 리스트 맨 뒤에서 0번째 있는 값(맨 뒤의 값)인 5가 빠지면서 5가 출력됨			
	score[0]	score[1]	score[2]	score[3]
	1	2	3	4

03	• pop 함수를 이용하면 score의 리스트 맨 뒤에서 0번째 있는 값(맨 뒤의 값)인 4가 빠지면서 4가 출력됨		
	score[0]	score[1]	score[2]
	1	2	3

04	• – pop(1)을 하게 되면 score의 리스트 맨 뒤에서 1번째 있는 값(맨 뒤에서 두 번째 값)인 2가 빠지면서 2가 출력됨	
	score[0]	score[2]
	1	3

16 정답 ① 학과, ② >=

해설
- 다중 행 연산자로 IN, ANY, SOME, ALL, EXISTS를 사용한다.
- 다중 행 비교 연산자는 단일 행 비교 연산자(<, >, =, <>)와 결합하여 사용할 수 있다.
- 서브쿼리로 도출된 값 중에서 조건에 해당하는 값이 있어야 하므로 다중행 연산자 IN을 쓴다.

17 정답 ①: ⓒ BIOS, ②: ⓔ 버퍼링

해설

BIOS	• 컴퓨터에서 전원을 키고 가장 처음, 기본적인 기능을 처리해 주는 프로그램 • 컴퓨터를 켜면 가장 먼저 시스템을 자가 진단해서 고장 유무를 확인하고 하드디스크, 드라이버, 모니터, 키보드 등 각종 주변장치와 기본적인 연결을 해주는 프로그램 • BIOS 정보는 ROM에 저장되어 있음
버퍼링 (Buffering)	• 입출력 장치와 CPU 간의 처리 속도 차이에서 발생하는 CPU의 대기시간을 최소화하기 위해서 주기억장치를 활용하는 기능
ROM (Read Only Memory)	• 기억된 내용을 읽을 수만 있는 기억장치로서 일반적으로 쓰기는 불가능 • 전원이 꺼져도 기억된 내용이 지워지지 않는 비파괴적이고, 비휘발성 메모리
RAM (Random Access Memory)	• 자유롭게 읽고 쓸 수 있는 기억장치 • 전원이 꺼지면 기억된 내용이 모두 사라지는 휘발성 메모리
버스 (Bus)	• CPU, 메모리, I/O 장치 등과 상호 필요한 정보를 교환하기 위해 연결하는 공동의 전송선

18 정답 출력2: tset
       출력1: gnirts

해설

06	• temp 배열을 선언
07	• p라는 이름의 포인터 배열을 선언
08	• size라는 이름의 정수형 변수 선언
09	• i, j라는 이름의 정수형 변수 선언
11	• i=0일 때 i<2가 참이므로 반복문을 실행
12	• i가 0이므로 "입력 1: "이 출력됨
13	• 첫 번째에는 test를 입력했으므로 temp 배열에 test가 저장됨 [0] [1] [2] [3] [4] t e s t NULL
14	• temp 배열의 문자열의 길이는 test 4글자이므로 4를 반환하고, size 변수에 4를 대입
16	• p[0] 배열에 char 포인터 타입(char*)으로 sizeof(char)×5바이트(char 5개의 공간)만큼의 저장공간을 생성 P[0] □□□□□ P[1]
18~19	• size는 4이므로 j=0부터 j=3일 때까지 반복 • j=0일 때 p[0][0]에 temp[4-0-1]인 temp[3]의 't'가 저장됨 • j=1일 때 p[0][1]에 temp[4-1-1]인 temp[2]의 'e'가 저장됨 • j=2일 때 p[0][2]에 temp[4-2-1]인 temp[1]의 's'가 저장됨 • j=3일 때 p[0][3]에 temp[4-3-1]인 temp[0]의 't'가 저장됨
21	• p[0][4]에 NULL이 저장됨 P[0] → t s e t NULL P[1]
11	• i=1일 때 i<2가 참이므로 반복문을 실행
12	• i가 1이므로 "입력 2: "가 출력됨
13	• 두 번째에는 string를 입력했으므로 temp 배열에 string이 저장됨 [0] [1] [2] [3] [4] [5] [6] s t r i n g NULL
14	• temp 배열의 문자열의 길이는 string 6글자이므로 6을 반환하고, size 변수에 6을 대입
16	• p[1] 배열에 char 포인터 타입(char*)으로 sizeof(char)×7바이트(char 7개의 공간)만큼의 저장공간을 생성 P[0] → t s e t NULL P[1] □□□□□□□
18~19	• size는 6이므로 j=0부터 j=5일 때까지 반복 • j=0일 때 p[1][0]에 temp[6-0-1]인 temp[5]의 'g'가 저장됨 • j=1일 때 p[1][1]에 temp[6-1-1]인 temp[4]의 'n'가 저장됨 • j=2일 때 p[1][2]에 temp[6-2-1]인 temp[3]의 'i'가 저장됨 • j=3일 때 p[1][3]에 temp[6-3-1]인 temp[2]의 'i'가 저장됨 • j=4일 때 p[1][4]에 temp[6-4-1]인 temp[1]의 'n'가 저장됨 • j=5일 때 p[1][5]에 temp[6-5-1]인 temp[0]의 'g'가 저장됨
21	• p[1][6]에 NULL이 저장됨 P[0] → t s e t NULL P[1] → g n i r t s NULL
24	• i=1일 때 i>=0은 참이므로 반복문을 실행

25	• i가 1이므로 "출력 2: "가 출력됨
26	• p[1]이 가리키는 문자열을 출력을 NULL 전까지 출력하므로 gnirts가 출력
27	• p[1] 포인터가 가리키고 있는 메모리를 해제 P[0] → t s e t NULL P[1]
24	• i=0일 때 i>=0은 참이므로 반복문을 실행
25	• i가 0이므로 "출력 1: "이 출력됨
26	• p[0]이 가리키는 문자열을 출력을 NULL 전까지 출력하므로 tset가 출력
27	• p[0] 포인터가 가리키고 있는 메모리를 해제 P[0] P[1]

19 정답 ▶ 334

해설

04	• sum이라는 이름의 변수를 0으로 초기화
05	• i라는 이름의 변수를 329로 초기화
07	• 999를 i 값인 329로 나눈 나머지는 12이므로 sum=12
08	• i++에 의해 i가 1 증가하여 i는 330이 됨
09	• sum은 0이 아니므로 반복문 수행
07	• 999를 i 값인 330으로 나눈 나머지는 9이므로 sum=9
08	• i++에 의해 i가 1 증가하여 i는 331이 됨
09	• sum은 0이 아니므로 반복문 수행
07	• 999를 i 값인 331로 나눈 나머지는 6이므로 sum=6
08	• i++에 의해 i가 1 증가하여 i는 332가 됨
09	• sum은 0이 아니므로 반복문 수행
07	• 999를 i 값인 332로 나눈 나머지는 3이므로 sum=3
08	• i++에 의해 i가 1 증가하여 i는 333이 됨
09	• sum은 0이 아니므로 반복문 수행
07	• 999를 i 값인 333로 나눈 나머지는 0이므로 sum=0
08	• i++에 의해 i가 1 증가하여 i는 334가 됨
09	• sum은 0이므로 반복문 종료
11	• i 값은 334이므로 334가 출력됨

20 정답 ▶ ① SET, ② WHERE

해설 • DML 문법 중 UPDATE 문법은 다음과 같다.

```
UPDATE 테이블명
    SET 속성명 = 데이터, …
    WHERE 조건;
```

2회 정답 및 해설

01 정답 ▶ ① 1, ② 1, ③ 없다, ④ 없다

해설
- 패리티 검사는 데이터 블록에 1비트의 검사 비트인 패리티 비트(Parity Bit)를 추가하여 오류를 검출하는 방식이다.
- 패리티 검사는 짝수 개의 오류를 검출할 수 없고, 오류 데이터를 수정할 수 없다.
- 전송 비트 중 값이 1인 비트의 개수가 짝수 또는 홀수가 되도록 패리티 비트를 부여해서 오류를 검출한다.

짝수 패리티 (Even Parity)	전송하려는 데이터의 비트 수를 기준으로, 1의 개수가 짝수가 되도록 패리티 비트를 설정하는 방식
	예) 전송할 데이터 비트: 1010101 → 전송할 데이터 비트의 1의 개수가 짝수이므로, 패리티 비트를 0으로 설정해서 "10101010"을 전송(마지막 비트가 패리티 비트)
홀수 패리티 (Odd Parity)	전송하려는 데이터의 1의 개수가 홀수가 되도록 패리티 비트를 설정하는 방식
	예) 전송할 데이터 비트: 1010101 → 전송할 데이터 비트의 1의 개수를 홀수로 만들어야 하므로 패리티 비트를 1로 설정해서 "10101011"을 전송(마지막 비트가 패리티 비트)

02 정답 ▶ 2정규형(2NF)

해설 • 데이터베이스 정규화 단계는 다음과 같다.

1정규형(1NF)	원자값으로 구성
2정규형(2NF)	부분 함수 종속 제거(완전 함수적 종속 관계)
3정규형(3NF)	이행함수 종속 제거
보이스-코드 정규형 (BCNF)	결정자 후보키가 아닌 함수 종속 제거
4정규형(4NF)	다치(다중 값) 종속 제거
5정규형(5NF)	조인 종속 제거

백/전/백/승 기출문제 정답 및 해설

03 정답 7.00 그리고 9.00

해설

라인	설명
02~03	• vector라는 이름의 구조체 안에 x, y라는 변수를 정의
07	• vector라는 이름의 a 배열을 선언 a[0] { 2.5 a[0].x / 3.0 a[0].y } a[1] { 4.5 a[1].x / 6.0 a[1].y }
08	• x, y 변수의 값을 0.0으로 초기화
09	• i 변수 선언
11	• i=0일 때 i<2는 참이므로 반복문 실행
12	• a[0].x의 값인 2.5를 x 변수에 더해 x는 2.5가 됨
13	• a[0].y의 값인 3.0을 y 변수에 더해 y는 3.0이 됨
11	• i++에 의해 i=1이 되고, i=1일 때 i<2는 참이므로 반복문 실행
12	• a[1].x의 값인 4.5를 x 변수에 더해 x는 7.0이 됨
13	• a[1].y의 값인 6.0을 y 변수에 더해 y는 9.0이 됨
11	• i++에 의해 i=2가 되고, i=2일 때 i<2는 거짓이므로 반복문 종료
16	• x는 7.0이고, y는 9.0인데, %.2f로 출력(소수점 2째자리까지 출력)해야 하므로 7.00, 9.00으로 출력

04 정답 6

해설

라인	설명
03~04	• x=3, y=5로 초기화

05	• 3은 2진수로 011이고, 5는 2진수로 101
	• |는 두 값을 비트로 연산하여 같은 비트의 값이 하나라도 1이면 해당 비트 값이 1이 되고, 그렇지 않으면 0이 됨
	• &는 두 값을 비트로 연산하여 같은 비트의 값이 모두 1이면 해당 비트 값이 1이 되고, 그렇지 않으면 0이 됨
	• x|y는 10진수로 7, x&y는 10진수로 1이므로 7-1인 6을 출력
	
	    0 1 1 0 1 1
	| 1 0 1 & 1 0 1
	    1 1 1 0 0 1

05 정답 개체

해설
- 개체 무결성(Entity Integrity)은 한 엔티티에서 같은 기본키(PK)를 가질수 없거나, 기본키(PK)의 속성이 NULL을 허용할 수 없는 제약조건이다.
- 주요 기법에는 기본키(Primary Key), 유니크 인덱스(Unique Index)가 있다.

06 정답 2 3 4 5 10

해설

라인	설명
03	• a 배열에 3, 4, 10, 5, 2로 초기화 | a[0] | a[1] | a[2] | a[3] | a[4] | | 3 | 4 | 10 | 5 | 2 |
04	• p 포인터 변수에 a 배열의 주솟값을 대입
05	• i, j, temp 변수를 선언
07	• i=0일 때 i<5는 참이므로 바깥쪽 반복문 실행
08	• i=0이므로 j=1이 됨 • j=1일 때 j<5는 참이므로 안쪽 반복문 실행
09	• p == a이므로 *(p+i) == *(a+i) == a[i]가 됨 *(a+i)==a[i] : *(배열+i) == 배열[i]에서 배열 자리에 a를, i 자리에 i를 넣음 • *(p+j) == *(a+j) == a[j]가 됨 • i=0이고, j=1이므로 a[0] > a[1]인 3 > 4는 거짓이 됨
08	• j++에 의해 j=2가 되고, j=2일 때 j<5는 참이므로 안쪽 반복문 실행
09	• i=0이고, j=2이므로 a[0] > a[2]인 3 > 10은 거짓이 됨
08	• j++에 의해 j=3이 되고, j=3일 때 j<5는 참이므로 안쪽 반복문 실행
09	• i=0이고, j=3이므로 a[0] > a[3]인 3 > 5은 거짓이 됨
08	• j++에 의해 j=4가 되고, j=4일 때 j<5는 참이므로 안쪽 반복문 실행
09	• i=0이고, j=4이므로 a[0] > a[4]인 3 > 2는 참이 되어 조건문 실행
10	• temp 변수에 *(p+0) == *p == *a == a[0]인 3을 대입
11	• *(p+0)인 a[0]에 *(p+4) == *(a+4) == a[4]인 2를 대입
12	• *(p+4)인 a[4]에 temp 값인 3을 대입 | a[0] | a[1] | a[2] | a[3] | a[4] | | 2 | 4 | 10 | 5 | 3 | • 10~12라인은 *(p+i)와 *(p+j)인 a[i]와 a[j]를 교환하는 코드
08	• j++에 의해 j=5가 되고, j=5일 때 j<5는 거짓이므로 안쪽 반복문 종료
13	• *(p+i) == a[i]이므로 a[0] 값인 2를 출력
07	• i++에 의해 i=1이 되고, i=1일 때 i<5는 참이므로 바깥쪽 반복문 실행
08~14	• j=2부터 j<5를 만족할 때까지 안쪽 반복문을 반복 | i | j | a[i] | a[j] | 조건문a[i] > a[j] | | 1 | 2 | 4 | 10 | 거짓 | | 1 | 3 | 4 | 5 | 거짓 | | 1 | 4 | 4 | 3 | 참 | • j=4일 때 조건문을 만족하므로 a[1]과 a[4] 값을 교환 | a[0] | a[1] | a[2] | a[3] | a[4] | | 2 | 3 | 10 | 5 | 4 |
13	• *(p+i) == a[i]이므로 a[1] 값인 3을 출력
07	• i++에 의해 i=2가 되고, i=2일 때 i<5는 참이므로 바깥쪽 반복문 실행
08~14	• j=3부터 j<5를 만족할 때까지 안쪽 반복문을 반복 | i | j | a[i] | a[j] | 조건문a[i] > a[j] | | 2 | 3 | 10 | 5 | 참 | • j=3일 때 조건문을 만족하므로 a[2]와 a[3] 값을 교환 | a[0] | a[1] | a[2] | a[3] | a[4] | | 2 | 3 | 4 | 5 | 10 | • i=2이고, j=4이므로 a[2] > a[4]인 4 > 10은 거짓이 됨

13	• *(p+i) == a[i]이므로 a[2] 값인 4를 출력
07	• i++에 의해 i=3이 되고, i=3일 때 i<5는 참이므로 바깥쪽 반복문 실행
08~14	• j=4부터 j<5를 만족할 때까지 안쪽 반복문을 반복 <table><tr><td>i</td><td>j</td><td>a[i]</td><td>a[j]</td><td>조건문a[i]>a[j]</td></tr><tr><td>3</td><td>4</td><td>5</td><td>10</td><td>거짓</td></tr></table>
13	• *(p+i) == a[i]이므로 a[3] 값인 5를 출력
07	• i++에 의해 i=4가 되고, i=4일 때 i<5는 참이므로 바깥쪽 반복문 실행
08	• j=5이므로 j<5가 되어 안쪽 반복문을 실행하지 않음
15	• *(p+i) == a[i]이므로 a[4] 값인 10을 출력
07	• i++에 의해 i=5가 되고, i=5일 때 i<5는 거짓이므로 바깥쪽 반복문 종료

07 정답 ① AND ② ASC ③ NOT

해설
• WHERE절에서 AND는 2가지 조건을 모두 만족하는 경우에 조회하고자 할 때 사용한다.
• ORDER BY 절에서 오름차순 정렬은 ASC, 내림차순 정렬은 DESC를 사용한다.

08 정답 ① INTO ② VALUES ③ SET

해설
• INSERT 명령문은 다음과 같다.

```
INSERT INTO 테이블명(속성명1, …)
VALUES(데이터1, …);
```

• UPDATE 명령문은 다음과 같다.

```
UPDATE 테이블명
 SET 속성명 = 데이터, …
WHERE 조건;
```

09 정답 green red red yellow

해설

06	• green, red, red, yellow로 arr를 선언 및 초기화
07~11	• i는 0부터 3까지 반복을 수행 • 태그로 개행 <table><tr><td>i</td><td>출력</td></tr><tr><td>0</td><td>green</td></tr><tr><td>1</td><td>green red</td></tr><tr><td>2</td><td>green red red</td></tr><tr><td>3</td><td>green red red yellow</td></tr></table>

10 정답 ① 멀티캐스트 ② 브로드캐스트 ③ 유니캐스트

해설

멀티캐스트 프로토콜 (Multicast Protocol)	• 인터넷에서 같은 내용의 데이터를 여러 명의 특정한 그룹의 수신자들에게 동시에 전송할 수 있는 프로토콜
브로드캐스트 프로토콜 (Broadcasting Protocol)	• 하나의 송신자가 같은 서브 네트워크상의 모든 수신자에게 데이터를 전송하는 프로토콜
유니캐스트 프로토콜 (Unicast Protocol)	• 고유 주소로 식별된 하나의 네트워크 목적지에 1:1로(One-to-One) 트래픽 또는 메시지를 전송하는 프로토콜

11 정답 22

해설

03	• num1 변수에 11을 대입
04	• num2 변수에 0을 대입
05	• p 포인터 변수에 NULL을 대입
06	• p 변수에 num1의 주솟값을 대입
07	• p == &num1이므로 *p == *(&num1) == num1이 되어 num1 + num1 값인 22를 num2에 대입
08	• *p == num1이므로 *p - num1 + num2 == num1 - num1 + num2 == num2이므로 num2 값인 22를 출력

12 정답 B

해설 • IPv4의 클래스 분류에 따른 네트워크 주소, 호스트 주소는 다음과 같다.

클래스 구분	네트워크 주소	호스트 주소
A Class	8비트	24비트
B Class	16비트	16비트
C Class	24비트	8비트

13 정답 ① 210, ② 3, ③ 1

해설

쿼리	설명
select dept from student;	• 전체 student 테이블의 결과를 모두 출력하므로 각 과의 합인 210을 출력
select distinct dept from student;	• 각 dept의 결과에서 중복을 제거했으므로 3을 출력(컴퓨터공학과, 전자공학과, 기계과)
select count(distinct dept) from student where dept = "컴퓨터공학과";	• 컴퓨터공학과를 다니는 학생의 dept를 기준으로 중복을 제외했으므로 1을 출력

백/전/백/승 기출문제 정답 및 해설

14 정답) 101

해설

01	• li 변수에 리스트 [1, -1, 0, 1, -1]를 대입
03	• li 변수의 0번지 값부터 차례대로 a 변수에 대입하면서 반복문 실행 • li[0] 값인 1을 a 변수에 대입
04	• a는 1이므로 a == -1은 거짓
06	• a 변수 값인 1을 출력하고, end=''이므로 개행하지 않음
03	• li[1] 값인 -1을 a 변수에 대입
04	• a는 -1이므로 a == -1은 참
05	• continue를 만나 for 문 시작점으로 이동
03	• li[2] 값인 0을 a 변수에 대입
04	• a는 0이므로 a == -1은 거짓
06	• a 변수 값인 0을 출력하고, end=''이므로 개행하지 않음
03	• li[3] 값인 1을 a 변수에 대입
04	• a는 1이므로 a == -1은 거짓
06	• a 변수 값인 1을 출력하고, end=''이므로 개행하지 않음
03	• li[4] 값인 -1을 a 변수에 대입
04	• a는 -1이므로 a == -1은 참
05	• continue를 만나 for 문 시작점으로 이동
03	• li 변수에 더 이상 값이 없으므로 for 문 종료

15 정답) n*i

해설

03~04	• n, i를 선언
06	• i=1일 때, i<=9는 참이므로 반복문 실행
07	• n=30이고, i=1인 상태에서 3 * 1 = 30이 출력되어야 함 • '%d * %d = %d'에서 = 앞에 %d는 n, i 값을 출력하고, = 뒤에 있는 %d는 두 값을 곱한 값을 출력하므로 밑줄에는 n*i가 들어가야 함
06	• i++에 의해 i=2가 되고, i=2일 때 i<=9는 참이므로 반복문 실행
07	• n=30이고, i=2이므로 n*i=60이 되어 3 * 2 = 6을 출력
	...
06	• i++에 의해 i=9가 되고, i=9일 때 i<=9는 참이므로 반복문 실행
07	• n=30이고, i=9이므로 n*i=270이 되어 3 * 9 = 27을 출력
06	• i++에 의해 i=10이 되고, i=10일 때 i<=9는 거짓이므로 반복문 종료

16 정답) ①: ㄴ, ㅁ, ㅂ, ②: ㄱ, ㄷ, ㄹ

해설

블랙박스 테스트 유형	
동경결상 유분 페웬비오	동등분할 / 경곗값 분석 / 결정 테이블 / 상태 전이 / 유스케이스 / 분류트리 / 페어와이즈 / 원인-결과 그래프 / 비교 / 오류 추정 테스트
화이트박스 테스트 유형	
구결조 조변다 기제데루	구문 커버리지 / 결정 커버리지 / 조건 커버리지 / 조건-결정 커버리지 / 변경 조건-결정 커버리지 / 다중 조건 커버리지 / 기본 경로 커버리지 / 제어 흐름 테스트 / 데이터 흐름 테스트 / 루프 테스트

17 정답) 1025

해설

07	• main 메서드부터 실행
08	• Soojebi 클래스를 생성
09	• s.fn(5, 5)를 호출
02	• fn 메서드의 i 변수에 5를, j 변수에 5를 전달
03	• i+j는 10이므로 10을 출력 • System.out.print이므로 10을 출력 후 개행하지 않음
04	• i*j 값인 25를 반환
09	• s.fn(5, 5)는 25이므로 25를 출력

18 정답) 드라이버(Driver)

해설 • 드라이버는 상위 모듈에서 데이터의 입력과 출력을 확인하기 위한 더미 모듈이다.

상향식 및 하향식 통합 수행 방식	
하스 상드	하향식(스텁), 상향식(드라이버)

19 정답) tracert

해설 • tracert는 목적지까지의 경로를 추적하며 각 경유지에서의 응답시간을 보여주는 명령어이다.

• tracert는 데이터가 목적지까지 도달하는 데 거치는 각 네트워크 노드의 IP 주소와 응답시간을 보여주고, 이를 통해 어느 구간에서 지연이 발생하는지를 확인할 수 있으며, 네트워크 문제의 위치를 추적하는 데 유용하다.

• tracert 명령어 형식은 다음과 같다.

tracert [목적지 서버 IP 또는 DNS 주소]

20 정답) SNMP(Simple Network Management Protocol)

해설 • SNMP는 TCP/IP의 네트워크 관리 프로토콜로, 라우터나 허브 등 네트워크 장치로부터 정보를 수집 및 관리하며, 정보를 네트워크 관리 시스템에 보내는 데 사용하는 인터넷 표준 프로토콜이다.

• SNMP는 161번 포트를 사용한다.

3회 정답 및 해설

01 <U>정답</U> ㉠, ㉢, ㉣, ㉥

<U>해설</U> • 라우터의 기능은 다음과 같다.

목적지 주소 확인	• 목적지 주소를 확인해 패킷을 어느 방향으로 보내야 할지 결정
경로 탐색	• 네트워크 상황에 따라 가능한 경로를 탐색하고, 최적의 경로를 선택
경로 설정	• 목적지까지 최적의 경로를 설정하여 데이터를 효율적으로 전달
패킷 전송	• 목적지까지 패킷을 전달하는 역할

02 <U>정답</U> ① TCP, ② UDP

<U>해설</U> • FTP은 신뢰성 있는 데이터 전송을 위해 연결 지향적 특성을 가진 TCP(Transmission Control Protocol)를 사용한다.
• TFTP는 간단하고 빠른 파일 전송을 목표로 하며, 신뢰성보다는 속도를 우선하여 UDP(User Datagram Protocol)를 사용해 연결 과정 없이 데이터를 전송하며, 오류 검출 및 재전송 기능은 지원하지 않는다.

03 <U>정답</U> 데이터링크(Data Link)

<U>해설</U> • 데이터 링크 계층은 링크의 설정과 유지 및 종료를 담당하며 노드 간의 회선 제어, 흐름 제어, 오류 제어 기능을 수행하는 계층이다.
• 데이터 링크 계층의 주요 프로토콜에는 HDLC, PPP, 프레임 릴레이, ATM 등이 있다.

04 <U>정답</U> ㉣ USING

<U>해설</U> • USING은 SQL에서 JOIN을 수행할 때 두 테이블에 같은 이름을 가진 공통 열이 있을 경우 사용되는 문법이다.
• USING을 사용하면 ON절 없이 공통 열을 간결하게 지정할 수 있으며, 결합된 결과에는 공통 열이 중복 없이 하나로 표시된다.

05 <U>정답</U> 8

<U>해설</U>

19	• main 함수부터 시작
20	• Data 구조체 타입의 a 변수에서 a.x.i는 5, a.y.f는 3.5, a.z는 1로 초기화 ｜　　｜ x ｜ i/f ｜ 5 ｜ ｜　　｜ y ｜ i/f ｜ 3.5 ｜ ｜ a ｜ z ｜　　｜ 1 ｜
21	• a 변수의 주솟값을 func 함수에 전달
11	• func 함수에서 a 포인터 변수에 main 함수의 a 변수 주솟값을 대입
12	• a->z는 main 함수의 a 변수 안의 z 값이므로 1 • if(a->z)는 if(1)이므로 if 문이 참이 되어 if 문 안의 명령어를 실행
13	• a->y.f는 float 3.5이지만, 정수 연산에서 int로 되면서 값은 3이 됨 • a->x는 main 함수의 a 변수 안의 x 값이므로 5이고, a->x.i도 int 형이므로 그대로 5가 됨 • a->y.i는 3이므로 a->x.i인 5에 3을 더하면 a->x.i는 8이 됨
22	• a.x.i는 8이므로 8을 출력

06 <U>정답</U> COUNT

<U>해설</U> • 집계 함수는 여러 행 또는 테이블 전체 행으로부터 하나의 결괏값을 반환하는 함수이다.

COUNT는 지정된 조건과 일치하는 튜플의 개수를 반환하는 집계함수이다.

07 <U>정답</U> 2

<U>해설</U>

03	• main 메서드에서 프로그램 시작함
03	• 정수형 변수 a를 선언하고 17을 대입
04	• a값 17에서 1을 더한 18을 a에 저장
05	• a값 18에서 2를 뺀 16을 a에 저장
06	• a값 16에서 3을 곱한 48을 a에 저장
07	• a값 48에서 4를 나눈 12를 a에 저장
08	• a값 12에서 5로 나눴을 때 나머지인 2를 a에 저장
09	• a값 2를 화면에 출력함

08 <U>정답</U> FTP(File Transfer Protocol)

<U>해설</U> • FTP는 TCP/IP 프로토콜을 가지고 서버와 클라이언트 사이의 파일을 전송하기 위한 프로토콜로, 포트 번호는 20, 21번을 사용한다.

백/전/백/승 기출문제 정답 및 해설

09 정답: 3

해설

16	• main 함수부터 시작
17	• 배열 arr을 {1,2,3,4,5}로 초기화

arr[0]	arr[1]	arr[2]	arr[3]	arr[4]
1	2	3	4	5

18	• func 함수를 호출
07	• arr 배열과, 5를 전달받음
08	• &arr[0]인 arr을 ptr1에 대입
09	• &arr[4]인 arr+4를 ptr2에 대입
10	• arr<arr+4은 참이므로 while 문 실행
11	• swap 함수를 호출됨
02~06	• ptr1이 가리키는 값과, ptr2가 가리키는 값을 교환

arr[0]	arr[1]	arr[2]	arr[3]	arr[4]
5	2	3	4	1

12	• ptr1에 ptr1+1을 하면 arr+1이 됨
13	• ptr2에 ptr2-1을 하면 arr+3이 됨
10	• arr+1<arr+3은 참이므로 while 문 실행
11	• swap 함수를 호출
02~06	• ptr1이 가리키는 값과, ptr2가 가리키는 값을 교환

arr[0]	arr[1]	arr[2]	arr[3]	arr[4]
5	4	3	2	1

12	• ptr1에 ptr1+1을 하면 arr+2가 됨
13	• ptr2에 ptr2-1을 하면 arr+2가 됨
10	• arr+2<arr+2는 거짓이므로 while 문 종료
19	• arr[2]의 값은 3이므로 3을 출력

10 정답: 10

해설

24	• main 함수부터 시작
25	• D 클래스의 인스턴스를 obj 변수에 대입
26	• obj.getValue를 실행하면 오버라이딩 관계이므로 자식 클래스인 D 클래스의 getValue 메서드를 실행
19~21	• b 변수는 B 클래스의 인스턴스이므로 B 클래스의 x 값인 10을 반환
26	• obj.getValue()는 10이므로 10을 출력

11 정답: 0

해설

02	• main 함수 시작
03	• x,y,r 변수를 선언하고 각각 1,2,3으로 초기화
04	• switch 문을 시작하여 변수 r의 값을 조건으로 사용
05	• case 3 조건을 지정, r이 3일 때 명령문이 실행
06	• r = 3 - (1 + 2) = 0이 되어 r은 0
07	• break 문을 통해 switch 문을 종료하고 빠져나옴
12	• r의 값인 0을 출력

12 정답: 41

해설

02	• main 함수 호출
03	• 변수 sum을 선언하고 0으로 초기화
04	• 변수 i를 선언하고 0으로 초기화
05	• i의 값이 10이 될 때까지 반복 (10번 반복)
06~08	• i의 값이 홀수인 경우 continue를 만나 다음 반복을 수행 • i의 값이 짝수인 경우에만 sum 값에 i를 더함 • 짝수 값인 0,2,4,6,8,10이 sum에 더하여 sum은 30
10	• i값 11, sum값 30을 더하여 41을 출력

13 정답: 패킷(Packet)

해설 • 패킷 교환 방식은 컴퓨터 네트워크와 통신의 방식 중 하나로 작은 블록의 패킷으로 데이터를 전송하며, 전송하는 동안에만 네트워크 자원을 사용하도록 하는 통신 방식이다.

14 정답: ①: UNIQUE , ②: INDEX

해설 • 중복을 허용하지 않는 인덱스 생성 문법은 다음과 같다.
CREATE UNIQUE INDEX 인덱스명 ON 테이블명(컬럼명1, 컬럼명2, …);

15 정답: 테스트 커버리지(Test Coverage)

해설 • 테스트 커버리지는 프로그램의 테스트 수행 정도를 나타내는 값으로 테스트 수행의 완벽성을 측정하는 도구이다.

16 정답: 도커(Docker)

해설 • 도커는 컨테이너 응용 프로그램의 배포를 자동화하고 JDK(Java Development Kit)와 같은 개발 환경을 쉽게 관리할 수 있는 오픈 소스 프로젝트이자 소프트웨어이다.

17 정답 7

해설

11	• main 함수 호출
12	• 변수 n을 3으로 초기화
13	• factorial 함수를 호출하며 n(3), 3, 2, 1을 인자로 전달
02	• 정수형 변수 4개를 전달받는 factorial 함수를 선언
03~10	• 만약 n 값이 0이되면 값을 리턴하고, 그 외에는 계속 factorial(n-1, from, temp, to)+1 + factorial(n-1, temp, to, from); 구문을 재귀 호출

재귀 호출 과정에서 발생하는 값의 변화는 다음과 같다.

factorial(3, 3, 2, 1)	factorial(2, 3, 1, 2) + 1 + factorial(2, 1, 2, 3)
factorial(2, 3, 1, 2)	factorial(1, 3, 2, 1) + 1 + factorial(1, 2, 1, 3)
factorial(1, 3, 2, 1)	factorial(0, 3, 1, 2) + 1 + factorial(0, 1, 2, 3)
factorial(0, 3, 1, 2)	0
factorial(0, 1, 2, 3)	0
factorial(1, 2, 1, 3)	factorial(0, 2, 3, 1) + 1 + factorial(0, 3, 1, 2)
factorial(0, 2, 3, 1)	0
factorial(0, 3, 1, 2)	0
factorial(1, 2, 1, 3)	0 + 1 + 0 = 1
factorial(2, 3, 1, 2)	1 + 1 + 1 = 3
factorial(2, 1, 2, 3)	factorial(1, 1, 3, 2) + 1 + factorial(1, 3, 2, 1)
factorial(1, 1, 3, 2)	factorial(0, 1, 2, 3) + 1 + factorial(0, 2, 3, 1)
factorial(1, 3, 2, 1)	0 + 1 + 0 = 1
factorial(2, 1, 2, 3)	1 + 1 + 1 = 3
factorial(3, 3, 2, 1)	3 + 1 + 3 = 7

• 따라서 출력 값은 7이 된다.

18 정답 ① 11, ② 17

해설 • 주어진 조건에서 20대는 3명, 30대는 6명이므로, 40대는 11명이다.
• 가장 적게 검색될 수 있는 조건은 30대가 모두 35세 미만인 경우로 이때는 40대 11명이 조회가 된다.
• 가장 많이 검색될 수 있는 조건은 30대가 모두 35세 이상인 경우로, 이때는 30대 6명, 40대 11명으로 17명이 조회가 된다.
• 따라서 최소 11명 이상, 17명 이하가 조회 될 수 있다.

19 정답 7

해설

02~05	• Soojebi 구조체를 정의, int 타입의 멤버 x, y를 가짐
06	• main 함수를 시작
07	• 구조체 변수 p1을 {1,2}로 초기화
08	• 구조체 변수 p2를 {3,4}로 초기화
09	• Soojebi 포인터 p3을 선언하고 p1의 주소를 가리키도록 초기화
10	• result 변수에 3->x + p3->y + p2.y = 1 + 2 + 4인 7을 대입
11	• result 값인 7을 출력

20 정답 ROLLBACK

해설 • TCL 명령어 중 트랜잭션이 실패햇을 때 수행하는 명령어는 ROLLBACK이다.

찾아보기

ㄱ

가상 현실(VR)	1-101
가상화	1-97
강도 테스트	6-10
개념 모델	4-4
개념 스키마	5-7
개념적 데이터 모델	4-3
개체	4-8
개체 무결성	4-19
개체-관계 다이어그램(ERD)	4-3
개체-관계(E-R) 모델	4-9
거리 벡터 알고리즘	1-63
검증	6-9
게이트웨이	1-44
격리성	5-2
결정 커버리지	6-6, 14
결정 테이블 테스트	6-8, 21
결함	6-41
결함 관리	6-42
결함 존재 증명	6-2
결함집중	6-3
결합도	7-2
경곗값 분석 테스트	6-8, 19
경험 기반 테스트	6-23
계층 데이터 모델	4-5
고립성	5-2
고립화 수준	5-4
공개키 기반구조(PKI)	7-7
공용 클라우드	1-98
공용체	3-48
관계	4-9
관계 대수	4-6
관계 데이터 모델	4-5, 6
관계 연산자	3-24
관계 해석	4-8
교집합	4-7
교차 조인	5-22
교착상태	1-29
교체 기법	1-12
구문 커버리지	6-6, 13
구조 테스트	6-9
구조체	3-46
그레이웨어	1-101
그림자 페이징 회복 기법	5-6

근거리 통신망(LAN)	1-41
기계학습(ML)	1-100
기능 기반 커버리지	6-12
기본 경로 커버리지	6-6
기본 키	4-21
기아 현상	1-23
기한부	1-23

ㄴ

낙관적 검증	5-4
내구성 테스트	6-10
내부 단편화	1-15
내부 스키마	5-7
내부 조인	5-21
네트워크	1-40
네트워크 가상화	1-98
네트워크 계층	1-50
네트워크 데이터 모델	4-5
네트워크 슬라이싱	1-77
논리 데이터 모델링	4-4
논리 연산자	3-27
논리적 데이터 모델	4-3

ㄷ

다중 조건 커버리지	6-6
다중 행 연산자	5-47
다중버전 동시성	5-4
다중화기	1-75
다크 데이터	4-44
단위 테스트	6-26, 38
대입 연산자	3-29, 195
대체 키	4-21
데이터 군집화	4-44
데이터 마이닝	4-43
데이터 마트(DM)	4-41
데이터 모델	4-2
데이터 웨어하우스(DW)	4-40
데이터 정의어(DDL)	5-6
데이터 흐름 테스트	6-6
데이터베이스 무결성	4-18
데이터베이스(DB)	4-39
도메인	5-8
도커	1-100
동등분할 테스트	6-8, 18
동료 검토	6-10
동적 테스트	6-5

듀얼 스택	1-57
디비전	4-7
디스크 스케줄링	1-30
디지털 변혁	1-101
디지털 아카이빙	4-44
디지털 저작권 관리(DRM)	7-5
디지털 트윈	1-101
디폴트 매개변수	3-202
딕셔너리형	3-188

ㄹ

라우터	1-44
라우팅 프로토콜	1-50
라운드로빈	4-24
라인 커버리지	6-12
람다 함수	3-202
레인지 파티셔닝	4-22
로그 기반 회복 기법	5-6
로드 밸런싱	1-44
로킹	5-4
롤백	5-3
루프 테스트	6-6
리눅스 운영체제	1-5
리서치	2-5
리스트 파티셔닝	4-23
리스트형	3-178
리터럴	3-136
리팩토링	6-48
리피터	1-43
릴레이션	4-6
릴리즈 노트	7-3
링크 상태 알고리즘	1-64
링형 구조	1-74

ㅁ

마이 데이터	4-44
마이크로서비스 아키텍쳐(MSA)	1-101
매개변수 전달 방법	3-51
매시업	1-101
맥 운영체제	1-5
맥케이브의 순환복잡도	6-7
맵 리듀스	4-42
멀티캐스트 프로토콜	1-59
메모리 관리	1-10
메모리 단편화	1-15
메모리 동적 할당	3-82

메모리 해제	3-83	비트 연산자	3-25	스파이크 테스트	6-10
메서드 오버라이딩	3-211	빅뱅 통합 테스트	6-39	시간 분할 다중화(TDM)	1-75
메시 네트워크	1-77			시간 할당량	1-23
메타 데이터	4-44	## ㅅ		시나리오 플래닝	2-5
메타버스	1-102			시멘틱 웹	4-43
메트릭	1-62	사물 인터넷(IoT)	1-78	시분할 시스템	1-6
모듈	7-2	사설 클라우드	1-98	시스템 테스트	6-26
모듈화	7-2	사용성 테스트	2-6	시퀀스 자료형	3-174
목업	2-8	사용자 정의 함수	3-50, 141, 201, 5-56	시프트 연산자	3-23
무선랜 통신망(WLAN)	1-41	산술 연산자	3-22, 194	식별자	3-7
문맥교환	1-20	살충제 패러독스	6-3		
문자열	3-43	삼항 연산자	3-28	## ㅇ	
문자열형	3-174	상승 코드 방식	1-49		
물리적 데이터 모델	4-4	상태 전이 테스트	6-8, 21	아스키 코드	3-4
		상향식 통합 테스트	6-39	안드로이드 운영체제	1-5
## ㅂ		상호 배제	1-29	안전 테스트	6-9
		샌드위치 통합 테스트	6-39	알파 테스트	6-27
반 정규화	4-4, 17	샘플링 오라클	6-24	애니캐스트 프로토콜	1-60
반복문	3-33	생성자	3-146, 207	애드 혹 네트워크	1-72
반입 기법	1-10	서비리스 컴퓨팅	1-100	연관 규칙	4-44
배드 코드	6-47	서브네팅	1-52	연산자	3-19, 193
배열	3-40, 132	서브쿼리	5-25	연속 규칙	4-44
배치 기법	1-11	서비스 지향 아키텍처(SOA)	1-101	연속성	5-2
버스형 구조	1-73	서킷 교환 방식	1-71	오류 제어	1-48
베타 테스트	6-27	성능 테스트	6-9	오류 추정	6-23
변경 조건-결정 커버리지	6-6	성형 구조	1-75	오류 추정 테스트	6-8
변수	3-8, 129	세그먼테이션 기법	1-12	오류-부재의 궤변	6-3
병행 제어	5-4	세션 계층	1-67	오버라이딩	3-150
병행 테스트	6-9	세트형	3-186	오버로딩	3-148
보이스-코드 정규화	4-14	셀렉트	4-7	온톨로지	4-43
부분 함수 종속	4-11	셀프 조인	5-22	온프레미스	1-94
부하 테스트	6-10	소멸자	3-207	옵티마이저	5-57
분류 규칙	4-44	소스 코드 품질분석	6-48	와이어프레임	2-6
분류 트리 테스트	6-22	소프트웨어 테스트	6-2	완벽 테스팅은 불가능	6-3
분류트리 테스트	6-8	소프트웨어형 서비스(SaaS)	1-99	완전 함수 종속	4-11
분산처리 기술	1-98	속성	4-6, 8, 5-8	외래 키	4-21
뷰	5-8	셸	1-3	외부 단편화	1-16
브레인스토밍	2-5	슈퍼 키	4-21	외부 스키마	5-6
브로드캐스트 프로토콜	1-60	스네이크 표기법	3-8	외부 조인	5-22
브리지	1-43	스래싱	1-17	요구사항 매트릭스	2-5
블랙박스 테스트	6-8, 17	스마트 그리드	1-78	우선순위	1-23
블록	3-9, 129	스몰 셀	1-76	운영체제(OS)	1-2
블록체인	1-101	스위칭 허브	1-43	워크 스루	6-10
블록합 검사	1-49	스쿱	4-42	워크숍	2-5
블루투스	1-76	스크래파이	4-42	워킹 세트	1-17
비교 연산자	3-194	스키마	4-6, 5-6	원거리 통신망(WAN)	1-42
비교 테스트	6-8	스토리보드	2-6	원인-결과 그래프 테스트	6-8
비선점	1-29	스토리지 가상화	1-97	원자성	5-2

찾아보기

웹 마이닝	4-44
윈도즈 운영체제	1-4
유니캐스트 프로토콜	1-59
유닉스 계열 운영체제	1-4
유스케이스 테스트	6-8, 22
유연성	2-3
유효성	2-3
은행가 알고리즘	1-30
응용 계층	1-68
이상 현상	4-10
이행 함수 종속	4-11
인공지능(AI)	1-100
인덱스	4-21, 5-9
인덱싱	3-182
인수 테스트	6-27
인스턴스	4-6
인스펙션	6-10
인터페이스	3-156
인프라형 서비스(IaaS)	1-99
일관성	5-2
일관성 검사 오라클	6-25

ㅈ

자동반복 요청 방식(ARQ)	1-49
자료형	3-6, 128, 173
자치 시스템	1-63
재귀 함수	3-55
저작권	7-4
전송 계층	1-64
전송 매체 접속 제어(MAC)	1-42
전역 변수	3-9
전용 회선 방식	1-42
전자서명	7-7
전진 오류 수정(FEC)	1-48
전처리기	3-6
절차형 SQL	5-56
점유와 대기	1-29
정규화	4-3
정적 분석	6-11
정적 테스트	6-5, 10
정황 시나리오	2-5
정황 의존성	6-3
제어 흐름 테스트	6-6
제품 소프트웨어 매뉴얼	7-10
제품 소프트웨어 사용자 매뉴얼	7-11
제품 소프트웨어 패키징	7-2
제품 소프트웨어의 패키징 도구	7-4
조건 커버리지	6-6, 16
조건-결정 커버리지	6-6
조건문	3-30
조인	4-7, 5-8, 21
주소 변환	1-58
주파수 분할 다중화(FDM)	1-75
증감 연산자	3-20
증강 현실(AR)	1-101
지역 변수	3-10, 130
지역성	1-18
직관성	2-3
진수	3-2
집계 함수	5-51
집합 연산자	5-27

ㅊ

차수	4-6, 5-8
차집합	4-7
참 오라클	6-24
참조 무결성	4-19
체크 포인트	5-3
체크 포인트 회복 기법	5-6
초기 집중	6-3
최악 적합	1-11
최적 적합	1-11
최초 적합	1-11
추상 클래스	3-155

ㅋ

카디널리티	4-6, 5-8
카멜 표기법	3-7
카티션 프로덕트	4-7
커널	1-3
커밋	5-3
컨테이너	1-97
컴포지트 파티셔닝	4-23
컴퓨팅 가상화	1-97
코드 난독화	7-7
코드 분할 다중화(CDM)	1-76
코드 커버리지	6-12
쿠버네티스	1-100
클라우드 컴퓨팅	1-98
클래스	3-128, 143, 205
클래스 상속	3-147, 210
클래스 접근 제어자	3-144
클린 코드	6-47
키	4-21

ㅌ

타임 스탬프 순서	5-4
탐색적 테스트	6-23
터널링	1-58
테스트 결과서	6-3
테스트 계획서	6-3
테스트 드라이버	6-38, 41
테스트 레벨	6-25
테스트 목 오브젝트	6-41
테스트 베이시스	6-3
테스트 슈트	6-3, 41
테스트 스크립트	6-3, 41
테스트 스텁	6-38, 41
테스트 시나리오	6-3, 27, 41
테스트 오라클	6-24
테스트 자동화 도구	6-40
테스트 커버리지	6-12
테스트 케이스	6-3, 23, 41
테스트 하네스	6-40
테이블	5-7
텍스트 마이닝	4-44
텐서플로	1-102
템퍼 프루핑	7-8
통합 테스트	6-26, 38
튜닝	5-56
튜플	4-6, 5-8
튜플형	3-181
트랜잭션	5-2
트리거	5-56
트리형 구조	1-74

ㅍ

파스칼 표기법	3-8
파스타	1-102
파티셔닝	4-22
패리티 검사	1-49
패킷 교환 방식	1-42, 69
페르소나	2-5
페어와이즈 테스트	6-8, 22
페이징 기법	1-12
포인터	3-69

표현 계층	1-67	2차 정규화	4-12	for each 문	3-140, 199
프레임 릴레이	1-46, 70	3C 분석	2-4	for 문	3-35, 198
프로세스	1-19	3차 정규화	4-13	FTP	1-68
프로세스 상태 전이	1-20	4차 정규화	4-15	gets 함수	3-18
프로세스 스케줄링	1-21	5차 정규화	4-16	Go-back-N ARQ	1-49
프로시저	5-56	ALL 연산자	5-47	GRANT	5-32
프로젝트	4-7	ALTER	5-10	Graph Store	4-43
프로토콜	1-45	ANY 연산자	5-47	GUI	1-6, 2-3
프로토타입	2-6, 8	ARP	1-50	HACMP	1-100
프로파일	2-5	ATM	1-46, 70	HDFS	4-42
플랫폼형 서비스(PaaS)	1-99	atof 함수	3-64	HDLC	1-47
플럼	4-42	atoi 함수	3-64	HRN	1-23
		BaaS	1-101	HTTP	1-68
ㅎ		BcN	1-77	HTTPS	1-69
하둡	4-41	BGP	1-63	I/O 가상화	1-97
하이브리드 클라우드	1-98	BLE	1-77	ICMP	1-50
하이퍼바이저	1-100	break 문	3-37	if 문	3-196
하향식 통합 테스트	6-39	Call by Reference	3-52	IGMP	1-50
학습성	2-3	Call by Value	3-52	IMAP	1-68
할당 기법	1-12	ceil 함수	3-61	IN 연산자	5-47
함수 종속	4-11	CLI	1-6, 2-3	i-node	1-8
함수 포인터	3-80	CMS	7-7	input 함수	3-192
합집합	4-7	COAP	1-78	INSERT	5-30
해밍 코드 방식	1-48	Column Family Data Store	4-43	INTERSECT	5-28
해시 파티셔닝	4-22	continue 문	3-38	IP	1-50
허브	1-43	CPS	1-101	IPv4	1-51
헝가리안 표기법	3-8	CRC	1-49	IPv6	1-54
혼잡 제어	1-64	CREATE	5-10	isalnum 함수	3-66
혼합 현실(MR)	1-101	C-SCAN	1-31	isalpha 함수	3-66
홉	1-62	CSMA/CA	1-42	isdigit 함수	3-66
화이트박스 테스트	6-5, 11	CSMA/CD	1-42	islower 함수	3-66
확인	6-9	C-V2X	1-77	isupper 함수	3-66
환형 대기	1-29	DAS	1-95	isxdigit 함수	3-66
회귀 테스트	6-9	DBMS	4-40	itoa 함수	3-65
회복 테스트	6-9	DCL	5-31	Key-Value Store	4-43
회선 교환 방식	1-42	DELETE	5-31	L2 스위치	1-43
회선 제어	1-46	DHCP	1-69	L3 스위치	1-44
후보 키	4-21	DNS	1-69	L4 스위치	1-44
후진 오류 수정	1-49	do while 문	3-34	len 함수	3-190
휴리스틱 오라클	6-25	Document Store	4-43	LFU	1-15
흐름 제어	1-46, 64	DOI	7-7	LOOK	1-31
흐름 제어	1-45, 63	DROP	5-10	LRU	1-14
		ETL	4-42	main 함수	3-49
기타		EXISTS 연산자	5-47	MEC	1-78
1차 정규화	4-12	FCFS	1-31	MINUS	5-28
2PC	5-4	FIFO	1-13, 24	MLFQ(MFQ)	1-23
		floor 함수	3-61	MLQ	1-22
		FLSM	1-53	MPEG-21	7-7

찾아보기

MQTT	1-78	
NAS	1-95	
NAT	1-50	
NDN	1-77	
NetBIOS	1-67	
NFC	1-76	
NFV	1-76	
NIC	1-43	
NOMA	1-77	
NoSQL	4-42	
N-STEP SCAN	1-31	
NUI	2-3	
NUR	1-13	
On-the-fly Packaging	7-7	
OPT	1-13	
OSI 7계층	1-40	
OSPF	1-62	
OUI	2-3	
POP3	1-68	
PPP	1-46	
Pre-packaging	7-7	
print 함수	3-134, 191	
printf 함수	3-13, 134	
println 함수	3-134	
QoS	1-44	
RAID	1-95	
rand 함수	3-62	
RARP	1-50	
readLine 함수	3-135	
REDO	5-5	
REVOKE	5-32	
RIP	1-62	
RPC	1-67	
RR	1-23, 27	
SAN	1-95	
SCAN	1-31	
scanf 함수	3-17	
SCR	1-13	
SDDC	1-100	
SDN	1-76	
SDS	1-100	
Secure DB	7-7	
SELECT	5-15	
Selective Repeat ARQ	1-49	
self	3-206	
sizeof 연산자	3-85	
SJF	1-25	
SLTF	1-31	
SMTP	1-68	
SNMP	1-69	
SOME 연산자	5-47	
sqrt 함수	3-60	
srand 함수	3-62	
SRT	1-22, 26	
SSH	1-69	
SSO	7-7	
SSTF	1-31	
static 메서드	3-143	
static 변수	3-11, 131	
Stop-and-Wait ARQ	1-49	
STP	1-44	
strcat 함수	3-56	
strchr 함수	3-60	
strcmp 함수	3-58	
strcpy 함수	3-57	
strlen 함수	3-59	
strrev 함수	3-59	
Swap 연산자	3-192	
switch 문	3-31	
SWOT 분석	2-4	
TCP	1-64	
Telnet	1-69	
time 함수	3-62	
tolower 함수	3-66	
toupper 함수	3-66	
TRUNCATE	5-10	
type 함수	3-189	
typedef 연산	3-47	
UDP	1-66	
UI	2-2	
UI 시나리오 문서	2-6	
UI 지침	2-4	
UNDO	5-5	
UNION	5-27	
UNION ALL	5-27	
UPDATE	5-31	
URI	7-7	
UsN	1-77	
UWB	1-77	
VLAN	1-43	
VLSM	1-53	
WBAN	1-77	
while 문	3-33, 197	
Wi-SUN	1-76	
X.25	1-69	
XML	7-7	
XrML	7-7	
Zigbee	1-78	
Zing	1-77